ANDREA FISCHER

Was glaubst denn du?

Buch

Die großen Weltreligionen – Christentum, Judentum, Islam und Buddhismus – können wir alle mühelos benennen. Aber wissen wir, wie sie sich voneinander unterscheiden? Wie praktizieren die Gläubigen ihren Gottesdienst, und welchen konkreten Einfluss hat ihre Religion auf das alltägliche Leben? Wie beten sie? Welche Feste feiern sie? Und wie können wir alle friedlich zusammenleben, auch wenn wir »anders« glauben? Um das Gefühl der Fremdheit anderen Religionen gegenüber abzulegen, ist es wichtig, uns mit dem vertraut machen, was uns so fremd an ihnen erscheint. Denn das Wissen um das, woran der andere glaubt und wie sein Glaube sein Handeln bestimmt, macht es leichter, aufeinander zuzugehen.

Andrea Fischer ist gläubige Katholikin und Politikerin. Mit ihrem Buch öffnet sie uns die Tore in die faszinierende Welt der religiösen Traditionen. Dabei zeigt sie, welche Gesichter der Glaube an Gott haben kann, und wie quicklebendig dieses Jahrtausende alte Phänomen ist.

»Alle sollen die Chance haben, Glauben für sich zu entdecken und sich darin geborgen zu fühlen. Je gewisser ein Mensch sich ist, desto offener kann er auf Menschen anderen Glaubens zugehen. Dabei hilft ein Wissen um die anderen Religionen. Deshalb schreibe ich dieses Buch!«

Andrea Fischer

Autorin

Andrea Fischer vertrat die Grünen acht Jahre im Deutschen Bundestag und war von 1998 bis 2001 Bundesministerin für Gesundheit. Nach einer religiösen Erziehung, die sie als einengend empfand, trat Andrea Fischer aus der Kirche aus. Ihre Erfahrungen in der Politik und Begegnungen mit Menschen führten sie schließlich zurück zum Glauben. Mitte der 90er Jahre trat Andrea Fischer wieder in die Kirche ein und ist heute engagierte Christin, die u.a. die Berliner Malteser unterstützt. Sie leitet den Bereich Gesundheit einer großen Kommunikationsagentur.

Andrea Fischer

Was glaubst denn du?

Die Menschen und der liebe Gott

GOLDMANN

FSC

Mix
Produktgruppe aus vorbildlich
bewirtschafteten Wäldern und
anderen kontrollierten Herkünften

Zert.-Nr. SGS-COC-1940
www.fsc.org
© 1996 Forest Stewardship Council

Verlagsgruppe Random House FSC-DEU-0100
Das für dieses Buch verwendete FSC-zertifizierte Papier
München Super liefert Mochenwangen Papier.

1. Auflage
Taschenbuchausgabe Mai 2009
Wilhelm Goldmann Verlag, München,
in der Verlagsgruppe Random House GmbH
Copyright © der Originalausgabe 2008
by Wilhelm Goldmann Verlag, München,
in der Verlagsgruppe Random House GmbH
Umschlaggestaltung: UNO Werbeagentur, München
unter Verwendung des HC-Motivs
Umschlagmotiv: Oliver Weiss
Illustrationen im Innenteil: Oliver Weiss
GJ · Herstellung: Str.
Druck und Bindung: GGP Media GmbH, Pößneck
Printed in Germany
ISBN: 978-3-442-15527-9

www.goldmann-verlag.de

Inhalt

Einleitung 7
So wahr mir Gott helfe – oder: Warum dieses Buch? 7
1 Gott lebte schon immer in einer globalisierten Welt – oder:
  Was haben Weltreligionen mit meinem Leben zu tun? 16
2 Du sollst keinen anderen Gott neben mir haben – oder:
  Ein Stamm mit verschiedenen Ästen 31
  2.1 Guck mal, wer da spricht – oder:
  Propheten sind auch nur Menschen 31
    Abraham: der erste Monotheist der Menschheit.......... 37
    Jesus – der Erlöser der Menschheit.................... 43
    Mohammed – das Siegel der Propheten................. 51
    An einen Gott glauben – gar nicht so einfach........... 59
    Gibt es heute noch Propheten? 64
  2.2 Das auserwählte Volk – oder:
  Warum Gott ein besonderes Verhältnis zu den Juden hat 66
    Gottes auserwähltes Volk 69
    Das schwere Schicksal der Juden – Verfolgung, Vertreibung,
    Diaspora.. 86
  2.3 Jesus auferstanden – oder: Was die alten Geschichten
  mit unserem heutigen Leben zu tun haben................. 97
    Was alles in einem Kirchenjahr passiert 99
    Wie es dann weiterging – die Anfänge des Christentums ... 106
    Mission... 108
    Und heute? Das Christentum in schwierigen Zeiten 110
  2.4 Gott ist allmächtig – oder: Die klaren Glaubensregeln
  des Islam... 113
    Der totale Schirk 115
    Die vollkommene Hingabe.......................... 116
  2.5 Die Unverfügbarkeit Gottes........................ 121
  2.6 Glauben braucht Form – oder: Warum alle Religionen
  Regeln, Rituale und Feste kennen....................... 125
    Beten 126
    Speiseregeln..................................... 129
    Fasten.. 133
    Die Feste 135
  2.7 Wie wird man hier eigentlich Mitglied? 149
  2.8 Orte des Glaubens................................ 152
    Christentum – was wird aus den Kirchen? 152
    Islam – raus aus den Hinterhöfen.................... 157
    Judentum – endlich wieder Synagogen................ 159

3 Der Kopf des Elefanten – Die Götter des Hinduismus. 161
   Der Hinduismus 169
   Der Sanatana Dharma. 171
   Das indische Kastensystem 173
4 Autobahn oder Kreisverkehr? – oder: Geburt und Tod, Ende und
   Anfang, Himmel und Hölle … und was sonst noch dazugehört . . 187
   Das Leben des Hape Kerkeling 187
   Wir müssen alle sterben – und dann? 191
   Wie Gott die Welt erschuf 196
   Wenn Gott in die Welt kommt, wird alles anders. 197
   Himmel und Hölle sind out. 203
   Drei, zwei, eins – mein Leben 204
   Kopf in den Sand? – Ist wirklich alles Schicksal? 205
   Dem Schicksal entkommen. 206
5 Es geht auch ohne Gott – oder: Mach's wie Buddha,
   sag tschüss zu deinem Ego. 208
   Unser täglich Leid gib uns heute. 219
   Die Erfüllung des Spießrutensängers. 220
   Ewiger Wandel 223
   Entspann dich 228
   Hinduismus und Buddhismus – schon wieder streitende
   Geschwister? 232
   Es geht auch ohne Gott. 235
   Der Gleichmut des Buddhisten 236
   Der Siegeszug des Buddhismus in der westlichen Welt 238
6 In Gottes Namen, vertragt euch doch einfach – oder:
   Warum sich Menschen wegen Gott streiten. 243
   Terrorismus. 250
   Kreuzfahrervorwurf 254
   Die Kreuzzüge 255
   Dschihad. 260
   Absage an die Terroristen: Religionen stehen für Frieden! 262
   Konflikte innerhalb von Religionen 264
   Sunniten und Schiiten – Es kann nur einen geben! 265
   Das Taliban-Regime in Afghanistan 278
   Christentum: Auch nicht einig. 281
   Frieden zwischen Religionen? 295
7 Glauben in unserer Zeit – geht das denn? – oder:
   Warum es sich lohnt, für seinen Glauben zu streiten. 297
   Religion – nichts für Frauen? 300
   Religion und demokratischer Prozess 310
   Warum glauben? 316
   Zweifeln und Demut 319

Einleitung
So wahr mir Gott helfe – oder: Warum dieses Buch?

Ich bin gläubige Katholikin. Aber das heißt nicht, dass ich nicht vieles, was die Kirchen propagiert, diskussions- und manchmal auch kritikwürdig finde. Früher war ich der Ansicht, dass ich eine Kirche, hinter der ich nicht mit ganzem Herzen stehe, nicht unterstützen kann. Zu vieles, was mir wichtig war und wofür ich kämpfte – Gleichberechtigung der Frau, eine offene und liberale Gesellschaft, in der jeder so leben soll, wie er will, und in der Vielfältigkeit geschätzt wird –, konnte ich in der Kirche nicht finden. Wenn ich mit jemandem über meine Anliegen diskutieren wollte, stieß ich auf sehr freundliche, aber wenig streitlustige Priester, die mir das Gefühl gaben, nicht ernst genommen zu werden. Was letztlich dazu führte, dass ich, wie viele Menschen meiner Generation, aus der Kirche austrat.

In den letzten Jahren bin ich oft neugierig vor allem von jüngeren Menschen gefragt worden, wie eine Frau wie ich wieder zurück zu dieser altmodischen Institution Kirche gehen könne. Unausgesprochen steckte dahinter wahrscheinlich immer die Überlegung: Die wirkt doch eigentlich ganz normal, modern eben, nicht konservativ, wie kann das zusammengehen mit dem überkommenen Konzept Kirche? In diesen Gesprächen spürte ich aber auch, dass sie selbst auch auf der Suche waren und sich ganz heimlich die Frage stellten: Wenn eine wie die das kann, kann ich das selbst doch vielleicht auch, oder?

Gleichzeitig traf ich auf sehr junge Menschen, die gar nicht wussten, warum jemand überhaupt glauben, ja gar in die Kirche eintreten konnte – denn ihnen begegnete die Religion entweder als etwas vollkommen Fremdes, das ihnen nichts zu sagen hatte, oder, was vielleicht noch viel schlimmer war, als eine seltsame Sache, die unerklärlicherweise ursächlich für viele Konflikte auf der Welt ist, angefangen von der Auseinandersetzung um eine Äußerung des Papstes bis hin zu kriegerischen Konflikten. Dieses Unverständnis kann ich nachvollziehen, denn ich weiß natürlich sowohl um die Geschichte meiner eigenen Religion als auch um die Konflikte, die es heute immer noch um bestimmte Meinungen gibt. Die einzige Antwort, die ich für diese jungen Menschen habe, ist, dass ich diese Probleme keineswegs verdrängt hatte, als ich mich wieder für die Kirche und für Gott entschied, dass meine Hinwendung zum Glauben aber stärker war als alle meine Zweifel. Meine Erklärung dafür ist, dass mir als Kind das Thema Religion sehr selbstverständlich vermittelt und nahegebracht wurde – so nahe, dass der Glaube einfach selbstverständlicher und integraler Teil meines Lebens war: Ich habe in meiner Kindheit nicht nur gelernt, warum wir an Jesus glauben, wie man betet und was Pfingsten bedeutet, sondern ich war auch Teil einer Gemeinschaft, für die Gott einfach zum Alltag dazugehörte, und von der auch ich ein Teil war, ohne dass ich irgendwelche besonderen Voraussetzungen erfüllen musste. Daran habe ich angeknüpft, als ich spürte, dass ich zurückwill. Ich kann mich noch genau daran erinnern, wann das war.

Bonn, im Oktober 1998: Im Regierungsviertel laufen die Verhandlungen für die Bildung der neuen Bundesregierung. Der dritte Ministerposten der Grünen ist noch zu vergeben, und die wenigen, die noch im Rennen sind, warten mit Spannung auf die Entscheidung. Ich bin eine von ihnen. Und je wahrscheinlicher es wird, dass ich tatsächlich ein Regierungsamt erhalten könnte, desto größer wird meine Sorge. Ich bin 38 Jahre alt und seit vier Jahren Abgeordnete. Dass ich einmal Ministerin würde, habe ich mir in all diesen Jahren weder zum Ziel gesetzt, noch habe ich die Möglichkeit ernsthaft erwogen, dass dieser Fall eintreten könnte. Jetzt aber scheint es so, als ob diese große Verantwortung tatsächlich auf mich zukommt. Und ich frage mich, ob ich mir das alles zutraue. Ob ich den hohen Erwartungen gerecht werde, ob ich die Kämpfe bestehe, die da zweifelsohne auf mich zukommen, oder ob ich die Aufgabe aus Respekt vor dem Amt ablehnen soll. Mich plagen Selbstzweifel. Was darf ich mir zutrauen, was kann ich nicht?

In dieser Situation tue ich etwas, was mir seit zwanzig Jahren nicht mehr in den Sinn gekommen ist: Ich gehe in die Kirche St. Nikolaus in Bonn-Kessenich, die in der Nähe meiner Wohnung liegt. Hier will ich Rat suchen, hier will ich mich beraten. Und zwar mit Gott.

Rückblickend war niemand über diesen spontanen Kirchgang überraschter als ich, denn schließlich hatte ich als Jugendliche Abschied genommen: erst von der Kirche und dann, über die Jahre, auch vom Glauben an Gott. Obwohl ich als Kind sehr religiös erzogen wurde, war mir der Glaube in den letzten fünfzehn Jahren meines Lebens einfach entglitten, und ich hatte ihn nicht im Geringsten vermisst. Vor allem deshalb, weil ich mich im täglichen Leben und bei meinem gesellschaftlichen Engagement von anderen Wertvorstellungen hatte leiten lassen: den Grundwerten der allgemeinen Menschenrechte beispielsweise.

Seitdem ich jedoch Berufspolitikerin geworden war und immer wieder Auskunft geben sollte, warum ich mir die Sozialpolitik als Themenfeld ausgesucht hatte, ertappte ich mich immer öfter bei dem Gedanken, dass mich meine Eltern mit ihrer selbstverständlichen Art, christliches Engagement zu leben, doch stärker geprägt hatten, als ich mir dies lange Zeit eingestehen wollte. Meine Mutter hat sich zeit ihres Lebens stark für die ausländischen Familien engagiert, die in unserem Stadtteil lebten, und mein Vater ebenso: Auch er hat immer geholfen, wo er nur konnte, bei der Vermittlung von Ausbildungsplätzen und Praktika beispielsweise.

Seit ich 1994 in den Bundestag gewählt worden war, hatte ich wieder begonnen darüber nachzudenken, aus welcher Motivation heraus meine Eltern sich derartig engagierten. Und ich war zu dem Ergebnis gekommen, dass sie sich aus ihrem katholischen Glauben heraus verpflichtet fühlten zu helfen, was mir sehr imponierte und es heute noch tut. Deshalb dachte ich nun auch wieder positiver über meine katholische Prägung nach – was nicht heißt, dass ich mich gleich wieder für den Glauben entschieden hätte. Ich sagte nur nicht mehr so entschieden »Nein« zu ihm. Ich hatte sogar seit einiger Zeit wieder begonnen, sonntagmorgens im Radio den Gottesdienst zu hören – so konnte ich wieder Zugang zu den alten Gewohnheiten finden, ohne deshalb gleich demonstrativ in die Kirche gehen zu müssen. Dabei stellte ich fest, dass der katholische Gottesdienst mich mehr ansprach als der evangelische. Nicht, weil die katholischen Pfarrer besser predigten, sondern weil vieles von der Zeremonie im katholischen Gottesdienst das warme Gefühl alter Vertrautheit in mir weckte. Und bei meinen Weihnachtsbesuchen zu Hause war ich langsam sogar wieder bereit, meine Mutter in die Christmette zu begleiten, ganz freiwillig und nicht bloß, um ihr einen Gefallen zu tun.

Und genau dort, in meiner Heimatgemeinde, sagte Pfarrer Bredeck einen Satz, der mich bis ins Mark getroffen hat: »Von Gott sind alle Menschen gleich geliebt.« Als ich diese Worte hörte, wurde mir auf einen Schlag bewusst, warum ich mich so einsetzte für eine Politik, die sich um Menschen mit Behinderungen kümmert, warum ich so betroffen war, wenn ich die Diskriminierung von Menschen mit Behinderungen sah. Denn ich will in einer Gesellschaft leben, in der wir alle Unterschiede als Bereicherung sehen und annehmen können. Und in einer Gesellschaft, in der jeder Mensch einen Platz einnehmen kann, der ihm oder ihr entspricht, so dass jeder eine Arbeit hat und sich wertgeschätzt fühlt. Anhand von Pfarrer Bredecks Worten ist mir damals auch klar geworden, warum ich das will: Offenbar hat mein Wunsch nach einer Gesellschaft ohne Diskriminierung etwas mit der grundlegenden Gewissheit eines Christen zu tun – nämlich, dass Gott jeden Menschen annimmt.

Dieser Gottesdienst hat mir eine weitere Tür geöffnet zum Glauben. Andererseits hatte ich mich über die Jahre an eine Selbstwahrnehmung gewöhnt, die mir sagte, dass ich für meine Überzeugungen und mein soziales Engagement eigentlich keine Religiosität brauche. Deshalb ist die Türe zum Glauben zwar immer offen geblieben, ohne dass ich durch sie hindurchgehen wollte.

Das änderte sich an ebenjenem Morgen im Oktober 98.

An diesem Morgen wollte ich wissen, was Gott zu meinem Zweifel sagte und vor allem: was er mir riet.

Ich erinnere mich noch genau an diesen Tag vor fast zehn Jahren: In der Kirche passierte nichts Dramatisches, ich hatte weder eine Erscheinung, noch erhob Gott seine Stimme, um mir eine konkrete Anweisung zu erteilen. Aber als ich die Nähe zu ihm suchte, wurde ich ruhiger und konnte meine Gedanken ordnen. Als ich wieder nach Hause ging, hatte ich das flaue Gefühl vor der großen Verantwortung, die das politische Amt mit sich bringen würde, zwar immer noch nicht ganz verloren, aber ich spürte, dass ich eine Absage als feige empfunden hätte. Und ich fühlte, dass ich mich darauf verlassen könnte, dass Gott meinen Weg begleitet.

Einige Tage später traute ich mich tatsächlich, den Amtseid abzulegen. Ich legte ihn mit dem Zusatz »so wahr mir Gott helfe« ab. Das war keine Versicherung, sondern eine Verpflichtung. Ich wollte meine Arbeit tun im Wissen darum, dass Gott über mir war und ich in Verantwortung vor Gottes Botschaft handelte.

Rückblickend kann ich nicht sagen, dass ich deshalb keine Fehler gemacht hätte – im Gegenteil, es passierten Fehler, die sogar dazu führten, dass ich nach zweieinhalb Jahren zurücktreten musste. Aber ich kann sagen, dass ich mein Tun vor Gott und meinem Glauben verantworten können wollte.

Ich habe meine Entscheidung, Gottes Botschaft wieder Teil meines Denkens und Handelns werden zu lassen, nie bereut. Ich habe in der Folge genauer auf mich gehört und musste mir schließlich sogar eingestehen, dass ich doch durch die offene Tür gehen wollte, die der Glaube für mich bereitstellte. Deshalb begann ich mit Menschen darüber zu sprechen, die mir nahestanden. Eines Tages spürte ich, dass ich nicht nur den Glauben wieder in mein Leben gelassen hatte, sondern dass ich endlich auch wieder zur Gemeinschaft der Gläubigen gehören wollte. Dass das ein großer Schritt war, den ich da plante, war mir dabei durchaus bewusst, zumal die katholische Kirche nicht gerade als eine moderne Organisation galt, deren Regeln gut zum Leben einer jungen, modernen Großstädterin passten, wie ich es führte. Ich hatte das große Glück, auf Pfarrer Kliesch zu treffen, der mit mir über viele Monate Gespräche darüber führte, ob auch eine wie ich zu dieser Kirche passen könnte.

Im Frühsommer 2001 war dann alles gesagt, und das Ergebnis unserer Gespräche stand fest: Ich wollte wieder in die Kirche eintreten, und er wollte mich aufnehmen. Wir hatten über Zweifel gesprochen, über die Reibungen des modernen Menschen an der Institution Kirche und warum es trotzdem so beglückend ist zu glauben. Pfarrer Kliesch hatte selber eine nicht einfache »Kirchengeschichte«, was eine Ermutigung für mich war. Denn dass ein so kluger Mann, der eine solch kritische Auseinandersetzung mit der Kirche hinter sich hatte, überzeugter Christ war und seinen Glauben mit Freude lebte, machte mir Mut.

Die Situation im Pfarrbüro, als ich wieder in den Bund der

Gläubigen aufgenommen werden sollte, war eine ganz besondere: Pfarrer Kliesch hatte ein Dokument vor sich und erklärte mir ernsthaft, dass er mich über meine Sünden aufklären müsse – denn es sei eine Sünde gewesen, die Kirche überhaupt zu verlassen – und dass ich diese Sünden bereuen müsse. Erst nach dieser Unterweisung dürfe er mich wieder in die katholische Kirche aufnehmen. Wir durchliefen die Zeremonie, dann breitete er die Arme aus und rief mir zu: »Ich heiße Sie herzlich willkommen in unserer Gemeinschaft!«

Seit etlichen Jahren bin ich nun wieder Katholikin und durfte erleben, dass ich in der Kirche und der Kirchengemeinschaft ohne große Worte angenommen wurde, einfach so, ohne dass ich etwas dafür tun musste. Ich habe mittlerweile wieder begonnen, mich zu engagieren, habe kleine Ehrenämter übernommen – all das, was zeitlich eben so möglich ist neben einem Vollzeitberuf. Aber genau damit habe ich wieder an meine guten Kindheitserfahrungen anknüpfen können und erfahre nun als erwachsene Gläubige, dass der Einsatz für andere Menschen unteilbar mit dem Christsein verbunden ist und dass dieses Engagement viel Freude macht.

Während ich in einer religiösen Familie aufgewachsen bin, sagen neuere Umfragen, dass heute weniger als ein Viertel aller Jugendlichen in Deutschland noch ein religiös geprägtes Elternhaus haben. Für sie sind die Menschenansammlungen um den neuen Papst nur aufregender (und medienwirksamer) Rummel, bestenfalls ein Event. Andererseits: Warum ist eine Messe mit dem Papst für so viele Menschen offenbar doch mehr als nur irgendein x-beliebiges Unterhaltungsereignis? Warum reagieren Muslime verletzt, wenn man sich über ihre Religion lustig macht? Und weshalb müssen manche Menschen in Indien in Armut leben, weil ihre Kastenzugehörigkeit und die Religion das so vorsieht?

Vieles, was auf unserer Welt geschieht, steht in irgendeinem engen – oder manchmal auch weiter gefassten – Zusammenhang mit Religion, man muss nur die Augen offen halten. Wer verständnislos-kopfschüttelnd beobachtet, wie der eine Mensch ein Kreuz schlägt, der andere beim Beten niederkniet und der dritte seine angebetete Götterfigur mit Essen versorgt und sich dabei nicht für das ›Warum‹ dahinter interessiert, dem bleibt eine ganze Welt verschlossen.

Aus all diesen Erfahrungen und Begegnungen ist dieses Buch entstanden. Es soll vor allem jungen Menschen einen Einblick in die Hintergründe der Weltreligionen geben, damit sie den kleinen Konflikt um die Schweineschnitzel im Sportclub ebenso verstehen können wie die großen Spannungen zwischen Christen und Muslimen in der Welt. Mein Ziel ist, dass sie nach der Lektüre nachvollziehen können, was Gläubigen ihre Religion bedeutet und warum sie sich durch ihren Glauben gestärkt fühlen, dass sie aber auch verstehen, warum es zu Konflikten zwischen Religionen (und manchmal sogar innerhalb von Religionen) kommt.

Meine ganz persönliche Motivation, dieses Buch zu schreiben, ist meine eigene Erfahrung, wie schön es war, wieder gepackt worden zu sein von dem Bedürfnis, glauben zu wollen, und wie wunderbar es war, die Gewissheit zu erlangen, dass da etwas ist jenseits meiner eigenen kleinen Welt. Dass diese starke Triebkraft immer auch durch Vernunft geläutert werden muss, damit Menschen verschiedenen Glaubens miteinander leben können, setzt die Bereitschaft voraus, von anderen Gläubigen etwas über ihre Religion lernen zu wollen, neugierig zu sein und offen für Gespräche.

Bei diesem Projekt bin ich von vielen Menschen ermutigt und unterstützt worden. Vor allem natürlich von Matthias Landwehr, der mit mir zusammen die Idee zur Umsetzung entwickelte. Dann möchte ich mich bei Florian Glässing bedanken, ohne dessen Hilfe ich nicht weitergekommen wäre. Christoph

Scholz, Eldad Stobezki und Nadia El-Hajby verdanke ich viele Anregungen durch ihre kritische Lektüre; die möglicherweise verbliebenen Fehler verantworte ich. Ebenso danke ich Almut Münch und Georg Reuchlein vom Goldmann Verlag. Überdies bin ich Michael Wedell und vor allem natürlich Pfarrer Klaus Kliesch dankbar, dass ich einen Weg zurück in die Kirche gefunden habe. Geschrieben habe ich den Text aber in Dankbarkeit für meine Eltern, die mir den grundlegenden Glauben vermittelt und die mir gezeigt haben, dass dieser Glaube beglückend und verpflichtend ist – jeden Tag im Leben. Und für meine jungen Freundinnen Zilla und Cleo, die so gar nicht religiös sind, aber wach und neugierig verfolgen, was in der Welt passiert, und die sich oft genug wundern, wie die Religion in die alltäglichen Konflikte hineinspielt – ich hoffe, sie überzeugen zu können, dass hier nicht nur Spinner am Werk sind, sondern Menschen, denen ihre Überzeugung viel bedeutet.

Am Ende bleibt natürlich die Sorge, dass es für mich vermessen sein könnte, über Religion zu schreiben. Dass das überhaupt nur theologisch gebildete Menschen dürfen. Andererseits: Ich habe etwas wiederentdeckt, was mich sehr berührt und bewegt hat, und es ist mir wertvoll genug, dass ich anderen etwas von dieser Erfahrung mitgeben möchte.

1 Gott lebte schon immer in einer globalisierten Welt – oder: Was haben Weltreligionen mit meinem Leben zu tun?

Ich bin, um es gleich zu sagen, eine passionierte Zeitungsleserin. Als ich noch Politikerin war, habe ich jeden Tag ungefähr fünf Zeitungen gelesen und den Pressespiegel noch dazu. Was der Beruf so mit sich brachte – das Immer-informiert-sein-Müssen –, ist mir mittlerweile so sehr zur Gewohnheit geworden, dass ich mich bis heute, Morgen für Morgen, mit der Zeitungslektüre auf den Tag einstimme. Weil ich mir so einen Überblick darüber verschaffen kann, was in der Welt passiert. Aber auch all das viele Merkwürdige, Lustige und Bedenkenswerte rund ums Thema Religion habe ich nicht zuletzt aus der Zeitung erfahren. Zum Beispiel, dass seit dem Jahrtausendwechsel eine Trendwende in Deutschland zu beobachten ist, was die Einstellung der Menschen zu Gott und ihrem ganz persönlichen Glauben betrifft: Die Menschen treten nicht mehr scharenweise aus der Kirche aus wie in den letzten Jahrzehnten, weil sie der Ansicht sind, dass die Kirche eine verkrustete und rückständige Institution sei, die keine plausiblen Antworten auf die heutigen Probleme und Bedürfnisse der Menschen mehr geben kann und noch dazu altmodische Ansichten und Vorschriften propagiert. Es ist auch zu beobachten, dass diejenigen, die Religion zu einem festen Bestandteil ihres Lebens gemacht haben, nicht mehr vom Großteil ihrer Mitmenschen als rückständig oder kauzig angesehen werden. Es ist zwar noch immer nicht so, dass es nun mehr Kircheneintritte als -austritte gibt, aber das Interesse der Menschen an Religion ist unübersehbar, nicht erst seit »wir« mit der Wahl Kardinal Ratzingers zum Papst Benedikt XVI. »Papst sind«: Die Auseinandersetzung der Gläubigen mit den Anliegen ihrer Kirchenoberhäupter lässt sich an Rekordzahlen von Gottesdienstbesuchern und der ausführlichen Berichterstattung über religiöse Themen in den Medien festmachen: So nahmen in Manila im Monat, nachdem Papst Johannes Paul II. vom US-Magazin *Time* zum *Mann des Jahres 1994* gekürt wurde, weil er sich in besonderer Weise für die Aufrechterhaltung der christlichen Werte einsetze, vier Millionen Menschen am größten Gottesdienst aller Zeiten teil. So viele Teilnehmer haben die letzten Weltjugendtage zwar nicht zu verzeichnen, doch auch hier sprechen die steigenden Besucherzahlen eine klare Sprache.

Doch das Christentum ist beileibe nicht die einzige Religion, die ins öffentliche Bewusstsein drängt. Viele Menschen, die im Zuge der Globalisierung seit den 1950er und 1960er Jahren zu uns gekommen sind, haben neben ihrer Kultur auch ihre Religion mitgebracht, die inzwischen fester Bestandteil unseres Alltags geworden ist.

Vor allem der Islam ist in den letzten Jahren sichtbarer im öffentlichen Leben geworden. Bekanntestes Beispiel dafür ist der multikulturelle Berliner Stadtteil Kreuzberg, wo man bei einem Bummel auf eine große Zahl Muslime trifft, die nicht nur ihre Ess- und Feierkultur, sondern auch ihren Glauben ganz offen leben – wie dies mittlerweile auch an anderen Orten in Deutschland geschieht: Muslime müssen nicht mehr heimlich und versteckt in Hinterhöfen beten, sondern bauen sich ihre eigenen Gotteshäuser, die oftmals imposante und architektonisch schöne Gebäude sind.

Auch das Judentum nimmt langsam, aber sicher wieder seinen Platz im öffentlichen Leben in Deutschland ein, nicht zuletzt deshalb, weil sich die hiesigen jüdischen Gemeinden durch die Einwanderung von knapp 100 000 russischen Juden stark vergrößert haben. Sechzig Jahre nach dem Holocaust werden in Deutschland wieder jüdische Geistliche ausgebildet – und das jüdische Leben wird auch im Alltag wieder präsent.

Nicht zuletzt haben mittlerweile auch die fernöstlichen Religionen ihren festen Platz im deutschen Stadtbild: Überall im Land sind in den letzten Jahren buddhistische Zentren und Klöster entstanden – sei es im bayrischen Dinkelscherben, in der Lüneburger Heide oder in den Südsternhöfen in Berlin-Kreuzberg. Und über die Klostermauern hinaus feiern fremde religiöse Praktiken ihren Einzug in den deutschen Alltag: Die ursprünglich im Hinduismus als Methode der religiösen Konzentration etablierte Meditationsform des Yoga ist bei uns fast zu einem Volkssport geworden. Durch seine beruhigende, ausgleichende Wirkung verschafft Yoga vielen Menschen Entspannung, neue Energie und Ablenkung von ihrem stressigen Alltag – auch vielen, denen der Hinduismus ansonsten ganz fremd ist.

Allerdings ist das bunte Nebeneinander der Religionen im alltäglichen Leben nicht immer frei von Konflikten. In vielen Fällen kollidieren die Regeln der fremden Religion mit deutschen Sitten und Gesetzen, mit typisch deutschen Überzeugungen und Gewohnheiten, und es kommt zu Streitigkeiten, die sich an der Einbindung religiöser Praxis im christlich geprägten deutschen Alltag aufhängen. Doch auch über diese berichten die Medien breit, wie ich bei meiner Zeitungslektüre immer wieder feststelle.

Früher hätte ich eine Zeitungsmeldung, die religiöse Konflikte thematisiert, als eine Nachricht unter vielen anderen hingenommen, heute frage ich mich aber: Was steckt eigentlich dahinter, wenn Gläubige unterschiedlicher Religionen sich streiten? Und warum fällt uns in Deutschland (und in anderen Ländern der westlichen Welt) ein toleranter Umgang mit fremden

Religionen oft so schwer? Worüber muss man sich tatsächlich auseinandersetzen, wenn man Gebräuche von Muslimen verstehen will? Muss man zum Beispiel nicht erst einmal begreifen, wie diese Menschen über (ihren) Gott denken, wie sie ihn verehren und welche Rolle ihre Religion im täglichen Leben spielt?

Ein typisches Beispiel dafür, wie religiöse Konflikte entstehen, hat mich besonders beschäftigt: Neulich – ich war gerade mitten in meinem Frühstücksritual der genussvollen Zeitungslektüre und biss herzhaft in ein Brötchen – blaffte mich eine Überschrift an, die mir fast den Bissen im Halse stecken ließ: »Eklat im Bad: Muslima musste Becken verlassen«.

Folgendes war geschehen: In einem Schwimmbad im Berliner Stadtteil Schöneberg hatte der Bademeister die 15-jährige Hatice des Beckens verwiesen, weil sie einen Badeanzug mit langen Ärmeln und Beinen trug. Er meinte, der Stoff könnte sich mit Wasser vollsaugen und Hatice daher Gefahr laufen zu ertrinken. Dieses Sicherheitsrisiko könne er nicht verantworten. Damit war der Schwimmunterricht für Hatice beendet – den Rest der Stunde verbrachte sie in ihrem Ganzkörperanzug als Zuschauerin am Beckenrand. Sie selbst sagte in dem Zeitungsartikel, dass man ihr in der Türkei diesen Schwimmanzug explizit als solchen verkauft und ihr versichert habe, dass sich überhaupt nichts vollsaugen würde.

Als die Sache an die Öffentlichkeit geriet, war der Wirbel groß, denn niemand Geringeres als der Schuldirektor beschwerte sich beim Stadtrat von Schöneberg über das Verhalten des Bademeisters, und man musste ihm versichern, dass sich der Vorfall nicht wiederholen würde.

Ich musste mich erst einmal zurücklehnen.

Ein Ganzkörperbadeanzug?

War das die neue Retro-Mode?

Oder die verschrobene Prüderie einer Türkin?

Und wozu die Aufregung? Ein besonders pflichtbewusster Bademeister hatte etwas überreagiert, okay. Aber war das ein Grund, dass man sich deshalb gleich bei der Stadtverwaltung beschweren und Reporter ins Schwimmbad schicken musste? Da musste mehr dahinterstecken!

Ich las weiter: Die Angelegenheit werfe ein Licht auf die generellen Probleme, die deutsche Schulen mit dem Schwimmunterricht hätten, hieß es. Denn in Bezirken, in denen besonders viele Muslime leben, könne jedes vierte Kind am Ende der dritten Klasse immer noch nicht schwimmen. Und von diesen Nichtschwimmern seien wiederum über 90 Prozent muslimische Mädchen. Dass gerade muslimische Mädchen in Berlin kaum schwimmen lernten, hieß es weiter, läge aber offenbar weniger an der schlechten Qualität des Unterrichts, der in der ganzen Stadt ohnehin nicht besonders gut sei, sondern vor allem daran, dass viele muslimische Eltern ihren Töchtern verböten, am Schwimmunterricht teilzunehmen. Sie besorgten den Mädchen sogar ärztliche Atteste, die gesundheitliche Gründe dafür vorschöben, dass ihre Tochter nicht ins Schwimmbad gehen dürfe.

Was der Artikel allerdings nicht erklärte – die wichtigste Frage überhaupt, war, *weshalb* einige muslimische Eltern ihren Töchtern verbieten, am Schwimmunterricht teilzunehmen. Denn dass Muslime sich für etwas Besonderes halten und der festen Überzeugung sind, dass sie selbst entscheiden können, ob und wie ihre Kinder am Schulunterricht teilnehmen, ist falsch. So sahen es aber viele Leser, die sich auf diesen Zeitungsartikel hin im Internet über die mangelnde Integrationsbereitschaft der deutschen Muslime erzürnten. In Deutschland herrsche schließlich Schulpflicht, und zwar für jeden!, schrieb ein erboster Leser. Und wer diese Regel nicht akzeptiere, der solle gefälligst woanders leben.

Ich ärgerte mich über die Journalistin, die den Artikel verfasst hatte. Denn hätte sie den wahren Grund für die Abneigung muslimischer Eltern genannt, ihre Töchter am Schulschwimmen teilnehmen zu lassen, dann wären die Reaktionen gewiss ganz anders ausgefallen. So aber mussten die Leser sich in ihrem Vorurteil bestätigt sehen, dass Muslime sich von der deutschen Gesellschaft abspalten und ihre Gesetze unterlaufen wollen. Dabei ist die Sache eigentlich ganz einfach und hat nichts mit bösem Willen oder mangelnder Integrationsbereitschaft zu tun, sondern mit einer Zwickmühle, in der sich Muslime ihrer Religion wegen in Deutschland befinden: Der traditionelle Islam schreibt Frauen nämlich vor, ihren Körper vor den Blicken der Männer zu bedecken. In vielen islamischen Ländern laufen die Frauen daher oft vollständig verhüllt durch die Straßen. Selbst das Gesicht ist bei diesen gläubigen Musliminnen manchmal bedeckt, so dass man nur noch die Augen sehen kann. Wenn muslimische Mädchen also nur mit einem knappen Badeanzug bekleidet schwimmen gehen, den wir als ganz normales, möglicherweise auch als sexy Bekleidungsstück wahrnehmen, verstoßen sie gegen dieses religiöse Verhüllungsgebot. Für muslimische Mädchen bedeutet das Tragen eines Badeanzuges in der Öffentlichkeit, dass sie ihre Ehre preisgeben und dass sie dadurch womöglich das Ansehen ihrer gesamten Familie schädigen. Zumindest in traditionellen muslimischen Familien ist das so. Inzwischen gibt es zwar viele junge muslimische Frauen, die mit den Kleidervorschriften lockerer und selbstbewusster umgehen, die traditionell eingestellten Muslimas ernten aber eben lieber befremdliche Blicke, als dass sie ihre religiösen Überzeugungen dem Diktat der Mode preisgeben.

Das Gesetz zur Schulpflicht, worunter natürlich auch der Schwimmunterricht fällt, stellt traditionelle Muslime damit also vor die unangenehme Wahl, entweder gegen ein deutsches Gesetz oder gegen Gebote ihres Glaubens verstoßen zu müssen. Wie schwer diese Wahl ist, kann aber nur der verstehen, der ein Gefühl dafür hat, was die Religion den Menschen bedeuten kann und wie wichtig ihnen die Einhaltung religiöser Gebote ist. Die Leute, die Hatice Vorwürfe gemacht haben, tun das anscheinend nicht. Sonst hätten sie es nämlich begründen müssen, dass sie mit ihrem Ganzkörperbadeanzug einen Ausweg aus der Zwickmühle gefunden hatte, der weder das Gesetz der Schulpflicht noch die Bekleidungsvorschriften des Islams verletzte.

Ich dachte über Hatice nach und wie sie sich gefühlt haben musste, als sie vor der ganzen Klasse vom Bademeister zurechtgewiesen wurde. Es war bestimmt nicht einfach für sie, die Einzige mit einem solchen Badeanzug zu sein. Vielleicht schämte sie sich auch ein wenig, als sie mit ihrem Ganzkörperanzug in die Schwimmhalle kam, und bestimmt erntete sie dumme Sprüche von ihren Klassenkameraden. Und dann auch das noch: Vom Bademeister ausgerechnet wegen dieses Badeanzugs gescholten und aus dem Becken geholt zu werden. Es muss sehr peinlich für Hatice gewesen sein. Und sehr frustrierend. Sie hatte es allen recht machen wollen, und am Ende waren alle sauer.

Dann dachte ich über den Bademeister nach. Sicher hatte er übereifrig und vorschnell gehandelt, aber aus seiner Sicht hatte er nur seine Pflicht getan, denn schließlich ist es ja seine Aufgabe, dafür zu sorgen, dass beim Schwimmen niemand in Gefahr gerät. Und vielleicht sah Hatices Badeanzug ja wirklich so aus, als ob man in dem Ding ertrinken könnte? Trotzdem handelte er sich wohl einigen Ärger ein, nachdem der Direktor von Hatices Schule sich beim Stadtrat beschwert hatte. Auch für ihn war das Ganze also eine unangenehme Erfahrung.

Mit diesen Überlegungen hätte ich die Sache auf sich beruhen lassen können. Dass ganze Stadtteile das Schwimmen verlernen, war zwar eine bedauernswerte Geschichte. Aber wenn nun sogar die Zeitungen davon berichteten, war immerhin davon auszugehen, dass Bademeister in Zukunft Mädchen in Ganzkörperanzügen in Ruhe lassen würden, um sich keinen weiteren Ärger einzuhandeln. Vielleicht, überlegte ich, gehört zur Bademeisterausbildung ja bald auch ein Crashkurs in Sachen religiöse Bekleidungsvorschriften. Und auch Hatice würde sicher über die Sache hinwegkommen. Eines Tages gilt ihr Ganzkörperbadeanzug vielleicht sogar als Symbol für die gelungene Integration.

Dennoch ließ mich die Sache mit Hatice nicht mehr los. Denn sie brachte eine Frage, die mich seit langem beschäftigt, sehr präzise auf den Punkt: Wieso wissen wir so wenig über die Religionen der Menschen, die um uns herum leben, wenn doch genau diese Unkenntnis wie in Hatices Fall zu Missverständnissen führen kann, die für alle Beteiligten sehr unangenehm sind? Kann es sein, dass wir die Kultur der anderen nicht wichtig genug nehmen? Auf jeden Fall sind in den letzten Jahren die meisten Begegnungen, die wir Deutschen in Deutschland mit dem Islam hatten, vor allem aus diesem Konflikt entstanden:

Jahrelang gingen zum Beispiel deutsche Tierschützer vor Gericht, um die Schlachtungsmethode der Muslime und Juden in Deutschland verbieten zu lassen: das sogenannte Schächten, wobei dem Schlachttier Luftröhre und Halsschlagader durchgeschnitten werden – ohne Betäubung. Tierschützer behaupteten, das Schächten sei Tierquälerei und mit den deutschen Gesetzen zum Tierschutz nicht vereinbar. In einem abschließenden Urteil wurde nun festgestellt, dass das Recht der freien Religionsausübung wichtiger sei als der Tierschutz und Schächtungen für religiöse Gruppen mit Ausnahmegenehmigung legitim seien. Tierschützer beruhigt das aber nach wie vor nicht.

Doch nicht nur in Sachen Tierschutz prallen verschiedene Vorstellungen von richtig und falsch aufeinander. So verweigern deutsche Friedhofsverwaltungen den Muslimen oftmals, ihre Angehörigen dem islamischen Beerdigungsritus entsprechend innerhalb von 24 Stunden nach Eintritt des Todes zu bestatten, weil das deutsche Gesetz vorsieht, dass mindestens 48 Stunden vergangen sein müssen, bis eine Beisetzung vorgenommen werden darf.

Auch der muslimische Brauch, Verstorbene in ein weißes Tuch zu wickeln und sie so der Erde zu übergeben, ist hierzulande verboten. Bei uns muss jeder Tote die letzte Reise in einem Sarg antreten. Und selbst den traditionellen Trauergottesdienst, der im Anschluss an die Waschung des Toten in einer Moschee stattfindet, können Muslime vielfach nicht abhalten, weil die nächste Moschee zu weit entfernt liegt.

Bestrebungen muslimischer Gemeinden, sich ihre eigenen Friedhöfe und Moscheen zu bauen, werden vielerorts von der deutschen Bevölkerung nicht gern gesehen – oder sogar offen bekämpft: So gab es im März 2006 mehrere breit angelegte Protestaktionen gegen den Bau einer Moschee im Berliner Stadtteil Pankow-Heinersdorf. Die muslimische Ahmadiyya-Gemeinde, die seit 1955 in Berlin ansässig ist, wollte an einer Autobahnauffahrt zwischen zwei Fastfood-Restaurants eine Moschee bauen und bekam dafür sogar eine Baugenehmigung in Aussicht gestellt. Von den etwa 6500 Einwohnern in Heinersdorf unterschrieben dann allerdings 5000 einen Aufruf gegen den geplanten Bau. Im Laufe des Jahres gab es weitere Protestaktionen, bei denen über 1000 Anwohner durch die Straßen zogen und Plakate mit intelligenten Sprüchen wie »Moschee? – Nee!« schwenkten. Es waren die größten Demonstrationen in diesem Stadtteil seit dem Mauerfall 1989. Und im März 2007 wurde sogar ein Brandanschlag auf die Baustelle der Moschee verübt.

Neben diesen Schwierigkeiten im Umgang mit fremden Religionen in unserer Gesellschaft sehen wir in den Nachrichten seit Jahren beinahe täglich Bilder von Kriegen und blutigen Anschlägen, in deren Zusammenhang auffallend oft das Wort »Religion« fällt. Islamistische Terroristen, so hört man immer wieder, führten einen Glaubenskrieg gegen Andersgesinnte, zu dem sie niemand anders als der Prophet Mohammed selbst – Allahs Gesandter auf Erden – aufgerufen hätte. Ob allerdings die Aussage, dass der Prophet Mohammed den Muslimen den heiligen Krieg gegen Ungläubige vorschreibe, tatsächlich im Koran steht, ist äußerst umstritten – selbst unter Muslimen und Korangelehrten. Sicher ist der Aufruf zum »Dschihad«, dem heiligen Krieg, oft nur eine gefällige, für ihre Interessen aufbereitete Interpretation von Islamisten, um ihre Aktionen vor sich selbst, ihren Glaubensbrüdern und dem Rest der Welt zu rechtfertigen. Wer sich näher mit den Konflikten im Nahen und Mittleren Osten beschäftigt, findet außerdem schnell heraus, dass es bei den schrecklichen Kampfhandlungen nur sehr selten ausschließlich um Angelegenheiten der Religion und des Glaubens geht. Meist sind wirtschaftliche Interessen und der Wunsch nach politischem Einfluss viel entscheidender für die Motivation, einen Krieg zu führen. Oder Gefühle wie Ehre und Stolz und das Bedürfnis nach Anerkennung.

So ehrenhaft und gut gemeint die zahllosen Informationen sind, die wir zum Thema »Religion« aus den Medien erhalten, so bleibt im Falle der Berichterstattung über religiöse Auseinandersetzungen, die mit dem Islam zu tun haben, bei vielen Deutschen ein Gefühl des Misstrauens und der Angst gegenüber Muslimen, die in Deutschland leben. Das Wissen um die religiösen Konflikte, die überall auf der Welt brodeln, verstärkt in uns vielfach das Gefühl von Fremdheit, das uns gegenüber Angehörigen anderer Religionen oft befällt. Wenn wir einer muslimischen Frau, die Kopftuch trägt, im Supermarkt begegnen, gehen wir innerlich womöglich genauso auf Distanz wie dann, wenn uns am Samstagvormittag ein ganz in Schwarz gekleideter Jude mit einem runden Käppchen auf dem Hinterkopf und Schläfenlocken über den Weg läuft, der gerade aus der Synagoge kommt.

Dass wir allem, was uns fremd und merkwürdig vorkommt, erst einmal mit Distanz und Skepsis gegenüberstehen, ist ein uralter menschlicher Instinkt, der vermutlich aus Zeiten stammt, in denen das Leben unsicherer war als heute und in denen Vorsicht lebensnotwendig war. Heutzutage und einige Evolutionsstufen später brauchen wir nicht mehr so misstrauisch zu sein – wir müssen unseren Urinstinkten sogar skeptisch begegnen und immer wieder hinterfragen, wann Skepsis angebracht ist und wann nicht. Denn in Zeiten der multikulturellen Vielfalt und geöffneter Grenzen ist eines klar: Anhänger anderer Religionen sind nicht als Bedrohung zu bewerten, nein, sie sind Menschen mit den gleichen Instinkten, Bedürfnissen und Gefühlen wie wir. Und wie bei allen Menschen, die wir nicht kennen, verlieren wir die Scheu vor ihnen erst dann, wenn wir sie näher kennenlernen und wenn wir uns auf ihre Kultur und ihre Gedankenwelt einlassen. Wer mutig ist, kann einfach auf sie zugehen und sie ansprechen – wobei er natürlich Gefahr läuft, dass der andere dieselben Abwehrinstinkte besitzt und abwehrend reagiert.

Einen Versuch ist das Zugehen auf Andersgläubige aber immer wert, denn was wir von ihnen lernen können, ist ebenso spannend wie lehrreich. Wir können etwas über die Verhaltensweisen und Regeln erfahren, die ihre Religion ihnen vorschreibt – und gegen die wir unwissentlich verstoßen, weil wir sie nicht kennen. Es kann durchaus sein, dass wir durch das Gespräch mit dem Fremden dessen Verhalten – das wir ansonsten als befremdlich, unpassend oder gar als bedrohlich empfunden hätten – plötzlich verstehen und einordnen können. Und dass sich uns dadurch eine völlig neue Welt eröffnet.

Weil das direkte Fragen aber nicht immer so einfach ist, die Antworten aber sehr wichtig sind, ist dieses Buch entstanden. Es soll dabei helfen, das Gefühl der Fremdheit gegenüber Angehörigen anderer Religionen abzubauen, indem es uns mit alledem vertraut macht, was wir seltsam an ihnen finden: mit ihren Sitten und Gebräuchen, mit ihren Gebeten, Feiern und Gottesdiensten. Und nicht zuletzt auch mit den Glaubensinhalten, auf denen sie beruhen. Denn das Wissen um das, woran der andere glaubt, und wie dessen Religion sein Handeln bestimmt, macht es uns leichter, auf Angehörige anderer Religionen ohne Scheu und gleichzeitig respektvoll zuzugehen.

Aber natürlich soll es hier nicht nur um Fettnäpfchen gehen und darum, wie wir sie am elegantesten vermeiden. In ihrer Fremdheit sind fremde Religionen nämlich auch etwas sehr Spannendes und Schönes. Sie sind ein wenig wie Schatztruhen, in denen jahrtausendealte Geschichten und Weisheiten über das Leben und die Menschen aufbewahrt sind. Wenn wir uns trauen, sie zu öffnen, können wir sehr viel über unser eigenes Leben erfahren und neue Aspekte entdecken, die uns bereichern.

Die Religionen, die hier vorgestellt werden sollen, sind das Christentum, der Islam, das Judentum sowie Buddhismus und Hinduismus. Sie sind die Religionen mit den meisten Anhängern weltweit, weshalb wir den Angehörigen dieser Religionsgruppen in unserem Alltag auch am häufigsten begegnen.

Natürlich ist es eine große Herausforderung, all diese Religionen in ihrem Wesen verstehen zu wollen. Manche Unterschiede zwischen den verschiedenen Glaubensinhalten scheinen so unüberbrückbar, dass man ziemlich durcheinandergeraten kann und am Ende selbst nicht mehr weiß, wie sich die Religionen zueinander verhalten. Judentum, Christentum und Islam zum Beispiel glauben an einen Gott, Hindus wiederum an ganz unterschiedliche und viele Götter, Buddhisten haben gar keinen Gott. Judentum, Christentum und Islam glauben, dass man nur ein Leben hat, Hindus und Buddhisten sagen, dass man unendlich viele hat. Die einen sagen, dass die Welt Anfang und Ende hat, die anderen behaupten, dass die Welt ein ewiger Kreislauf sei. Muslime glauben, dass Mohammed der letzte Prophet war, der das letztgültige Wort Gottes verkündet hat; Christen glauben, dass Jesus der Erlöser ist, und Juden glauben, dass der gottgesandte Mensch, der Messias, der alles zum Guten wenden wird, bis heute noch gar nicht aufgetaucht ist.

Wir werden im Laufe unserer Entdeckungsreise durch die Religionen sehen, dass diese Ansichten über Gott, die Welt und das Dasein an sich zu völlig verschiedenen Lebensweisen und Überzeugungen führen, die oft nur schwer miteinander vereinbar sind. Andererseits fragt man sich manchmal sogar, warum sich nicht alle Menschen auf eine Religion einigen können. Das würde doch alles viel einfacher machen, und man könnte aufhören, sich wegen Gott zu streiten.

Ob das aber so viel besser wäre, wer weiß? Schließlich sind Unterschiede auch etwas Schönes und Spannendes. Außerdem gibt es auch Dinge, die in vielen Religionen gleich sind und die miteinander verbinden. So ist vielen Religionen gemeinsam, dass sie an eine höhere Macht glauben, die den Lauf der Welt bestimmt, die das Gute vom Bösen trennt, die richtiges Handeln klar von falschem Tun unterscheidet und die Regeln für das tägliche Leben vorgibt. Alle großen Religionen haben ihrerseits heilige Texte, die von göttlichen Gesetzen, Heilswegen und den Taten und Worten besonderer Menschen handeln, an denen die Gläubigen ihr Leben ausrichten. Dazu gibt es in allen Religionen auch besondere Orte, an denen Gott verehrt und wo gebetet wird. Diese Orte können Kirchen, Synagogen, Moscheen oder Tempel sein. Nicht zuletzt gibt es in allen Religionen Feiertage, an denen die Menschen die Arbeit ruhen lassen, um sich ganz ihrem Glauben zu widmen. Auch wenn diese Gemeinsamkeiten zwischen den Religionen auf den ersten Blick banal erscheinen, so helfen sie doch, dass wir uns über eine Sache klar werden: Religion ist etwas zutiefst Menschliches. Und das, was die Menschen im Kern miteinander verbindet, ist ihre tiefe Sehnsucht, Antworten zu finden auf die Frage nach dem Sinn des Lebens, auf die Frage, wer wir sind, wo wir herkommen, wie es nach dem Tod weitergeht und wie wir leben sollen, um gute Menschen zu sein. Die verschiedenen Glaubensrichtungen geben Antworten und Lebensweisen vor. Diese können je nach Religion zwar sehr unterschiedlich ausfallen, in ihrem Kern sind sie für ihre Glaubensanhänger aber Quellen, aus denen sie Kraft, Hoffnung und Selbstbewusstsein schöpfen.

Wer die religiöse Überzeugung eines anderen Menschen nicht respektiert, weil er sie für rückständig, befremdlich oder unvernünftig hält, der wendet sich gegen viel mehr als nur gegen einen fremden Gott: Wenn wir so handeln, verletzen wir den anderen, dessen Glauben wir verspotten oder ablehnen, in seinem Innersten. Denn das, woran ein Mensch glaubt – sei er Christ, Moslem, Jude, Hindu oder Buddhist –, ist ihm heilig.

Wenn wir daher im Alltag auf religiöse Handlungen und Verhaltensweisen stoßen, die uns fragwürdig erscheinen, müssen wir uns über eines im Klaren sein: Wir dürfen den Glauben und die Glaubenspraxis des anderen niemals als Schrullen abtun, sondern müssen sie vielmehr als etwas verstehen, was diesen anderen Menschen vor uns in seinem Innersten berührt und wovon möglicherweise sein Leben und sein Glück abhängen. Und gerade weil der Glaube etwas so Intimes ist, fällt es gläubigen Menschen manchmal schwer, offen über ihn zu sprechen.

Natürlich kann man trotzdem über Religion streiten. Am Anfang jeder Diskussion über Religion stehen jedoch der Respekt und die Wertschätzung für das, was anderen Menschen heilig ist – nicht eine falsch verstandene Toleranz, die den anderen nur duldet nach dem Motto »Na gut, wenn es unbedingt sein muss« – was ja nichts anderes bedeutet als »eigentlich ist mir egal, was dir heilig ist«. Respektvoll sein heißt, dass man dem, woran der andere glaubt, unvoreingenommene Achtung entgegenbringt und dass man versucht, diesen anderen Menschen und seine Religion zu verstehen und in seinem Inneren zu begreifen. Diese Regel gilt für jeden Menschen, gleich ob er Moslem, Christ, Jude, Buddhist oder Hindu ist.

2 Du sollst keinen anderen Gott neben mir haben – oder: Ein Stamm mit verschiedenen Ästen

Wenn man sich mit drei der großen Religionen der Welt, dem Judentum, dem Christentum und dem Islam, zu beschäftigen beginnt, stößt man vor allem auf Unterschiede – jede Religion befolgt im Alltag andere Regeln, jede der drei Glaubensgemeinschaften hat jeweils unterschiedliche Feiertage, bereits optisch erkennbar andere Gotteshäuser und eigene Gottesdienstriten. Und jede Religion nennt ihren Gott anders.

Ein zweiter, differenzierterer Blick zeigt jedoch, dass die drei Religionen mehr verbindet, als man zunächst annimmt: Neben der Tatsache, dass sie alle an einen Gott glauben, gibt es besondere Menschen, die alle drei Religionen verehren – was daran liegt, dass Gott zu ihnen gesprochen hat. Sie werden auch Propheten genannt. Und in letzter Zeit gab es einigen Trubel um sie.

2.1 Guck mal, wer da spricht – oder: Propheten sind auch nur Menschen

Als Papst Benedikt XVI. Ende vergangenen Jahres nach Istanbul reiste, schaute die westliche Welt mit gemischten Gefühlen auf den Bosporus. Einerseits war man froh, dass das Oberhaupt der katholischen Kirche einen Schritt auf die islamische Welt zu machte und Bereitschaft zum Dialog signalisierte. Andererseits hatte der Papst einige Wochen zuvor mit einer Vorlesung an der Uni Regensburg für Empörung bei vielen Muslimen gesorgt, weil er einen byzantinischen Kaiser aus dem 14. Jahrhundert zitierte, der sich kritisch über Mohammed und den Islam geäußert hatte. Und obwohl der Papst klarzustellen versuchte, dass das Zitat nicht seine eigenen Gedanken ausdrückte, hielt die Empörung auf muslimischer Seite weiter an.

»Der Papst streckt uns die Zunge heraus!«, schrieben beispielsweise türkische Zeitungen. In den einschlägigen Blättern war sogar von einer Allianz der Kreuzritter gegen die Muslime die Rede. Die Angelegenheit gipfelte kurz vor dem angekündigten Besuch des Papstes in der Türkei in Demonstrationen, bei denen gerufen wurde: »Gott verfluche den Papst!«, und in Attentatsdrohungen gegen ihn.

Aber dann kam alles ganz anders. Der Papst unterstrich in Istanbul mit vielen Gesten und Symbolen seinen Versöhnungswillen: Er sprach in der Messe, die er abhielt, einige Sätze auf Türkisch, schwenkte freundlich lächelnd eine türkische Fahne – und zitierte diesmal Papst Johannes XXIII. mit den Worten: »Ich liebe die Türken.« Zum krönenden Abschluss seines Aussöhnungsbesuches demonstrierte Papst Benedikt XVI. in der prachtvollen Blauen Moschee seine Ehrfurcht vor dem Islam – indem er sich vor dem Eintreten die Schuhe auszog. Er kam richtig gut an. So gut, dass selbst die befürchteten großen Demonstrationen gegen ihn eher klein ausfielen. Ja sogar so gut, dass dieselben Zeitungen, die ihn vorher beschimpft und verflucht hatten, voll des Lobes über ihn waren. Ein bekannter türkischer Journalist jubelte in einem Artikel: »Ich liebe diesen Papst!«

Noch mal gut gegangen, könnte man erleichtert sagen. Oder einfach: Viel Lärm um nichts?

Ich war mir da aber nicht so sicher. Denn ein Detail des Besuches der mediengerecht im Fernsehen aufbereitet wurde, hatte meine Aufmerksamkeit geweckt: Bei der Abschiedsfahrt des Papstes durch die Straßen Istanbuls standen nämlich Menschen am Straßenrand und hielten Plakate in die Höhe, auf denen stand: »Jesus was not God's son, Jesus was a prophet – Jesus war nicht Gottes Sohn, Jesus war ein Prophet.«

Was hatte das zu bedeuten?, fragte ich mich. Bei der ganzen Sache war es doch immer um Mohammed gegangen, den Gesandten Gottes. Was hatte der mit Jesus zu tun? Wollten die Demonstranten dem Papst zum Abschied doch noch eins auswischen? Denkbar wäre es, fand ich. Immerhin hatte er aus Sicht strenggläubiger Muslime Gottes Gesandten Mohammed, den höchsten muslimischen Propheten, beleidigt. Musste man die Aussage auf den Plakaten also so werten, dass ein paar Muslime im Gegenzug Jesus vom Rang des Gottessohnes auf den Status eines Propheten zurückstuften? Weil sie dem Papst zeigen wollten, wie es sich anfühlt, wenn man in seinen religiösen Gefühlen verletzt wird?

Andererseits nannten die Plakate Jesus immerhin einen Propheten und stellten ihn damit auf die gleiche Stufe wie Mohammed. Was war also los mit den Demonstranten – wollten sie den Papst beleidigen, wollten sie ihm entgegenkommen, oder hatten sie einfach keine Ahnung, wer Jesus war?

Eins war klar: Die ganze Angelegenheit hatte mit dem

Altes Testament

Das Alte Testament besteht aus einer Sammlung biblischer Bücher, die zum Teil vor über 4000 Jahren entstanden sind und zunächst ins Griechische, später ins Lateinische übersetzt wurden. Die Worte vieler großer Propheten wie Jesaja, Jeremia, Ezechiel und Daniel und wunderbar poetische Texte über die Liebe, das Leid, Gott und das Gebet sind im Alten Testament versammelt. Zusammen mit dem Neuen Testament bildet es die Heilige Schrift des Christentums.

Das Alte Testament ist übrigens auch dem Judentum heilig. Schließlich wurden die einzelnen Bücher, aus denen es sich zusammensetzt, vor Urzeiten von jüdischen Gelehrten niedergeschrieben, um so die Geschichte ihres Volkes für die Nachwelt festzuhalten.

Die ältesten Überlieferungen sind in den fünf Büchern Moses gesammelt, die die Juden auch »Tora« nennen. Sie schildern die Erschaffung der Welt, erzählen die Urgeschichte der Menschheit und von der Einwanderung jüdischer Stämme in Palästina, dem heutigen Israel.

Begriff »Prophet« zu tun: Auf der einen Seite stand der Prophet Mohammed, den die Muslime verehren, auf der anderen Seite Jesus, der den Christen heilig ist.

Der Begriff »Prophet« kommt aus dem Griechischen und bedeutet so viel wie »Verkünder«: Propheten verkünden also Botschaften, die sie von Gott erhalten, damit sie sie den Menschen weitersagen. Propheten sind also Menschen, die – oft ohne es zu wollen – von Gott beauftragt werden, den Menschen seine Pläne mitzuteilen und ihnen zu sagen, wie sie sich verhalten sollen.

Es gab Zeiten, in denen es vor Propheten nur so wimmelte, die als Prediger durch die Gassen zogen und das Gespräch mit ihren Mitmenschen suchten. Manchmal wurden sie sogar als Heilige verehrt. Heute begegnet man Propheten nicht mehr unbedingt auf Schritt und Tritt – und wenn wir doch hin und wieder auf einen Zeitgenossen treffen, der an einer Straßenecke steht und uns erzählen möchte, was Gott ihm mitgeteilt hat, dann machen wir lieber einen Bogen um ihn und bemitleiden den armen Irren. Propheten gehören eben in eine andere Zeit. Und zwar in die Zeit, als die monotheistischen Religionen, also Religionen, die an nur einen Gott glauben, in der Wüste des Nahen Ostens entstanden. Auch die heiligen Texte der großen monotheistischen Religionen – Judentum, Christentum und

Monotheismus

Die älteste monotheistische Religion ist das Judentum. Es entstand vor ungefähr 4000 Jahren in der Wüste des Nahen Ostens. Bis zu diesem Zeitpunkt hatten die Menschen allem Möglichen göttliche Kraft zugesprochen: der Sonne, dem Mond und den Sternen, aber auch Geistern, den Seelen ihrer Ahnen oder Tieren. Diese zahllosen Mächte, von denen sie sich umgeben sahen, stellten sich die Menschen als willkürliche Gottheiten vor, die mit ihnen machten, was sie wollten: Wenn sie gut gestimmt waren, ließen sie es in der Wüste regnen, so dass die Ernte gut wurde, oder sie machten die Frauen fruchtbar und hielten Krankheiten von den Menschen fern. Wenn die Götter jedoch schlecht gelaunt waren, drohten den Menschen Kriege, Hungersnöte oder Dürre. Die Götter der Wüstenvölker kannten keine Regeln und Gesetze, an die sie sich hielten und an denen die Menschen ihr Handeln ausrichten konnten – sie waren unberechenbar. Man konnte versuchen, sich mit ihnen gutzustellen, Figuren von ihnen zu schnitzen und sie anzubeten, in der Hoffnung, sie bei Laune zu halten und Unglück abzuwenden.

Mit der Entdeckung des einen, ewigen und allmächtigen Gottes durch das Judentum, der Geburtsstunde des Monotheismus, änderte sich das Weltbild der Menschen jedoch: Sie hörten auf, die Mächte der Natur anzubeten, und begriffen die Sterne am Himmel nicht mehr als eigenständige Wesen, sondern nur noch als Schöpfungen eines allmächtigen Gottes, der über allem anderen stand. Mit ihrem einen Gott, den sie nun anbeteten, begannen die Menschen sogar, sich über die Natur zu erheben und Pflanzen, Tiere, Berge und Flüsse als Tatsachen zu begreifen, die selbst keine Macht besaßen, sondern nur deshalb existierten, weil Gott sie erschaffen hatte – wie alles andere auch.

dem Islam – sind voll von Propheten-Geschichten. Die Botschaften, die diese Botschafter Gottes von ihm erhalten haben, wurden nach ihrem Tod von ihren Schülern aufgeschrieben und zu Büchern zusammengefasst.

Obwohl die drei großen monotheistischen Religionen dieselben Propheten verehren, hat jede der drei einen »Lieblingspropheten«, dessen Botschaft ihren Anhängern besonders viel bedeutet. Für das Christentum ist das Jesus, für das Judentum der Prophet Moses und für den Islam der Prophet Mohammed. Diese drei »Gottesbotschafter« sind deshalb so wichtig für die Gläubigen, weil sie mit ihren Worten und Taten die drei Religionen überhaupt erst ins Leben gerufen haben: Vor Moses gab es kein Judentum, vor Jesus keine Christen und vor Mohammed keine Muslime. Diese drei Propheten werden daher auch Religionsstifter genannt.

Ihre Lebensgeschichten sind legendär. Und das mit gutem Grund: Die Biographien von Moses, Jesus und Mohammed sind starke Geschichten – und faszinierend genug, um ein Leben lang über sie nachzudenken.

Abraham: der erste Monotheist der Menschheit

Bevor man sie jedoch erzählt, muss man sich zunächst mit der Lebensgeschichte eines anderen Menschen beschäftigen, ohne die die Geschichten von Jesus, Mohammed und Moses nicht zu verstehen sind. Sein Name war Abraham, und er war der erste Mensch, zu dem Gott jemals sprach.

Abraham lebte nach alttestamentarischer Überlieferung vor ungefähr 4000 Jahren – also 2000 Jahre vor Jesus und 2500 Jahre vor Mohammed – in der Stadt Ur in Mesopotamien, die als älteste Stadt der Welt gilt und zu Abrahams Zeit so etwas wie das New York der heutigen Zeit war: eine Metropole, in der sich Menschen aus den verschiedensten Gegenden der Welt trafen, um Handel zu treiben. Ur lag zwischen den Flüssen Euphrat und Tigris (im heutigen Irak) und besaß über den Seeweg Handelsverbindungen bis nach Indien und China.

Ein Talmud-Märchen erzählt, dass Abrahams Vater Terach mit Götzenstatuen handelte. Abraham war die Götzenverehrung jedoch ein Dorn im Auge: Wie kann tote Materie einem Menschen in Not helfen?, fragte er Terach immer wieder und weigerte sich, die Statuen anzubeten. Trotz aller Kritik arbeitete Abraham jedoch seit seiner Jugend im väterlichen Betrieb und sollte diesen nach Terachs Tod übernehmen. Er war mit Sara verheiratet, glücklich verheiratet, wie man liest – mit dem kleinen Wermutstropfen jedoch, dass das Paar keine Kinder hatte. Abrahams und Saras Kinderlosigkeit galt zu ihrer Zeit als großes Unglück – wer keine Kinder bekam, gefährdete dadurch nicht nur das Überleben der eigenen Familie, sondern wurde auch gesellschaftlich geächtet. Dass Abraham und Sara sich aufgrund der fehlenden Nachkommen oft unglücklich und minderwertig fühlten, kann man sich vor diesem Hintergrund nur allzu gut vorstellen. Und dass es das Paar in seiner Heimatstadt, wo man über die beiden spottete, nicht hielt, ebenso. Deshalb fiel es Abraham und Sara sicher auch nicht sonderlich schwer, mit Terach nach Haran, in den Süden der heutigen Türkei, zu ziehen, wo dieser so etwas wie eine Filiale seiner Handelshäuser eröffnen wollte.

Auch wenn den beiden der Kindersegen in der neuen Heimat versagt blieb – so konnte Abraham sich doch glücklich schätzen: Denn das Geschäft mit den Götzenstatuen – Abraham und Terach hatten über 500 im Angebot – blühte, und Terach belieferte bereits nach kurzer Zeit weite Teile der Region. Nach Terachs Tod trat Abraham das väterliche Erbe an und wurde ein ebenso erfolgreicher Händler.

Nur die Nachkommen wollten sich immer noch nicht einstellen.

Sara wurde nicht schwanger, und Abraham musste sich an den Gedanken gewöhnen, dass er niemals Nachfahren haben würde.

Doch dann geschah etwas, was religionsgeschichtlich von allergrößter Bedeutung sein sollte: Eines Tages hörte Abraham eine Stimme in sich, die ihn um etwas bat. Und die ihm im Gegenzug etwas Unerhörtes anbot. Es war Gott, der zu Abraham sprach. Und er wies Abraham an, sein Land, seine Verwandtschaft und seine Geschäfte hinter sich zu lassen und sich auf Wanderschaft zu begeben. Wohin genau, verschwieg die Stimme Gottes ihm. Sie sagte nur, dass sie ihm dieses Land schon weisen werde und dass es ein fruchtbares, ein gutes, ein schönes Land sein werde.

Abraham war zu diesem Zeitpunkt bereits über 75 Jahre alt – was für die damaligen Verhältnisse sehr betagt war –, er entschied sich aber dennoch für das Unbekannte, das da auf ihn wartete, und vertraute Gottes Stimme. Das bedeutete für ihn, dass Abraham sein gesamtes Leben hinter sich lassen und blind darauf vertrauen musste, dass Gott ihn zu einer besseren Zukunft führen würde. Konkret bedeutete das aber auch, dass Abraham alle seine Besitztümer verkaufen musste – er legte das Geld der Einfachheit halber in Vieh an –, bevor er sich zusammen mit seiner Frau Sara und deren Magd Hagar aufmachen konnte in Richtung Süden – in die Richtung, die Gott ihm anzeigte.

Während seiner Wanderschaft auf der Suche nach dem versprochenen heiligen Land bekam Abraham tatsächlich einen Sohn – allerdings nicht mit seiner Frau Sara, sondern mit ihrer Magd Hagar. Aus lauter Verzweiflung hatte Sara Abraham nämlich angeboten, sein Glück mit Hagar zu versuchen, damit die ersehnten Kinder sich endlich einstellten.

Der Sohn, den Hagar gebar, wurde Ismael genannt – und später zum Stammvater aller Muslime.

Einige Jahre später erschien Gott Abraham, um einen Bund mit ihm zu schließen. Er verhieß ihm zahlreiche Nachkommen und erneuerte sein Versprechen, ihm ganz Kanaan für immer zu schenken – vorausgesetzt, Abraham und die Seinen würden weiterhin an Gott als den einzigen Gott glauben. Als Zeichen dieses Bundes sollte Abraham, so gebot es ihm Gott, sich selbst, alle seine Männer und alle zukünftig geborenen Jungen an der Eichel beschneiden lassen.

Kurze Zeit darauf wurde zu Abrahams Überraschung auch Sara in hohem Alter schließlich noch schwanger und brachte einen Sohn zur Welt. Sein Name war Isaak. Er sollte zum Stammvater des jüdischen Volkes werden, wie Abraham von Gott erfuhr.

Die Geschichte von Abrahams Vaterschaft löst sich jedoch nicht einfach in Wohlgefallen auf – sondern führt zu Komplikationen: Jahre nach Isaaks Geburt befahl Sara ihrem Mann nämlich, Hagar und Ismael zu verstoßen. Wahrscheinlicher ist aber, dass es sich um ein Eifersuchtsdrama handelte und Sara ihren Mann nachdrücklich aufforderte, sich zwischen ihr und Hagar zu entscheiden. Abraham, schwer unter Druck, entschied sich für Sara und verstieß Hagar und Ismael aus seinem Haus. Er schickte die beiden buchstäblich in die Wüste.

An dieser Stelle teilt sich die Geschichte. Wenn man sich je einen jüdischen und einen muslimischen Kameramann vorstellt, die jeweils die Geschichte von Abraham und seinen Söhnen filmen, dann hält der jüdische Kameramann nach der Vertreibung Hagars und Ismaels seine Kamera weiterhin auf Abraham, Sara und Isaak. Hagar und Ismael kommen in seinem Film einfach nicht mehr vor. Stattdessen filmt er Folgendes: Abrahams Vertrauen in Gott und seine Abkehr von seinem alten Leben hatten ihm schließlich all das gegeben, was er sich immer gewünscht hatte: ein eigenes Land, gesellschaftliches Ansehen und einen Nachkommen. Doch obwohl Abraham Gott gehorcht, allen anderen Gottheiten abgeschworen und einen Bund mit Gott geschlossen hatte, wurde sein Glaube immer wieder auf harte Proben gestellt. So befahl Gott Abraham eines Nachts, dass er ihm als Beweis für seinen Gehorsam seinen Sohn Isaak opfern solle. Abraham nahm daraufhin schweren Herzens und voller Verzweiflung seinen Sohn, fesselte ihn und trug ihn auf einen Berg, auf dem sich der Legende nach heute Jerusalem befindet, um ihn weisungsgemäß Gott als Opfer darzubringen. Als er jedoch das Messer zückte, um seinen Sohn zu töten, verhinderte im letzten Moment ein Engel die Bluttat. Er

Beschneidung

Die Beschneidung ist ein uralter Brauch im Judentum und im Islam. Dabei wird dem männlichen Kind die Vorhaut seines Penis entfernt.

Die Beschneidung gilt als Zeichen des Bundes zwischen Gott und den Menschen. Im Judentum werden männliche Säuglinge acht Tage nach der Geburt von einem speziell dafür ausgebildeten Spezialisten, dem Mohel, in einer feierlichen Zeremonie beschnitten. Im Islam hingegen werden Jungen erst im Alter von 12 oder 14 Jahren beschnitten.

Die Beschneidung war jedoch nicht nur ein religiöses Gebot – sie hatte auch positive Auswirkungen auf die Hygiene in den heißen Gegenden, in denen sie ursprünglich praktiziert wurde. Dass die Beschneidung tatsächlich auch medizinisch sinnvoll ist, zeigen Ergebnisse von wissenschaftlichen Studien, die belegen, dass sich das Risiko einer Aidsübertragung deutlich verringert, wenn Männer beschnitten sind.

forderte Abraham auf, seinen Sohn loszubinden, und übergab ihm einen Widder, den er an Isaaks Stelle opfern sollte.

Nachdem Abraham Gott auf diese Weise seine bedingungslose Treue bewiesen hatte, schenkte Gott Abraham seinen Segen und versprach ihm, seine beiden Söhne Ismael und Isaak zu Stammvätern zweier großer Völker zu machen, die so zahlreich sein würden »wie die Sterne am Himmel«.

Gott muss damals sehr eifersüchtig und ängstlich gewesen sein, dass Abraham und seine Leute zu den 500 Göttern zurückkehren könnten, die sie in Haran hinter sich gelassen hatten, denkt man sich aus heutiger Sicht, wenn Gott Abraham solche strengen Vorschriften machte. Er erwies sich bei aller Härte aber auch als ein verlässlicher Gott, der sein Wort hielt: Abrahams Sohn Isaak wurde seinerseits Vater von zwölf Söhnen, die wiederum die Oberhäupter von zwölf jüdischen Volksstämmen wurden.

Mit diesen zwölf Stämmen beginnt die Geschichte des Judentums, die auch Teil der Geschichte des Christentums ist. Für den Fortgang dieser Geschichte ist jedoch vor allem wichtig, dass Isaak der Mensch ist, auf den die Religion des Judentums zurückgeht.

Die Geschichte der Vertreibung von Hagar und ihrem Sohn Ismael geht aus muslimischer Sicht jedoch noch weiter – und der muslimische Kameramann würde ihnen, anders als sein jüdischer Kollege, daher in die Wüste folgen. Sein Film sähe folgendermaßen aus: Nach der Verbannung aus Abrahams Haus irrten Ismael und Hagar tagelang ziellos in der Wüste umher – im Wissen, dass sie ohne Wasser und Nahrung dem sicheren Tod ausgeliefert waren. Als die beiden halb verdurstet vor Erschöpfung in den Sand sanken, rief Ismael in seiner Verzweiflung Gott um Hilfe an.

Und er wurde erhört: Als er sich aufrichtete, stand der Engel Gabriel vor ihm und sagte: »Fürchtet euch nicht, ihr beiden. Gott hat Ismaels Flehen erhört. Ihr werdet leben, und Gott wird die Nachfahren Ismaels zu einem großen Volk machen. Seht ihr nicht den Brunnen vor euch? Trinkt! Aus diesem Brunnen werden noch Ismaels Kinder und deren Kinder trinken.«

Nachdem Ismael seinen Schrecken überwunden hatte, bohrte er ein wenig mit dem Fuß im Sand, und schon schoss Wasser aus dem Wüstenboden hervor. Ismael und Hagar waren gerettet.

Den Brunnen, den Ismael mit Gottes Hilfe fand, gibt es noch heute. Er heißt Zamzam, und sein Wasser ist heilig. Aus dem Brunnen wurde eine Oase, und aus der Oase die Stadt Mekka, in der Jahrtausende später der Prophet Mohammed geboren wurde.

So lautet die muslimische Version der Abrahamsgeschichte.

Abraham war der erste Mensch, zu dem Gott jemals sprach. Auf ihn beriefen sich sowohl Moses, Mohammed als auch Jesus, als sie den Menschen Gottes Wort verkündeten und ihnen damit einen neuen Glauben schenkten.

Jesus – der Erlöser der Menschheit

Was wir über Jesus wissen, steht in der Bibel, und zwar in den vier Evangelien des Neuen Testaments. Die Evangelien sind Berichte der Apostel Matthäus, Markus, Lukas und Johannes und erzählen in vier weitgehend übereinstimmenden Versionen die Geschichte von Jesu Geburt und letzten Lebensjahren bis zu seiner Ermordung – also die Geschichte jener Zeit, in der

---

Neues Testament

Das Neue Testament ist die zentrale Schrift des Christentums. Sie besteht aus den Schriften der vier Apostel Matthäus, Markus, Lukas und Johannes, die die Lebensgeschichte ihres Meisters erzählen. Hinzu kommen Briefe, mit denen die Apostel Menschen in anderen Ländern vom christlichen Glauben überzeugen wollten, sowie die Schriften der Apokalypse, in der Jesu Wiederkehr und damit die Ankunft des Himmelreichs auf Erden beschrieben wird.

Jesus mit seinen Jüngern auf Wanderschaft war und die christliche Heilslehre verkündete.

Die Lebensgeschichte von Jesus bestimmt, ohne dass wir es auf den ersten Blick wahrnehmen, viele Aspekte unseres Alltags in der westlichen Welt – unsere Zeitrechnung etwa, die ihre Zählung auf Jesu Geburt ausrichtet: Als Jahr »null« verstehen wir nach wie vor das Jahr, in dem Jesus der Überlieferung nach geboren wurde – obwohl zwischenzeitlich Forschungen vorliegen, die besagen, dass Jesus möglicherweise ein paar Jahre früher oder später geboren worden ist.

Wie dem auch sei – fest steht, dass es den Menschen Jesus tatsächlich gab. Dieser Jesus von Nazareth wurde vor plus minus 2000 Jahren in Galiläa geboren, einem Gebiet, das heute im Norden Israels an der Grenze zum Libanon und zu Syrien liegt. Sein jüdischer Name war Jeschua, was im Hebräischen »der Retter« oder sogar »der Retter Gottes« bedeutet. Seine Eltern Joseph und Maria waren Juden, und auch Jesus begriff sich zeit seines Lebens als Jude.

Die Evangelien berichten einhellig, dass Jesus nicht das leibliche Kind von Joseph war, sondern dass Maria diesen Sohn vom Heiligen Geist empfing und als Jungfrau gebar. Die Biologie hält diese Version für einen schlechten Scherz, doch für Christen spielt die Tatsache, dass Jesus von einer Jungfrau geboren wurde, eine besondere Rolle.

In Jesu Zeit war seine Heimat Galiläa von römischen Truppen besetzt, die die jüdische Bevölkerung unterdrückten und ausbeuteten. Es war eine Zeit der Verunsicherung und des Leids für die Juden, so dass es nicht besonders verwunderlich scheint, dass sie sehnlich auf einen neuen König warteten, der ihr Volk zu seiner alten Stärke und Unabhängigkeit zurückführen würde. Aus Angst vor einem Volksaufstand regierten die römische Besatzungsmacht und die mit ihr verbündeten jüdischen Führer die kleinen Leute mit harter Hand: Sie machten nicht nur jeden mundtot, der gegen die Unterdrückung protestierte oder das Volk zum Widerstand aufrief, sondern sie schreckten auch vor Todesurteilen und Morden nicht zurück, um ihre Macht zu behalten.

Was Jesus während seiner Jugend getan hat, womit er seinen Unterhalt verdiente, wird nicht berichtet. Da es zu jener Zeit aber die Pflicht jedes erstgeborenen Sohnes war, dasselbe Handwerk wie sein Vater auszuüben und den Handwerksbetrieb gegebenenfalls zu übernehmen, hat Jesus wahrscheinlich als Zimmermann gearbeitet. Diese Annahme scheint plausibler als die Version einiger fantasievoller Wissenschaftler, die behaupten, dass Jesus bereits in seiner Jugend weite Reisen nach Indien und Ägypten unternommen habe, um dort die Lehren des Hinduismus und Buddhismus kennenzulernen. Vor allem deshalb, weil es für die »Reise-Theorie« keine wissenschaftlichen Anhaltspunkte gibt.

Fest steht jedoch: Im Alter von ungefähr 30 Jahren trat Jesus an die Öffentlichkeit und erregte mit seinen Botschaften große Aufmerksamkeit beim einfachen Volk. Er muss eine äußerst charismatische Persönlichkeit gewesen sein – und dies seit seiner Kindheit. Das Neue Testament überliefert nämlich die Geschichte, dass Jesus bereits mit zwölf Jahren gestandene jüdische Gelehrte mit großem religiösem Wissen beeindruckte. Nun zog er als Wanderprediger durch das Land, nannte Gott seinen Vater, verkündete dessen Botschaft und forderte seine Mitmenschen auf, ihr Leben zu ändern. Und das offenbar mit Erfolg: Es scharten sich immer mehr Anhänger um ihn, die ihm glaubten, dass er Gottes Sohn war und dass Gott ihm eine besondere Rolle zugedacht hatte.

Eine grundlegende Erfahrung, die Jesus in seinem Glauben um seine besondere Rolle als Gottessohn bestärkte, war seine Begegnung mit Johannes dem Täufer.

Johannes lebte am Ufer des Jordan und sagte den Anbruch einer neuen Zeit voraus, die er das Reich Gottes nannte.

Er predigte seinen Zuhörern, dass sich bald erfüllen werde, was die Propheten des Alten Testaments vorhergesagt hätten: dass eines Tages nämlich der Messias, ein von Gott gesand-

---

Der Messias

»Messias« ist ein uraltes hebräisches Wort und bedeutet »der Gesalbte«. Ursprünglich wurden die Könige des ersten jüdischen Reiches, unter ihnen der große König David und der weise König Salomon, Messias genannt. Vor ihrer Krönung wurden sie von Priestern oder Propheten mit einem besonderen Öl gesalbt. Durch diese Salbung erhielten sie von Gott die Legitimation, das jüdische Volk zu führen und zu schützen, und Gottes Geist wurde auf sie übertragen.

Nach dem Untergang des jüdischen Königreiches, nach der Zerstörung des jüdischen Tempels in Jerusalem und der Vertreibung der Juden aus Israel im Jahre 586 v. Chr. änderte sich der Messiasbegriff. Die Propheten des Alten Testaments, allen voran Jesaja, sagten voraus, dass einst ein neuer, von Gott gesandter König kommen und ein Reich, das Himmelreich, gründen würde, in dem ewiger Frieden herrschte und alle Menschen Gott dienten. Dieser Mann würde ein Jude sein und direkt von David, dem ersten jüdischen König, abstammen. Sie prophezeiten weiter, er würde dafür sorgen, dass alles Übel und Unrecht von der Welt verschwände: Den Armen würde dann Ge-

---

rechtigkeit widerfahren, und die Ungerechten würden bestraft.

Christen glauben, dass Jesus der Messias ist, was der Beiname Jesu – »Christos«, das griechische Wort für »Messias« – ausdrückt. Jesus ist für sie der von Gott gesandte Retter, der die Verheißungen der Propheten des Alten Testaments erfüllt, so dass mit ihm das Himmelreich anbrechen kann. Durch sein Todesopfer versöhnt er die Menschen mit Gott, durch seine Auferstehung schenkt er ihnen ewiges Leben.

Die Juden lehnen die Vorstellung, dass Jesus der Messias gewesen sei, hingegen strikt ab. Für sie war er ein Sektenführer, von denen es zu seinen Lebzeiten viele gab. Jesus könne nicht der Messias sein, argumentieren die Juden, denn er habe die Erwartungen, die ihre Glaubensgemeinschaft an den Messias richtet, nicht erfüllt: Er habe das ersehnte Reich Israel nicht geschaffen. Im Gegenteil, er habe sogar dazu aufgerufen, sich von der strikten Befolgung der Gesetze abzuwenden.

ter Mensch, zu ihnen kommen und dieses Gottesreich herbeiführen würde. Und wer sein Leben ändere und sich zum Zeichen seiner Umkehr taufen ließe, erhöhe seine Chancen, Teil dieser neuen Zeit zu werden. Als Jesus schließlich vor ihm stand, um sich von ihm taufen zu lassen, erkannte Johannes in ihm diesen Mann. Und Jesus nahm die Prophezeiung an, indem er sich von Johannes mit Wasser übergießen und segnen ließ.

Nach der Taufe durch Johannes ging Jesus allein in die Wüste, wo er vierzig Tage lang meditierte, weder Brot noch Wasser zu sich nahm und mehreren Versuchungen des Teufels widerstand, der ihn zu überreden versuchte, seiner Mission abzuschwören.

Die Evangelien berichten von zahlreichen Wundern, die Jesus in seiner Zeit als Wanderprediger vollbrachte: Er heilte Kranke und psychisch verwirrte Menschen durch Handauflegen, er erweckte Tote wieder auf, verwandelte Wasser in Wein und überquerte den See Genezareth auf der Wasseroberfläche wandelnd.

Doch Jesus tat noch viel mehr: Er verkündete den Menschen vor allem, wie sie aus eigener Kraft Erlösung im Glauben finden konnten. Seine Botschaft war so einfach wie fröhlich stimmend. Sie lautete, dass alle Menschen vor Gott gleich seien, egal, ob sie Juden oder Römer, ob sie arm oder reich, ob sie Frau oder Mann, krank oder gesund waren. Der Wert eines Menschen bemesse sich für Gott nicht an seinem Reichtum, sagte Jesus, nicht an seiner gesellschaftlichen Position oder an der genauen Befolgung der komplizierten jüdischen Religionsgesetze, sondern allein an seiner Fähigkeit, Liebe, Barmherzigkeit und Vergebung auszuüben. Der Gott, von dem Jesus den Menschen predigte, war ein freundlicher Gott, der die Menschen liebte und sie annahm wie seine eigenen Kinder, ohne dass er dafür irgendwelche Bedingungen stellte. Jeder, der sich zu diesem Gott bekenne, sagte Jesus in seinen Predigten, werde in dessen Himmelreich eingehen, und weil Gott alle Menschen gleichermaßen liebe, sei es sein Wille, dass auch die Menschen einander lieben und barmherzig miteinander sein sollten. Daher lautete Jesu wichtigstes Gebot: »Liebe deinen Nächsten wie dich selbst«.

Jesus ging sogar so weit zu sagen, dass man auch seine Feinde lieben solle, denn nur die Kraft der Liebe könne in den Herzen der Menschen Veränderung bewirken und Frieden unter ihnen herbeiführen. Zusammengefasst heißt das: Wer aufrichtig seine schlechten Taten bereut, wer sich seinem Mitmenschen hilfsbereit zuwendet, wer Egoismus, Ungerechtigkeit und Unmenschlichkeit bekämpft, der handelt wahrhaft in Gottes Sinne und wird von ihm errettet.

Seine Botschaft stieß auf offene Ohren: Sie wirkte ungeheuer anziehend, weil sie den Not Leidenden, den Schwachen und

Benachteiligten Hoffnung, Selbstvertrauen und Mut einflößte. Und so wuchs Jesu Anhängerschaft ständig. Aus ihr wählte er schließlich zwölf Jünger, die Apostel, aus, die ihm besonders nahe standen. Sie wurden von ihm belehrt und ausgebildet, um seine Botschaft zu bewahren und nach seinem Tod weiterzuverbreiten.

Doch dann wendete sich das Blatt: Je mehr Popularität Jesus im Volk genoss, umso mehr war er den Römern und den jüdischen Priestern ein Dorn im Auge. Die Römer stießen sich an seinem vermeintlichen Allmachtsanspruch, die jüdischen Priester ärgerten sich, dass Jesus sie in seinen Predigten offen als Heuchler kritisierte und ihnen vorwarf, nicht in Gottes Namen, sondern in eigenem Interesse zu handeln. Deshalb beschlossen sie, Jesus verhaften zu lassen. Denn sie fürchteten um ihre Macht.

Die Gelegenheit, gegen Jesus vorzugehen, kam schneller, als sie dachten. Denn als Jesus mit seinen Jüngern zum jüdischen Pessachfest an Ostern nach Jerusalem kam und vom Volk wie ein König jubelnd empfangen wurde, provozierte er mit seiner Predigt im heiligen Tempel von Jerusalem einen Aufruhr, der von römischen Soldaten niedergeschlagen werden musste. Dieses Ereignis lieferte den jüdischen Priestern einen willkommenen Anlass, Jesus festnehmen zu lassen. Um seinen Aufenthaltsort herauszufinden, bestachen sie seinen Jünger Judas. Dieser ließ sich auf den Handel ein und verriet seinen Lehrer. Und so wurde Jesus, kurz nachdem er mit seinen Jüngern gemeinsam zum letzten Mal das Abendmahl geteilt hatte, von römischen Soldaten verhaftet. In einem zwielichtigen Verfahren, bei dem sich Priester und Römer gegenseitig die Verantwortung zuschoben, wurde er nach wenigen Tagen zum Tode am Kreuz verurteilt.

Vieles deutet im Neuen Testament darauf hin, dass der Verrat Jesus nicht unerwartet traf, sondern dass er seinen Tod voraussah. Seinen Jüngern gegenüber hatte er zuvor mehrfach geäußert, dass es Gottes Wille sei, dass er bald sterben müsse, und er hatte ihnen während des letzten gemeinsamen Mahls, dem berühmten Abendmahl, auf den Kopf zugesagt, dass einer von ihnen ihn verraten würde. Anscheinend begriff Jesus seinen Tod als notwendige Voraussetzung für die Erfüllung seines göttlichen Auftrags. Er opferte sich für die Menschen und zeigte ihnen damit, wie sehr Gott sie liebt. Gott opferte ihnen schließlich seinen eigenen Sohn und tat selbst das, wovor er Abraham einst verschont hatte. Jesus glaubte daran, dass es seine Aufgabe sei, diese Opferrolle anzunehmen. Deshalb ging er sehenden Auges nach Jerusalem, in die Höhle des Löwen. Für Jesu Bereitschaft zu sterben spricht auch die Widerstandslosigkeit, mit der er sich von den römischen Soldaten ergreifen, verhören und hinrichten ließ: Er versuchte weder zu fliehen noch die gegen ihn erhobenen Anschuldigungen der Gotteslästerung von sich zu weisen.

Nach seinem Tod wurde Jesu Leichnam von seinen Jüngern in ein Leichentuch gewickelt und in einer Höhle begraben, die sie anschließend mit einem mannshohen Stein verschlossen. Für seine Jünger war Jesu Tod eine Katastrophe. Ohne ihren Anführer fühlten sie sich schutz- und hilflos. Deshalb zerstreuten

---

Was bedeutet Jesus für die Christen?

Für die Christen ist Jesus Gottes größtes Geschenk und sein größter Liebesbeweis an die Menschheit. In Jesus hat sich Gott den Menschen offenbart und ihnen gesagt, dass er sie bedingungslos so annimmt, wie sie sind. Zum Zeichen dafür, dass Gott ihnen ihre Sünden vergibt, opferte er ihnen seinen Sohn. Und indem er ihn von den Toten auferstehen ließ, zeigte er ihnen, dass der Glaube an Jesus jedem Menschen, egal, wie viele schlechte Taten er zuvor begangen hat, ewiges Leben im Himmelreich bescheren wurde, wenn er seine Sünden aufrichtig bereue.

---

und versteckten sie sich, weil sie fürchteten, dass man sie eben-falls aufgreifen und hinrichten könnte. Manche seiner Anhän-ger leugneten auch, je zu ihm gehört zu haben.

Doch dann geschah ein Wunder, das alles änderte: Drei Tage nach Jesu Tod kamen drei Frauen an sein Grab. Unter ihnen Maria Magdalena, eine ehemalige Hure und spätere Jüngerin von Jesus, die er einst vor dem Tod durch Steinigung gerettet hatte. Zu ihrem Erstaunen fanden die Frauen das Grab offen und leer. Der Leichnam war verschwunden. Kurz darauf er-schien Jesus Maria Magdalena leibhaftig und sagte ihr, dass er auferstanden sei von den Toten. Und er trug ihr auf, seinen Jün-gern die gute Nachricht zu überbringen.

Maria Magdalena erfüllte den Auftrag, und die Nachricht von Jesu Auferstehung verbreitete sich wie ein Lauffeuer unter den Menschen. Die frohe Botschaft machte seinen Jüngern Mut, tat-sächlich das zu tun, was Jesus ihnen vor seinem Tod aufgetra-gen hatte: seine Lehre hinaus in die Welt zu tragen.

Das war die Geburtsstunde des Christentums. Es bestand zu-nächst aus der Gemeinschaft seiner zwölf Jünger, aus der sich schließlich das Urchristentum entwickelte, das vielen bis heute als das Ideal christlicher Gemeinschaft gilt.

Mohammed – das Siegel der Propheten

Die Muslime sagen über Mohammed, dass er der tadelloseste, vertrauenswürdigste, liebevollste und gerechteste Mann war, den die Welt je gesehen hat, und nehmen ihn sich zum Vorbild für ein gutes, gottgefälliges Leben. Die Muslime glauben über-dies, dass Mohammeds gesamtes Leben, seine Taten und Worte von Allah gelenkt waren. Während Jesus aus Sicht der Christen kein Prophet war, sondern Gottes Sohn und der Erlöser, ist

Mohammed ebenso wie Jesus für die Muslime »nur« ein Prophet. Hier liegt einer der Gründe, warum sich Muslime und Christen über ihren Glauben nicht verständigen können.

Mohammeds Lebensgeschichte beginnt in Mekka 570 Jahre nach Jesu Geburt. Dort standen die Dinge damals nicht zum Besten: Die Stadt lag abseits des Weltgeschehens im Norden Arabiens, einer wasserarmen, steinigen und unwirtlichen Gegend. Sie galt zwar in gewisser Weise als Handelszentrum, durch das viele Karawanen zogen, um wertvolle Güter aus den Häfen des Jemen durch die Wüste nach Jerusalem und Alexandria ans Mittelmeer zu bringen. Allerdings steckte der Karawanenhandel zur Zeit Mohammeds in einer Krise, was sich direkt auf den Wohlstand der Einwohner Mekkas niederschlug. Zu der schlechten finanziellen Lage der Menschen kam der permanente Ausnahmezustand – die einzelnen Stämme der Gegend lagen im Dauerkrieg miteinander. Das bedeutete, dass Grausamkeiten, Mord und Totschlag an der Tagesordnung waren, und das sogar innerhalb von Familienverbänden. Angeblich begruben manche Stammesangehörige ihre Kinder lebend im Wüstensand, wenn sie nicht mehr für sie sorgen konnten oder wollten. Und wenn ein Mann starb, dann wurde nicht nur sein Vermögen, sondern gleich seine Frau mitvererbt. Im Islam gilt die Epoche Arabiens vor Mohammed daher als die »Zeit der Finsternis und der Unwissenheit«.

Mohammed war seit seinem sechsten Lebensjahr Waise und wuchs deshalb bei seinem Onkel Abu Talib auf. Dieser verdiente sein Geld als Kaufmann und nahm seinen Neffen, als dieser das entsprechende Alter erreicht hatte, in die Lehre. Die beiden unternahmen weite Handelsreisen nach Palästina und Syrien, wo Mohammed mit Christen und Juden in Kontakt kam und ihre Religionen kennenlernte.

Als Mohammed 25 Jahre alt war, heiratete er Khadidja, eine reiche Kaufmannswitwe, die 15 Jahre älter als Mohammed war, und führte ihre Geschäfte als Karawanenführer. Er war nun ein angesehener und reicher Mann, und das Glück schien ihm hold: Das Ehepaar liebte sich innig und bekam mehrere Kinder.

Dann aber brach das Unglück über Mohammed und Khadidja herein: Als Mohammed ungefähr 40 Jahre alt war, starben alle seine Kinder innerhalb kürzester Zeit an verschiedenen Krankheiten und hinterließen das Paar in tiefer Trauer. Mohammed litt so sehr, dass er sich immer öfter in Wüstenhöhlen zurückzog, um in der Einsamkeit Trost zu finden und zu meditieren.

In einer der Höhlen, in der Mohammed seine Nächte verbrachte, erlebte er die erste Offenbarung Gottes. Eines Nachts soll er erwacht sein und eine helle, engelhafte Gestalt erblickt haben. Sie presste ihm ein beschriebenes Stück Stoff aufs Gesicht und befahl: »Lies!« Da Mohammed aber nicht lesen konnte und unter dem Stoff fast erstickte, bat er den Engel, ihm vorzulesen, was dort geschrieben stand. Der Engel, der sich später als Gabriel zu erkennen gab, der wichtigste Bote Gottes, las ihm vor, und Mohammed lernte auswendig, was er hörte: nämlich dass es nur einen Gott gebe und dass er, Mohammed, von Gott auserkoren sei, den Menschen diese Botschaft zu verkünden. Dies wurde zur ältesten Sure des Korans.

Nach der ersten Offenbarung war Mohammed unsicher, ob er nicht unter geistiger Verwirrung litt, und er hatte große Angst, den Verstand zu verlieren. Doch die Kommunikation mit Gott brach nicht ab: Immer wieder hatte Mohammed göttliche Eingebungen, die sich in Visionen ausdrückten. Es wird berichtet, dass Mohammed von Spasmen – einer Art epileptischer Anfälle – heimgesucht wurde, wenn er Gottes Botschaften empfing.

Seine kluge Frau Khadidja bestärkte ihn darin, seine Rolle als

Prophet anzunehmen, die Gott ihm zugedacht hatte. Mohammed vertraute ihr, schöpfte Selbstbewusstsein aus ihrer Liebe und verkündete schließlich auf dem Marktplatz von Mekka die Botschaft, die ihm Gott wieder und wieder mitgeteilt hatte: dass es nur einen Gott gebe. Sein Name, sagte Mohammed seinen Zeitgenossen, sei Allah und er sei der alleinige Schöpfer der Welt, unendlich groß und machtvoll, barmherzig und gerecht. Im Anschluss an seine Verkündigung forderte er die Menschen dann auf, Allah anzubeten, sich den Armen unter ihnen zuzuwenden und ein besseres Leben zu führen.

Um die Brisanz dieser Botschaft zu verstehen, muss man wissen, dass die Nomadenstämme, die die Wüstengegend um Mekka bevölkerten, alle an eigene Götter glaubten. Diese Götter waren Götzenstatuen aus Stein, die für das Wetter, die Fruchtbarkeit, den Kindersegen, den wirtschaftlichen Erfolg und vieles mehr zuständig waren. Die zahllosen Götzen wurden in einem riesigen würfelförmigen Gebäude aus Stein mitten in Mekka aufbewahrt, der »Kaaba« genannt wird. Zu diesem Heiligtum pilgerten die Angehörigen der Stämme regelmäßig, um ihren Göttern zu huldigen.

Doch damit nicht genug: Die Menschen sollten nicht nur ihre Götter für den einen Gott verleugnen, von dem Mohammed predigte. Er verlangte auch, dass sie sich gerecht, barmherzig und tugendhaft verhalten sollten.

Diese Botschaft gefiel den Mekkanern ganz und gar nicht, denn sie war eine Bedrohung für die jahrhundertealte Gesellschaftsordnung, nach der nur die Zugehörigen desselben Stammes einander verpflichtet waren und der Starke über den Schwachen herrschte. Die Angehörigen des Stammes, der Mekka beherrschte und der am reichsten von allen war, bedrohten Mohammed und seine anfangs nur wenigen Gefährten sogar mit dem Tod, falls er seine öffentlichen Predigten nicht

Koran

Der Koran ist die heilige Schrift des Islams und gilt als Gottes unmittelbares, unveränderliches und ewigen Bestand habendes Wort. Deshalb wird der Koran in der gesamten muslimischen Welt mit größter Ehrfurcht behandelt. Das heilige Buch darf nur mit gewaschenen Händen berührt und unter keinen Umständen auf den Boden gelegt werden. Weil der Koran auf Arabisch verfasst ist, wird er von rechts nach links und von hinten nach vorne gelesen. Er ist in 114 Kapitel unterteilt, die sogenannten Suren. Sie sind nicht inhaltlich oder chronologisch geordnet, sondern der Länge nach: Die längsten Suren, mit Ausnahme der kurzen Eingangssure, stehen am Anfang, die kurzen hinten.

Diese Texte des Koran geben in schriftlicher Form die wortwörtlichen Offenbarungen wieder, die Mohammed durch den Engel Gabriel von Gott in Mekka und Medina empfangen hat. Mohammed selbst hat diese Offenbarungen nie aufgeschrieben. Er hat sie sich gemerkt und seinen Gefährten immer wieder gepredigt, bis auch sie die Botschaften auswendig konnten. Die Verse wurden erst nach seinem Tod schriftlich festgehalten und zum Koran zusammengefasst. Das arabische Wort »Koran« bedeutet so viel wie »lesen« oder »rezitieren«. Während die Christen bemüht waren, die Bibel in alle möglichen Sprachen zu übersetzen, gilt den Muslimen nur die arabische Fassung ihres heiligen Textes als vollwertig, weil sie überzeugt sind, dass nicht nur der Inhalt, sondern auch der Klang der göttlichen Offenbarung wichtig ist – laut gelesen klingen die Suren schön wie ein Gedicht. Daher lernen alle Muslime bereits als Kinder, den Koran auf Arabisch zu lesen – egal, wo sie leben und welche Muttersprache sie sprechen. Viele Muslime können sogar den gesamten Koran auswendig rezitieren. Die Kunst der Koranrezitation wird im Islam hoch geehrt.

unterließe. Doch Mohammed ließ sich nicht einschüchtern und fuhr fort, den Menschen seine göttlichen Botschaften kundzutun.

Dann starben kurz nacheinander Mohammeds Onkel Abu Talib und seine geliebte Frau und Gefährtin Khadidja. Mohammed war den Anfeindungen der Mächtigen nun ganz allein ausgesetzt. Um dieser tödlichen Bedrohung zu entgehen, floh er

---

Kaaba

Die Kaaba ist das größte Heiligtum des Islams. Die Muslime nennen sie auch »Bayt Allah«, »das Haus Gottes«.

Die Kaaba ist ein großer, würfelförmiger Bau aus Stein – fünfzehn Meter hoch und zwölf Meter breit. Sie befindet sich im Innenhof einer Moschee in Mekka. In die östliche Mauer ist ein schwarzer Basaltfels eingelassen, von dem die Überlieferung sagt, dass er direkt aus dem Paradies stamme. Ehemals sei er weiß wie Milch gewesen, doch die Sünden der Menschen hätten ihn schwarz gefärbt.

Umhüllt ist die Kaaba von einem schwarzen Brokattuch, das »Kiswat« heißt und jedes Jahr erneuert wird.

Jahr für Jahr pilgern Millionen von Muslimen aus aller Welt zur Kaaba, um sie zu berühren und siebenmal zu umrunden.

Aber auch im muslimischen Alltag hat die Kaaba besondere Bedeutung: Muslime in aller Welt richten sich beim Gebet nach Mekka, um in Richtung der Kaaba zu beten. Und wenn sie sterben, werden Muslime so begraben, dass ihr Kopf nach Mekka, zur Kaaba, zeigt.

deshalb im Jahre 622 n. Chr. mit seinen Gefährten heimlich nach Medina. Diese Flucht nennen die Muslime ›Hidschra‹. Sie ist von allergrößter Bedeutung für die muslimischen Gläubigen, denn sie markiert den Beginn der islamischen Zeitrechnung.

In Medina, etwa 450 Kilometer nördlich von Mekka, mitten in der Wüste, errichtete Mohammed die erste muslimische Glaubensgemeinschaft. Er führte fünf tägliche Gebete zu Ehren Allahs ein und änderte die Gebetsrichtung von Jerusalem, wohin die Juden und Christen beteten, nach Mekka, wo die Kaaba steht. Er ernannte einen Gefährten mit besonders schöner Stimme zum Gebetsrufer, und bald erklang in Medina fünfmal am Tag dessen schöner Gesang, um Mohammeds Gefährten zum Gebet zu rufen.

In der Gemeinschaft, die Mohammed ins Leben rief, ließ es sich gut leben, denn er schuf Gesetze zum Schutz der Frauen, Armen und Minderheiten: Alle Muslime, verfügte er, müssen jedes Jahr einen bestimmten Anteil ihres Einkommens an die Armen abgeben. Diese Armensteuer ist übrigens noch heute Teil der muslimischen Glaubenspflichten, weil die Muslime sich über die Zeiten und Landesgrenzen hinweg als Teil bzw. als Nachfahren der Urgemeinschaft betrachten, die Mohammed in Medina gründete, die sogenannte »umma«. Ein Muslim, der in Berlin-Kreuzberg lebt, ist ebenso Teil der umma wie ein Muslim in Jakarta in Indonesien.

Die Machthaber der Stadt Mekka verfolgten die Entwicklungen in Medina mit Argwohn und Furcht. Mohammeds Erfolg als Prophet bedrohte ihre Vorherrschaft in der arabischen Wüstenregion. Außerdem erlaubte sich Mohammed immer wieder, Karawanen, die Güter nach Mekka brachten, zu überfallen und auszurauben, um den Lebensunterhalt seiner Gemeinschaft zu sichern. Schließlich beschloss man in Mekka, Krieg gegen Mohammed und seine Anhänger zu führen. Doch Mohammed verteidigte Medina gegen die zahlenmäßig weit überlegenen Reitertrupps aus Mekka und versuchte schließlich selbst, die Stadt Mekka einzunehmen. Denn in Mekka stand die Kaaba – das Herz der muslimischen Welt.

Tatsächlich gelang es Mohammeds Armee im Jahre 630 nach langen Kriegen, die Truppen von Mekka zu besiegen und die Stadt einzunehmen. Nach seinem Sieg zerschlug Mohammed die Gottheiten im Inneren der Kaaba vor den Augen der Stadtbewohner eigenhändig und forderte diese erneut auf, ihrem Glauben an die Götzenstatuen abzuschwören und sich dem Islam anzuschließen. Die meisten der Besiegten folgten Mohammed. Und wer sich weigerte, musste mit seinem Leben bezahlen.

Nach der Einnahme von Mekka nahm der Siegeszug des Islams seinen Lauf in der gesamten arabischen Region. Mohammed und seine Krieger eroberten nach und nach die gesamte arabische Halbinsel und errichteten die Grundfesten des muslimischen Weltreiches, das sich bald über ganz Arabien, Nordafrika

---

Was bedeutet Mohammed für die Muslime?

Der Prophet Mohammed ist der Begründer des Islams. Er empfing durch den Engel Gabriel Gottes endgültige, ewige Botschaft an die Menschen: dass es nur einen allmächtigen, gerechten, barmherzigen Gott gibt – Allah.

Mohammed ist für die Muslime der Gesandte Allahs und gleichzeitig der letzte Prophet, den es je geben wird. Ebenso gelten die Offenbarungen, die Mohammed von Allah empfing, als dessen letztgültige, unmittelbare und ewige Botschaft an die Menschen. Mohammed wird als Verkünder dieser Botschaft deshalb auch »das Siegel der Propheten« genannt, denn mit ihm geht die lange Reihe der Propheten zu Ende.

und Teile Asiens erstrecken sollte. Und auch wenn das Reich mit Gewalt entstand, kam es dort zu einer hoch entwickelten Kultur, die dem Rest der Welt für lange Zeit weit voraus war.

Mohammed aber kehrte nach seinem Sieg zurück nach Medina, wo er mittlerweile wieder eine eigene Familie hatte: Er hatte inzwischen zwölf Frauen geheiratet (darunter übrigens auch eine Jüdin und eine Christin), die in der Öffentlichkeit stets ihr Gesicht verschleierten und ein Kopftuch trugen, um so ihre Zugehörigkeit zum Propheten zu signalisieren. Dort starb er auch im Alter von 62 Jahren und wurde in Medina begraben.

An einen Gott glauben – gar nicht so einfach

Vor dem Hintergrund der drei Prophetengeschichten lassen sich auch die Plakate besser verstehen und einordnen, die Papst Benedikt XVI. auf seiner Abschiedsfahrt durch die Straßen Istanbuls vorgehalten wurden: »Jesus war nicht Gottes Sohn, er war ein Prophet.«

Die unmittelbare Reaktion von Christen auf diesen Spruch ist nach ihrem Gottesverständnis natürlich Ablehnung – Jesus war sehr wohl Gottes Sohn, sagen sie, im christlichen Glauben ist das schlicht und ergreifend eine Tatsache. Jesus hat zwar auch wie ein Prophet gehandelt, indem er Gottes Wort auf Erden verkündet hat, er gilt dem Christen aber als viel mehr – nämlich als Erlöser, der die Menschen von der Last ihrer Sünden befreit und ihnen ewiges Leben geschenkt hat.

Trotzdem liegt meine Freundin Anne daneben, wenn sie sich durch das Plakat in ihrem Glauben an Jesus beleidigt fühlt. Denn aus muslimischer Sicht ist das Plakat keine Herabwürdigung, sondern ein Statement, mit dem die Muslime sagen wollen, wer Jesus für sie war. Christen machen sich nämlich oft nicht bewusst, dass Jesus auch im muslimischen Glauben eine wichtige Rolle spielt. Wahrscheinlich wollten die Plakate einfach sagen: Jesus gehört euch nicht allein, er gehört auch zu unserem Glauben.

Die Muslime sind sich also in vielen Punkten mit den Christen einig, was Jesus betrifft: Sie verehren ihn als einen großen Propheten, der auf einer Stufe mit Mohammed steht, und sie glauben sogar an die Jungfrauengeburt Marias und an Jesu Auferstehung.

Allerdings hat für die Muslime nun einmal nicht Jesus, sondern Mohammed den Menschen das letzte und ewiggültige Wort Gottes überbracht. Mohammed, der knapp 600 Jahre nach Jesus lebte, hat die Menschen nach muslimischer Vorstellung sozusagen auf den neuesten Stand von Gottes Willen gebracht. Jesu Botschaft ist für die Muslime demzufolge richtig

Jesus im Islam

Im muslimischen Glauben wird Jesus neben Adam, Noah, Abraham, Moses und Mohammed als einer der großen Propheten und Gesandten Gottes auf Erden verehrt.

Der arabische Name für Jesus im Koran ist Îsâ. Mohammed kannte seine Geschichte und bezeichnete ihn als einen Bruder im Geiste. Für ihn war Jesus allerdings nicht der Sohn Gottes, sondern – genau wie er auch – ein Gesandter Gottes, dem dieser seinen Willen offenbart hatte und dem die Aufgabe zukam, die Juden, die vom Glauben abgefallen waren, zu Gott zurückzuführen.

Der Kern der Botschaft Jesu im Koran lautet: »Gott ist mein Herr und euer Herr, so dient ihm. Das ist ein gerader Weg.« Aber die göttliche Verehrung Jesu als Sohn Gottes und Marias als der Mutter Gottes lehnen Muslime strikt ab.

und achtenswert, aber sie ist eben nicht die endgültige, die letzte Wahrheit. Diese hat erst Mohammed verkündet.

Auch eine andere Sichtweise der Christen in Bezug auf Jesus bereitet den Muslimen Probleme: Sie glauben, dass Gott bzw. Allah nie einen Sohn gehabt hat. Nicht etwa deshalb, weil es nicht in seiner Macht stünde, Nachkommen zu haben – Allah ist allmächtig und kann tun, was immer er will. Aber gerade weil Allah so mächtig und grenzenlos ist, kann kein Mensch, egal, wie vollkommen er auch sein mag, jemals auch nur annähernd an Allah heranreichen. Jemand, der von sich behaupten würde, Allahs Sohn zu sein, wäre für Muslime nicht nur ein Verrückter, sondern ein Gotteslästerer der schlimmsten Sorte.

Letztlich gehen die verschiedenen Ansichten über Jesus also vor allem auf verschiedene Vorstellungen von Gott zurück und darüber, was, wer und wie er genau ist bzw. was er will.

Warum gibt es so oft Konflikte zwischen den monotheistischen Religionen, obwohl sie doch dieselben Propheten verehren und an denselben Gott glauben?

Der Grund liegt, so merkwürdig das klingen mag, darin, dass alle Juden, Christen und Muslime gleichermaßen, ihren Stammbaum auf denselben Urahnen zurückführen. Auf Abraham. Auf den ersten Menschen, zu dem Gott jemals sprach. Auf den ersten Propheten der Menschheit und auf den ersten Menschen, dem klar wurde, dass es nur einen Gott gibt.

Wenn wir uns an die beiden Filmversionen der Kameramänner erinnern, die das Leben der beiden Söhne Abrahams aufzeichneten, dann kann man vielleicht sagen, dass Juden, Christen und Muslime wie Geschwister sind, die unterschiedliche Vorstellungen davon haben, wer ihr Vater war. Alle berufen sich auf Abraham als ihren Urahnen und Vorfahren, und alle behaupten, dass er schon immer einer von ihnen gewesen sei: Für die Juden ist Abraham der erste Jude, für die Muslime der erste Muslim. Wenn man sich die monotheistischen Religionen als große, weit verzweigte Familie vorstellt, kann man auch leichter verstehen, warum sie sich so oft streiten – Streitereien sind in Familien nichts Ungewöhnliches, sie gehören einfach dazu. Geschwister streiten sich nun mal über alles Mögliche, aus dem einfachen Grund, weil sie alles teilen müssen. Vor allem Vater und Mutter, was ja oft das Schwerste ist.

Von außen betrachtet, kann man natürlich immer finden, dass Geschwisterstreit lächerlich und unnötig ist. Den Beteiligten dagegen ist es damit aber meistens bitterernst. Trotzdem sollten wir – als Geschwister und Zugehörige einer Religionsgemeinschaft – darüber nachdenken, ob wir das Teilen nicht vielleicht doch lernen sollten. Vorbedingung dafür ist aber, dass wir den anderen akzeptieren, wie er ist. Dazu gehört auch, dass wir anerkennen, dass den Juden und Muslimen wie auch den Christen die Propheten etwas bedeuten, allen voran Abraham. Keine Religion sollte daher einen exklusiven Anspruch auf einen von ihnen erheben.

Bei diesem Gedanken kann es helfen, sich daran zu erinnern, dass die Propheten nicht in erster Linie Juden, Muslime oder Christen waren, sondern vor allem Menschen. Menschen mit Zweifeln, Hoffnungen und Sorgen, wie wir sie auch haben. Natürlich waren die Propheten besondere Menschen, denn sie glaubten felsenfest daran, eine Mission erfüllen zu müssen, um sich selbst und den anderen zu ermöglichen, ein besseres und sinnvolleres Leben zu führen. Für ihre Botschaften mussten sie kämpfen und leiden. Wie Abraham, der als alter Mann seine gesicherte Existenz als Viehzüchter hinter sich ließ und sich auf eine lange Wanderschaft mit unbekanntem Ziel begab. Oder wie Jesus, der seinen Beruf als Zimmermann aufgab und zunächst mittellos und allein umherzog – mit nichts als seinem Vertrauen in Gott. Oder wie Mohammed, der ein reicher und angesehener Kaufmann war, bevor er Gottes Offenbarungen verkündete und deshalb aus seiner Heimatstadt Mekka flüchten und all seinen Reichtum hinter sich lassen musste.

Die radikalen Brüche und Wendungen, die die Propheten in ihrem Leben vollziehen mussten, um zu den Menschen zu werden, als die wir sie kennen, sind ihnen sicher nicht leichtgefallen. Wir wissen, dass sie zwischendurch mit ihrem besonderen Schicksal gehadert und sich gewehrt haben, Propheten werden zu müssen. Ganz einfach, weil sie wussten, dass diese Berufung für sie bedeutete, dass sie ein Leben abseits der Gesellschaft führen mussten, in der sie zu Hause waren, oft sogar ein Leben gegen die Gesellschaft und vor allem eine Existenz ohne jede Sicherheit oder Garantie auf Erfolg: Mohammed war sich lange Zeit unsicher, ob er nicht an einer Geisteskrankheit litt und einem Dämon in die Falle getappt war, bevor er begann, an die Richtigkeit der Offenbarungen Gottes zu glauben. Auch Jesus war voller Zweifel, als er begriff, dass es Gottes Plan war, dass er sterben musste, um die Menschen zu retten. Er ging nicht ruhig und gelassen in den Tod, sondern ängstlich und einsam mit dem furchtbaren Gefühl, von allen verlassen zu sein, sogar von Gott.

An den äußerst menschlichen Reaktionen der Propheten können wir vor allem sehen, dass Glauben immer auch etwas mit Zweifel zu tun hat und dass es keine Garantie dafür gibt, was richtig oder falsch ist. Die Propheten lehren uns aber auch, dass der Glaube mit den Zweifeln wächst, wenn man sie nach und nach überwindet. Glauben heißt, aus eigener Kraft in Gott zu vertrauen. Was zugegebenermaßen nicht immer einfach ist. Vor allem dann, wenn man wie die Propheten die ganze Welt gegen sich hat. Ihre Zweifel machen die Propheten aber so menschlich – und damit zu einem Vorbild für uns.

Gibt es heute noch Propheten?

Die Frage, ob es heute noch Propheten gibt, ist schwer zu beantworten. Ich glaube, um ehrlich zu sein, nein. Unsere Welt scheint mir zu groß und unübersichtlich geworden zu sein, als dass ein Mensch eine Antwort auf alle religiösen Fragen finden könnte, wie sie die Propheten in den alten Zeiten lieferten. Vor allem kann ich mir nicht vorstellen, dass man in unserer Zeit eine Antwort finden kann, die noch besser und menschlicher ist als all jene, die uns die großen Propheten und Religionsstifter bereits gegeben haben. Deshalb bin ich der Überzeugung, dass zu den großen Erkenntnissen der drei Religionsstifter keine neuen mehr hinzuzufügen sind.

Dennoch gibt es auch heute immer wieder Menschen, deren Charisma und deren Botschaft so stark sind, dass sie in ihrem Handeln und ihren Worten Propheten ähneln. Meist sind sie die Führer einer Minderheiten- oder Befreiungsbewegung wie Martin Luther King oder Mahatma Gandhi, die durch ihre Glaubenskraft und ihre Ausstrahlung dafür gesorgt haben, dass benachteiligte, ausgeschlossene und unterdrückte Menschen den Mut fanden, für ihre Rechte zu kämpfen. Sie reihten sich niemals in die Liste der großen Propheten ein und nannten sich auch nie so – trotzdem kamen sie ihnen recht nahe in ihrer Entschlossenheit, für ethisch-moralische Werte und eine bessere, gottgefälligere Welt einzutreten.

Was Menschen wie Martin Luther King von einem Propheten unterscheidet, ist, dass er den Menschen keine neue Botschaft brachte, sondern vielmehr Jesu Botschaft erneuerte und seinen Zeitgenossen klarmachte, was diese mit ihrem Leben zu tun hat. Er machte das, was Jesus gepredigt hatte – das Gebot der Nächstenliebe nämlich – neu erfahrbar und weckte knapp 2000 Jahre nach den Predigten des großen Propheten Jesus den Traum von einem Leben in Gleichheit und Brüderlichkeit in

Der Prediger der Gleichheit – Martin Luther King

Dr. Martin Luther King Jr. (1929–1968) war einer der ersten schwarzen Bürgerrechtler der Vereinigten Staaten und gilt bis heute als einer der wichtigsten Kämpfer für die Freiheit der Schwarzen in den USA.

Nach seinem Studium der Soziologie, der Theologie und der Philosophie wurde King zunächst Pastor. Seine beiden wichtigsten Aufgaben als Prediger sah er in der Veränderung der Seele jedes einzelnen Menschen und der Gesellschaft als ganzer: Denn um die Welt nachhaltig zu verbessern, müsse vor allem die Gesellschaft, in der der einzelne Mensch lebt, verändert werden, damit Bürger sich in ihr ändern können, sagte er.

Deshalb engagierte Martin Luther King sich auch in besonderem Maße dafür, dass seine farbigen Mitbürger die Bürgerrechte erhielten. Diese Forderung war besonders brisant, da damals in den Südstaaten der USA Rassentrennung herrschte. Das bedeutete, dass das gesamte öffentliche Leben im Süden der Vereinigten Staaten aufgeteilt wurde in Weiß und Schwarz: Es gab Schulen und Kirchen ausschließlich für Weiße oder für Schwarze, aber auch Busse und sogar Toiletten und Waschbecken. Als 1955 die Schwarze Rosa Parks verhaftet wurde, weil sie ihren Platz im Bus nicht für einen Weißen freimachte, übernahm King die Organisation des Widerstands. Nach über einem Jahr Boykott der städtischen Busse entschied der Oberste Gerichtshof das Ende der Rassentrennung in öffentlichen Verkehrsmitteln.

Diese Gerichtsentscheidung markierte den Anfang einer großen Freiheitsbewegung, an deren Spitze »MLK« stand, der nach dem Prinzip der Gewaltlosigkeit und Nächstenliebe die Gleichberechtigung der Schwarzen einforderte. Er zog im Kampf gegen Unterdrückung, Armut und Krieg durch das gesamte Land und hielt bis zu 200 Reden im Jahr. Die berühmteste stammt aus dem Jahr 1963, als er beim sogenannten Marsch nach Washington sagte: »I have a dream« – »Ich habe einen Traum«: den Traum von Gleichberechtigung und einem vereinten Amerika.

Martin Luther King, der Gewaltfreie, der Friedensnobelpreisträger, wurde über dreißig Mal inhaftiert und war Opfer mehrerer Attentate. Das letzte überlebte er nicht.

den Menschen neu. Mit seinem Tun zeigte er, dass die Botschaften der Propheten von Gerechtigkeit, Barmherzigkeit und Demut nichts von ihrer Aktualität verloren haben. Es ist daher wichtig, die Botschaften der Propheten zu erneuern und sie der Zeit und den Verhältnissen anzupassen. Denn nur so kann ihre Bedeutung für das alltägliche Leben bewahrt und praktisch umgesetzt werden – für eine bessere, gerechtere und menschlichere Welt.

2.2 Das auserwählte Volk – oder: Warum Gott ein besonderes Verhältnis zu den Juden hat

Im November 2006 fand in München ein großes Ereignis statt, das durch die Medien ging und viele Schaulustige anzog. Viele Prominente des Landes waren angereist, um mitzufeiern: der

Bundespräsident, Minister, Ministerpräsidenten, Politiker aus Israel und noch Hunderte weitere Ehrengäste. Sie feierten die Einweihung der Synagoge Ohel Jakob mitten in der Münchner Altstadt am Jakobsplatz. Es war eine ergreifende Zeremonie, voller Freude, aber auch von Ernst getragen. Denn so schön es ist, dass es endlich wieder ein jüdisches Gemeindezentrum mit einer beeindruckenden Architektur mitten in München gibt, so bedrückend ist doch die Tatsache, dass es derartig lange gedauert hat, bis die jüdische Gemeinde nach dem Zweiten Weltkrieg wieder ein großes, eindrückliches und mitten im Zentrum der Stadt gelegenes Gotteshaus gefunden hat. Denn auch München hat eine lange und nicht immer rühmliche Geschichte, was das Zusammenleben der christlichen Bevölkerung mit ihren jüdischen Mitbürgern betrifft.

Seit Beginn des 13. Jahrhunderts lebten Juden in München – sicher oder gesichert war ihr Leben in der bayerischen Hauptstadt jedoch nie; die jüdische Gemeinde musste vielmehr beständig fürchten, aus ihrer neuen Heimat vertrieben zu werden. Im Jahr 1442 bewahrheitete sich diese Angst dann tatsächlich: Die Juden wurden behördlich ausgewiesen – allerdings nicht nur aus München, sondern aus ganz Bayern.

Erst 350 Jahre später, Ende des 18. Jahrhunderts, durften jüdische Mitbürger wieder in München leben, und für kurze Zeit sah alles danach aus, als wäre ein Zusammenleben zwischen Juden und Christen neuerlich und unter annehmbaren Bedingungen möglich. Die Juden mussten zwar beständig um die kleinen und großen Zugeständnisse kämpfen, die sie für sich einforderten, um ihren Glauben in München leben zu können – eine eigene Gemeinde, einen Friedhof, eine Synagoge –, aber die Behörden kamen ihren Bitten schließlich immer nach. Einzige Bedingung war, dass die jüdischen Stätten außerhalb des Zentrums angesiedelt würden – um zu verhindern, dass die Münchner Juden ihren Glauben allzu selbstbewusst repräsentieren konnten. Sie sollten sich nicht ganz zu Hause fühlen in ihrer Heimatstadt, sondern höchstens geduldet.

Erst König Ludwig II. ermöglichte der jüdischen Gemeinde, dass sie im Zentrum der Stadt, in unmittelbarer Nähe der Marienkirche, eine Synagoge errichten durfte. Damit gab er den Münchner Juden endlich, am Ende des 19. Jahrhunderts, die Möglichkeit, ihren Glauben sichtbar zu machen und ihr Gemeindeleben nicht mehr versteckt, sondern öffentlich und gleichberechtigt mit den Christen zu leben. Mit diesem Dekret schien eine Zeit der Toleranz und der Integration angebrochen. Die jüdische Gemeinde wuchs, und die Münchner Juden nahmen rege am öffentlichen Leben teil, gestalteten es sogar ganz wesentlich mit.

Doch diese Phase politischer und religiöser Freiheit war nicht von Dauer: Seit den 1920er Jahren spürten die Münchner Juden zunehmend antisemitische Bedrohungen – die von Diskriminierungen im täglichen Leben über tätliche Angriffe und sogar bis zu Ausweisungen reichten. Als die Nationalsozialisten 1933 an die Macht kamen, schlug das politische Klima endgültig um, und die jüdische Bevölkerung begann systematisch diskriminiert und verfolgt zu werden.

Parteipropaganda und die sogenannten ›Rassegesetze‹, die jüdische Mitbürger zu Menschen zweiter Klasse degradierten und sie de facto entrechteten, die Deportationen und der Holocaust machten dem jüdischen Leben in allen deutschen Städten schließlich ein Ende: Im Zuge dieser Entwicklungen hatte die bayerische Regierung 1938 die Synagoge, das Sinnbild dafür, dass die Juden in München eine Heimat für sich und ihren Glauben gefunden hatten, abreißen lassen. Die Kosten für den Abriss stellte sie übrigens der jüdischen Gemeinde in Rechnung. Seit diesem symbolträchtigen Zerstörungsakt gab es keine erkennbaren Anzeichen mehr dafür, dass Juden zum Münchner Leben gehörten.

Die Errichtung des neuen Gemeindezentrums in der Münchner Altstadt, über 60 Jahre nach dem Ende des Faschismus und über 100 Jahre nach dem Bau der großen Synagoge, ist letztlich auch ein sichtbares Zeichen dafür, dass Juden trotz der Grauen des Faschismus immer noch beziehungsweise wieder in Deutschland leben wollen und dass sie dies auch öffentlich tun wollen.

Gottes auserwähltes Volk

Das Judentum ist heute zwar die zahlenmäßig kleinste, jedoch eine der ältesten und wichtigsten Weltreligionen überhaupt. Während man schätzt, dass es weltweit etwa 2,1 Milliarden Christen gibt und etwa 1,7 Milliarden Muslime, gehören dem Judentum weltweit nur etwa 15 Millionen Menschen an. Vier Millionen von ihnen leben heute in Israel, der Rest ist über die ganze Welt verstreut, und lebt größtenteils in den USA, Kanada und Frankreich.

Das Judentum ist mehr als eine Religion – die Juden sind vor allem auch ein Volk. Sie bezeichnen sich selbst als das »Volk Israel«, um ihre Abstammung von Jakob, dem Sohn Isaaks, der wiederum der Sohn Abrahams war, kenntlich zu machen. Dieser Jakob hatte noch einen zweiten Namen: Israel. Die Erzählung, wie der Stammvater des jüdischen Volks zu seinem zweiten Namen kam, ist eine der zentralen Überlieferungen des jüdischen Glaubens: Als junger Mann hatte Jakob seinen Bruder Esau auf das Hinterhältigste betrogen und musste deshalb die Familie verlassen. Als er Jahre später als gemachter Mann in die Heimat zurückkam, um sich zu entschuldigen und Frieden mit den Seinen zu schließen, musste er zunächst eine göttliche Probe bestehen. In der Nacht, bevor er seinen Bruder endlich wiedersehen sollte, musste Jakob am Ufer eines Flusses mit einem schier unüberwindbaren Widersacher kämpfen, dessen Gesicht ihm jedoch verborgen blieb, so dass er nicht wusste, mit wem er es zu tun hatte. Der Kampf dauerte die ganze Nacht, weil der Unbekannte und Jakob gleich starke Gegner waren. Als der Morgen graute, wollte das Wesen schließlich von

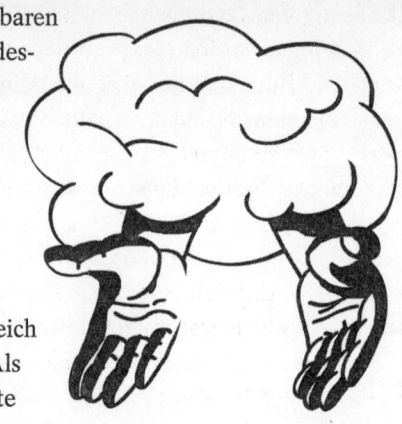

Jakob ablassen und verschwinden, doch dieser hielt es fest und forderte es auf, ihm seine Identität zu enthüllen; vorher lasse er es nicht gehen, drohte Jakob. Der unheimliche Widersacher antwortete ihm: »Du hast mit Gott gerungen. Dein Name sei von nun an nicht mehr Jakob, sondern Israel.« Wörtlich bedeutet Israel: »Der, der mit Gott gerungen hat«. Nachdem Jakob, der nun Israel hieß, diese Probe bestanden hatte, versöhnte er sich mit seinem Bruder und bekam später zwölf Söhne.

Diese zwölf Söhne wurden jeweils die Stammesväter der zwölf jüdischen Stämme, die das gelobte Land Kanaan besiedelten und den Grundstein für das jüdische Königreich legten, das für die Juden bis heute Inbegriff der ewigen Heimat ist.

In gewisser Weise sind die Juden also ein Volk, das mit Gott ringt. Eine treffendere Beschreibung für die einzigartige Beziehung zwischen den Juden und Gott lässt sich wohl kaum finden.

Ihren Anfang hatte diese Beziehung zwischen Gott und seinem Volk jedoch bereits mit der Abmachung zwischen Gott und Abraham genommen – als Abraham versprach, Gott allein zu verehren und ihm immer treu zu sein. Dafür wurde ihm im

Gegenzug von Gott versprochen, dass Abraham mit Nachfahren gesegnet würde, dass er ein Heimatland erhielte, in dem Milch und Honig fließen, und dass Gott seine schützende Hand über Abrahams Nachfahren halten, sie vor Gefahren beschützen und sie zu einem großen Volk machen würde. Das Ganze war eine Art Vertrag, den beide Seiten einhalten mussten. Man könnte auch sagen: Gott und das jüdische Volk sind wie Eheleute, die einen Treuebund für die Ewigkeit eingegangen sind. Ihre Ehe ist ziemlich einmalig, denn sie hält inzwischen schon seit über 4000 Jahren. Wie jede richtige Beziehung wurde sie immer wieder größeren und kleineren Belastungsproben ausgesetzt, weil zuweilen einer von beiden, Gott oder die Juden, die Vertragsbedingungen anders interpretierte. Doch der Bund zwischen Gott und den Juden hat über all die Jahrtausende bis heute gehalten. In dieser Ehe war der Bund Gottes mit Abraham gewissermaßen die Verlobung zwischen Gott und dem jüdischen Volk. Ein erster Kontakt, ein erstes Abtasten, aus dem schließlich eine Romanze wurde, die damit endete, dass sich beide Seiten bewusst und aus ganzem Herzen füreinander entschieden. Dieser gegenseitige Liebesschwur war jedoch erst der Anfang – die Hochzeit sollte bedeutend später stattfinden. Zuerst einmal folgte nämlich eine Zeit der Probe. Und wie in jeder richtigen Liebesgeschichte hatten Gott und die Juden vor der Phase ungetrübten, vertrauensvollen Glücks erst einmal eine handfeste Beziehungskrise zu überstehen.

Gefangenschaft in Ägypten

Diese Beziehungskrise zwischen Gott und seinem Volk begann damit, dass Gott den Söhnen Israels und ihren Stämmen das Leben schwer machte: Anstatt sie wie versprochen nach Kanaan zu führen, schickte Gott ihnen erst einmal eine schwere Hungersnot. Weil die Felder in der sengenden Wüstensonne austrockneten und die Ernte ausfiel, waren die Stämme Israels gezwungen, sich auf Wanderschaft zu begeben, um in fruchtbareren Gegenden eine neue Heimat zu suchen.

Ihre Suche nach Nahrung trieb die Juden durch die Wüste bis nach Ägypten, ins Land der Pharaonen. Dort fanden sie endlich bebaubares Ackerland, das versprach, ihr Überleben zu sichern, und ließen sich im Nildelta nieder.

Allerdings waren die neuen Siedler den ägyptischen Landesbewohnern nicht willkommen, da die Nahrungsressourcen in den heißen Wüstenländern begrenzt waren und besiedelbares Territorium hart umkämpft war. Mit ihrer überlegenen Streitmacht besiegten die Ägypter die Stämme Israels und versklavten sie. Die Juden waren nun zwar dem sicheren Hungertod entgangen, doch dafür rechtlos und gefangen; sie wurden zu schweren Arbeiten herangezogen und waren ihres Lebens nicht mehr sicher. Dass sie trotzdem ein immer größeres Volk wurden, grenzte an ein kleines Wunder, das den ägyptischen Fronherren jedoch alles andere als geheuer war. Sie fürchteten, dass die Juden sich gegen ihre Unterdrückung auflehnen und einen Aufstand wagen könnten. Der Pharao ordnete daher an, alle neugeborenen jüdischen Jungen töten zu lassen, um das jüdische Volk zu dezimieren.

Mit diesem Befehl brach die schwerste Zeit für die gefangenen Stämme Israels an: Jüdische Kinder verschwanden spurlos, wurden gewaltsam aus ihren Elternhäusern geschleppt oder im Nil ertränkt. Nur ein Junge dieser Generation, der später das jüdische Schicksal wenden sollte, überlebte. Seine Geschichte steht daher ganz am Anfang sowohl der heiligen jüdischen Schrift wie auch der christlichen Bibel: Es ist die Geschichte von Moses aus dem jüdischen Stamm Levi. Aus Angst, dass auch ihr Neugeborenes von den Ägyptern getötet würde, versteckte es die Mutter zunächst in ihrer Hütte. Als jedoch klar war, dass die Ägypter unbarmherzig jedes jüdische Haus nach Kindern absuchten, setzte seine Mutter den Jungen in einem

Weidenkörbchen auf dem Nil aus. Es war Schicksal, dass die Tochter des Pharaos flussabwärts mit ihren Freundinnen ein Bad nahm. Der mütterliche Plan ging auf: Die Tochter des ägyptischen Herrschers nahm das Kind zu sich und zog es groß. Sie nannte den Findling Moses, was im Ägyptischen ganz einfach ›Kind‹ bedeutete.

Moses wuchs am Hofe des Pharao wie ein Ägypter auf und hatte, obwohl er stotterte, eine vielversprechende Karriere vor sich. Noch ehe diese beginnen konnte, hatte er seine Zukunftschancen jedoch vertan, weil er sich eines Mordes schuldig machte: Aus Wut erschlug Moses einen ägyptischen Aufseher, den er dabei beobachtet hatte, wie er einen jüdischen Sklaven mit Peitschenhieben drangsalierte. Obwohl er sich wie ein Ägypter kleidete, Ägyptisch sprach und am Hof des Pharaos ein angesehener Mann war, hatte er im Grunde immer geahnt, dass er eigentlich kein Ägypter, sondern ein Jude war, das Kind einer Sklavin. In seinem Herzen fühlte er sich nicht den Ägyptern, sondern den Juden zugehörig.

Die Ermordung des ägyptischen Aufsehers bedeutete jedoch nicht nur das Aus für Moses' Karriere, sondern auch seine Verstoßung vom ägyptischen Hof. Da er nun nicht mehr zu den Ägyptern gehörte, aber auch nicht zu den Juden, blieb dem jungen Mann nichts anderes übrig, als Ägypten zu verlassen und in der Wüste sein Dasein als Schafhirte zu fristen.

Dort erreichte ihn der Ruf Gottes aus einem brennenden Dornbusch, der ihm sagte, dass das jüdische Volk nun aus der ägyptischen Gefangenschaft befreit und in das ihm verheißene Land Kanaan geführt werden solle. Und dass Moses ausersehen sei, den Stämmen Israels diesen Entschluss mitzuteilen und die Befreiungsaktion zu organisieren. Er solle nach Ägypten zurückkehren, befahl die Stimme Gottes, und beim Pharao die Entlassung des jüdischen Volkes aus der Gefangenschaft erzwingen. Moses wehrte sich zuerst gegen diese Mission, denn aufgrund seiner Stotterei war er nicht sehr gut im Verhandeln. Außerdem hatte er Angst, dass er von seinem Volk nicht akzeptiert würde, weil er bei den Ägyptern aufgewachsen war und damit in den Augen der zwölf Stämme Israels ein Freund der Unterdrücker. Deshalb wollte Moses zunächst von der Stimme im Dornbusch wissen, wer sie sei, damit er dem jüdischen Volk wenigstens sagen könne, wer ihn geschickt habe. Wie es Gottes Art ist, antwortete Gott auf Moses' Frage mit einem rätselhaften Spruch: »Ich bin der, der ich sein werde.« Auf Hebräisch, der Sprache Gottes, klang das ungefähr so: »Jahwe«.

Moses hatte keine Ahnung, was dieser seltsame Name zu bedeuten hatte. Doch trotz der wunderlichen Antwort Gottes

---

JHWH

Der Gott des Volkes Israels heißt JHWH. Weil die hebräische Schrift keine Vokale notiert, werden nur die vier Konsonanten niedergeschrieben. Ausgesprochen wird der Name ›Jaweh‹, allerdings nennen die Juden ihren Gott aus Respekt vor seiner Unantastbarkeit und dem Geheimnis, das ihn umgibt, nie bei diesem Namen. Sie sagen stattdessen »haschem«, wenn sie über Gott sprechen, was nur »der Name« bedeutet, und »adonai«, wenn sie aus der Heiligen Schrift vorlesen, was so viel wie »Herr« heißt.

verstand Moses, dass er diese Stimme aus dem Dornbusch nicht einfach ignorieren konnte. Deshalb entschloss er sich, den göttlichen Auftrag anzunehmen, und machte sich auf, um in seine alte Heimat Ägypten zurückzukehren.

Nichts wie weg aus Ägypten

Als Moses seinem Volk die Botschaft Gottes übermittelte, wurde er – entgegen seinen Befürchtungen – euphorisch aufgenommen: Die zwölf Stämme Israels hatten die Befreiung aus der ägyptischen Gefangenschaft und ihrer Unterdrückung seit langem herbeigesehnt und begaben sich willig unter Moses' Führung.

Für Moses hielt dieses erste Zusammentreffen mit seinem Volk noch eine weitere Überraschung bereit: Er traf auf seinen leiblichen Bruder Aaron, der ein sehr guter Diplomat und kluger Redner war, weshalb Moses ihm die Verhandlung um die Freilassung des jüdischen Volks beim Pharao übertrug.

Da jedoch nicht einmal Aarons Verhandlungsgeschick den ägyptischen Herrscher dazu bewegen konnte, die versklavten Juden freizulassen, musste Gott eingreifen. Um zu demonstrieren, dass er sich für sein Volk einsetzte und dessen Freilassung wünschte, schickte er den Ägyptern zehn Plagen: Zunächst verwandelte er das Wasser in den Flüssen in Blut, so dass die Ägypter über kein Trinkwasser mehr verfügen konnten. Dann schickte er nacheinander Frösche, Stechmücken und Stechfliegen über das Land.

Doch der Pharao blieb hart und lehnte die Freilassung der Juden weiterhin ab. Daraufhin ließ Gott alle Pferde, Esel, Kühe, Schafe und Kamele der Ägypter an einer Viehseuche sterben, die Tiere der Juden hingegen verschonte er. Doch damit nicht genug: Als Nächstes ließ der Gott der Juden schwarzen Ruß und Hagel auf das Land herabregnen und schickte im Anschluss

Heuschrecken, die die gesamte Ernte vernichteten. Zu guter Letzt verdunkelte Gott für drei Tage den Himmel, so dass die Ägypter die Hand vor Augen nicht mehr sehen konnten.

Als der Pharao sich auch daraufhin nicht dazu bereitfand, seine jüdischen Sklaven in die Freiheit zu entlassen, ging Gott noch einen letzten, grausamen Schritt weiter: Er tötete alle erstgeborenen Söhne des ägyptischen Volkes. Die Juden nutzten den Aufruhr, den dieses Ereignis auslöste, zur überstürzten Flucht.

Weit kamen sie jedoch nicht – als der Pharao am nächsten Morgen feststellte, dass ihm seine Sklaven entlaufen waren, ordnete er die Verfolgung an und schickte seine Armee aus. An den Ufern des Roten Meeres stellten die Soldaten die Flüchtigen und keilten sie ein. Die Juden saßen in der Falle: Vor ihnen waren die Fluten, hinter ihnen die ägyptische Armee. Es gab keinen Ausweg. Doch Gott stand dem jüdischen Volk erneut bei. Er ließ einen starken Wind wehen, der das Meer zurückdrängte, so dass die Juden trockenen Fußes ans andere Ufer gehen konnten. Nicht jedoch ihre Verfolger: Die ägyptische Armee ertrank bis auf den letzten Mann in den Fluten, die hinter dem letzten jüdischen Flüchtling wieder zurückschwappten.

Als sie am anderen Ufer des Roten Meeres anlangten, waren die Juden zwar vor der Verfolgung durch die Ägypter gerettet und wieder ein freies Volk, doch das Gelobte Land, das Gott ihnen versprochen hatte, lag noch in weiter Ferne. Und die Juden befanden sich wieder da, wo sie vorher schon gewesen waren: in der Wüste. Wie sie genau nach Kanaan gelangten, wusste niemand der 600 000 Flüchtlinge, weshalb sie sich Gott erneut blind anvertrauen mussten.

Und er enttäuschte sein Volk nicht: Eine Flammensäule führte die Menschen bei Nacht, und eine Wolkensäule wies ihnen bei Tag den Weg an ihr Ziel. Gott sorgte sogar für Nahrung auf der Wanderschaft und sprach durch Moses direkt zu den zwölf Stämmen.

Schma Israel – Höre, Israel

Das »Schma Israel« ist das jüdische Glaubensbekenntnis, das jeder erwachsene Jude zweimal täglich beten soll und das fester Bestandteil der jüdischen Liturgie ist. Alle jüdischen Kinder lernen das »Schma Israel« auf Hebräisch auswendig, sobald sie sprechen können. Es lautet:

»Höre, Israel, der Ewige, unser Gott, der Ewige ist einzig. Du sollst den Ewigen, deinen Gott, lieben mit ganzem Herzen und deiner ganzen Seele und mit all deiner Kraft. Es seien diese Worte, die ich dir heute befehle, in deinem Herzen. Schärfe sie deinen Kindern ein und sprich zu ihnen, wenn du in deinem Hause sitzest und wenn du auf dem Wege bist, wenn du dich niederlegst und wenn du aufstehst. Binde sie zum Zeichen auf deinen Arm, und sie seien zum Deckband auf deinem Haupte. Schreibe sie auf die Pfosten deines Hauses und deiner Tore!«

Um diesem Gebot, die Worte des Herrn an ihre Türpfosten zu schreiben, Folge zu leisten, befinden sich an den rechten Türstöcken jüdischer Häuser und Wohnungen kleine, oft kunstvoll verzierte Behälter mit Schriftrollen – Mesusot –, auf denen das Schma Israel steht. Wer das Haus verlässt oder heimkehrt, berührt die Mesusa mit der Hand oder küsst sie.

Um den Bund mit seinem Volk ein für alle Mal zu besiegeln und um Missverständnisse in Zukunft zu vermeiden, erstellte Gott einen Regelkatalog für die Juden, der ihnen klar vorschrieb, wie sie leben sollten. Im Gegenzug versprach Gott dem jüdischen Volk, auch weiterhin seine schützende Hand über dessen zwölf Stämme zu halten und ihnen ein fruchtbares Heimatland zu schenken.

All dies teilte Gott Moses am Berg Sinai mitten in der Wüste mit und forderte ihn auf, ihm die Antwort der Juden zu übermitteln, damit der Vertrag zwischen ihm und seinem Volk Gültigkeit erlangen konnte.

Weisungsgemäß rief Moses alle Stammesältesten zu sich, erzielte mit ihnen die Übereinkunft, dass das jüdische Volk mit Gottes Vorschlag einverstanden sei, und teilte Gott dies mit.

Damit war der ewige Bund geschlossen. Gott und die Juden hatten zueinander gefunden – aus freien Stücken.

Nun mussten nur noch die Regeln definiert werden. Dafür berief Gott Moses wiederum zu sich auf den Berg und diktierte ihm in einer Höhle die 613 Gebote und Verbote, die die Juden von nun an einhalten sollten. Moses meißelte sie über die Dauer von vierzig Tagen und Nächten in Steintafeln, um sie seinem Volk vorlegen zu können.

Eine der wichtigsten Regeln diktierte Gott Moses ganz am Anfang: »Du sollst keine anderen Götter neben mir haben.« Diese steht nicht nur bis heute unverändert im Zentrum der jüdischen Gotteslehre, sondern auch bereits im ersten Satz des Glaubensbekenntnisses, des »Schma Israel«.

Zehn dieser Gesetze, die Moses von Gott auf dem Berg Sinai empfing, haben auch für die meisten anderen Gesellschaften zentrale Bedeutung, gleich welcher Religion sie angehören. Das Christentum kennt sie als die Zehn Gebote.

Die Zehn Gebote

In den Zehn Geboten sind die wichtigsten Regeln für ein Leben mit Gott und für ein friedliches Zusammenleben in einer Gemeinschaft zusammengefasst. Sie dienen dem Wohle aller und sollen garantieren, dass keine Ungerechtigkeiten und Streitigkeiten untereinander entstehen.

Sie beginnen damit, dass Gott mit drei Regeln das Verhältnis seines Volkes zu ihm bestimmt. Danach ist er der einzige Gott, den sie ehren sollen (1.), sie sollen seinen Namen nicht missbrauchen (2.), und sie sollen den Tag des Herrn, den Feiertag, heiligen (3.).

Danach folgen Grundregeln, wie die Menschen miteinander umgehen sollen:

4. Du sollst Vater und Mutter ehren.
5. Du sollst nicht töten.
6. Du sollst nicht ehebrechen.
7. Du sollst nicht stehlen.
8. Du sollst nicht falsch gegen deinen Nächsten aussagen.
9. Du sollst nicht begehren deines Nächsten Frau.
10. Du sollst nicht begehren deines Nächsten Gut.

Damit hatten sich die Juden als erstes Volk geschriebene Regeln gegeben, sie hatten sie von Gott empfangen.

Diese Zehn Gebote und die 603 weiteren, die das göttliche Vertragswerk vorsah, bestimmten von nun an den Alltag der Juden – und gaben ihrem Zusammenleben eine völlig neue Struktur: Anstatt des seit Menschengedenken gültigen Rechts des

Der Talmud

Im Gegensatz zum Christentum, das eine Glaubensreligion darstellt, ist das Judentum eine Gesetzesreligion, die sich an der ersten Urversion der »Verfassung« des jüdischen Glaubens vom Berg Sinai orientiert.

Weil es bisweilen recht schwierig sein kann, sich an 613 Regeln zu halten, diskutieren die Juden mittlerweile seit zwei Jahrtausenden, wie sie das alltägliche Leben vereinfachen können, ohne die Gesetze dabei zu verletzen, und vor allem darüber, wie Gottes Ge- und Verbote anzuwenden seien in einer sich ständig wandelnden Welt. Dafür legten sie zunächst eine Wertigkeitstabelle an und unterteilten das göttliche Regelwerk nach Prioritäten. So entstand der Talmud, ein 6000 Seiten langer Text, der die Interpretationen der verschiedenen jüdischen Religionsgelehrten in Fragen der konkreten Gesetzesanwendung und -auslegung gleichwertig nebeneinander auflistet. Basierend auf der Talmud-Quelle, werden bis heute immer neue Kommentare zu Auslegungsfragen gefertigt, wie sie sich aus Thora und Talmud ergeben.

In seiner bunten Vielstimmigkeit stellt der Talmud den Ursprung der berühmten jüdischen Diskussions- und Streitkultur dar, die zu dem Sprichwort »zwei Juden, drei Meinungen« geführt hat.

Bei aller Diskussion um die Auslegung der göttlichen Gesetze achten die Juden jedoch streng darauf, dass die

Interpretation der heiligen Texte umsichtig und im Einklang mit dem Menschen, auf den sie angewendet werden soll, vonstattengeht. Dabei gilt immer das Primat der Vernunft: Sobald es um Leben oder Gesundheit eines Menschen geht, können fast alle Gesetze kurzzeitig außer Kraft gesetzt werden.

Stärkeren sah Gottes Gesetz nun vor, dass das Zusammenleben der jüdischen Stämme ein zivilisiertes Miteinander werden solle. Die Beleidigung der Mitmenschen war von nun an verboten, stattdessen sah die göttliche Ordnung mehr Solidarität vor: Die Juden sollten sich von jetzt an darauf konzentrieren, ihren Nachbarn zu helfen, den Armen einen Teil ihrer Ernte zu überlassen und Fremden gegenüber Gastfreundschaft zu üben. Wer mit wem Sex haben durfte, wurde in dem neuen göttlichen Regelwerk ebenso festgelegt wie die Frage, wer wen heiraten durfte und wie sich die Partner in einer Ehe verhalten sollten. Außerdem legte Gott fest, wie gebetet und geopfert werden sollte und welche Speisegesetze von nun an Gültigkeit haben sollten – welche Speisen gegessen werden durften und wie diese zubereitet werden sollten. Weitere 30 Gesetze legten die Wirtschaftsmoral fest: Betrügen bei Geldgeschäften und Wucherei waren ab jetzt verboten. Der Lohn musste pünktlich ausbezahlt werden. Den Bedürftigen sollten die Reichen Geld leihen und mit der Schuldeneintreibung so lange warten, bis der Schuldner wieder bei Kasse war. Die neuen Ge- und Verbote deckten auch juristische Fragen ab: Meineid und Bestechung sowie Vertragsbruch waren verboten. Die Aussage von Fremden galt vor Gericht nun ebenso viel wie die von Einheimischen, denn vor seinem Gesetz seien alle Menschen gleich, sagte Gott.

Die 613 Gesetze, mit denen Moses vom Berg Sinai zu seinem Volk zurückkam, bilden in ihrer Vollständigkeit das Fundament einer frühen Form unseres modernen Gesellschaftssystems. Sie enthalten neben einem Moralkodex auch genaue Regelungen im Zivil- und Strafrecht. Deshalb sind sie in ihrer Bedeutung kaum zu überschätzen.

Moses' Aufgabe bestand nun darin, dem jüdischen Volk diese Regeln mitzuteilen, ihm zu erklären, was sie bedeuteten, und wie sie im täglichen Leben anzuwenden seien. Er wurde damit zum ersten Lehrer des Judentums und begründete die große jüdische Tradition der Gelehrsamkeit. Er war der erste Rabbi der Weltgeschichte.

Moses, der erste Rabbi

Moses ist die Gründungsfigur des Judentums. Durch ihn wurden der göttliche Bund zwischen Gott und Israel besiegelt und den Juden die Gesetze überbracht, die in der Thora niedergeschrieben sind und die bis heute Gültigkeit besitzen. Obwohl nicht Moses, sondern Gott der Autor dieser Regeln ist, gilt Moses als erster und größter Lehrer des Judentums: Er ist der erste Rabbi (dt. »Meister« bzw. »Lehrer«) – ein weiser Schriftgelehrter, der dem Volk erklärt, wie die göttlichen Gesetze anzuwenden sind.

Heute ist »Rabbi« ein Titel, der auf einen jüdischen Geistlichen verweist, der ein Studium absolviert hat und neben der Predigtarbeit auch die Aufgabe hat zu unterrichten, seelsorgerisch tätig zu sein und als Richter zu fungieren. Die Kernaufgabe des Rabbiners besteht jedoch bis heute darin, den Juden die göttlichen Gesetze zu erklären und sie zeitgemäß auszulegen.

Der Tanz um das Goldene Kalb

Als Moses mit den göttlichen Gesetzen zu seinem Volk zurückkehrte – in der Annahme, dass die zwölf Stämme, die dem Bund mit Gott vierzig Tage zuvor noch aus freien Stücken zugestimmt hatten, nun freudig dessen Besiegelung erwarteten –, erlebte er jedoch eine böse Überraschung: Anstatt ihn erwartungsfroh zu empfangen, feierten die zwölf Stämme Israels ein wildes Fest, bei dem ihr Führer mit seinen Steintafeln ziemlich unerwünscht war. Während Moses das Regelwerk für den einmaligen Bund Gottes mit seinem Volk aufgeschrieben hatte, waren die Juden nämlich rückfällig geworden. Weil ihnen langweilig war und sie schon so lange nichts mehr von Moses gehört hatten, hatten sie sich kurzerhand einen neuen Gott geschaffen, ein goldenes Kalb, das sie nach gutem heidnischen Brauch auf recht stupide Weise anbeteten: Sie tanzten volltrunken um ihre Götzenstatue und feierten wild.

Moses wusste sich vor Zorn kaum zu beherrschen. Erst zertrümmerte er die Gesetzestafeln und tötete anschließend alle, die dem seltsamen Göttertier nicht auf der Stelle abschworen. Anschließend kehrte er auf den Berg Sinai zurück, um Gott um Vergebung für die Undankbarkeit seines Volkes zu bitten. Doch vergebens: Gott war so erbost über den Wortbruch der zwölf Stämme Israels, dass er sie zu vierzig Jahren Wanderschaft durch die Wüste verurteilte, bevor er sie in das Gelobte Land führen wollte.

Und so waren die Juden gezwungen, für viele Jahre durch die Wüste Ägyptens und Israels zu ziehen, heimatlos unter freiem Himmel zu schlafen und Hunger und Durst zu leiden. Um die

Steintafeln mit den Gesetzen zu transportieren, hatte Moses ein Behältnis aus Akazienholz gebaut, das die Juden wie eine Sänfte vor sich hertrugen und für das sie ein eigenes Zelt aufschlugen, wenn sie rasteten. Denn die Strafe Gottes hatte die zwölf Stämme Israel zu bereuen gelehrt und ihnen vor Augen geführt, wie wichtig es war die Gebote einzuhalten.

Bundeslade

Das Behältnis, in dem Moses die Steintafeln transportierte, wird »Bundeslade« genannt, weil sie als sichtbares Zeichen für die Gegenwart Gottes inmitten des Volkes Israel den Bund zwischen Gott und den Juden symbolisieren sollte. Es handelte sich um eine mit Gold überzogene Truhe, auf der zwei Engelfiguren saßen, die ihre Flügel schützend über die Steintafeln hielten. Noch heute heißt der Schrein, in dem die Synagogen ihre Torarolle aufbewahren, »Heilige Lade«.

Nachdem die Juden sich in Kanaan niedergelassen und ihre Macht gefestigt hatten, wurde die Bundeslade in die neue Hauptstadt Jerusalem gebracht, um die Stadt nun auch zum religiösen Zentrum zu machen: Sie stand im Allerheiligsten des eigens für sie gebauten Jerusalemer Tempels. Dieses Allerheiligste durfte der jüdische Hohepriester nur einmal im Jahr während des Versöhnungstages (Jom Kippur) betreten, um dort den Namen Gottes auszusprechen und um Vergebung für das Volk Israel zu bitten.

Seit der Eroberung Jerusalems durch Nebukadnezar II. im Jahre 586 v. Chr. gilt die Bundeslade als verschollen. Doch gibt es immer wieder Forscher, die behaupten, die Lade oder Teile von ihr wiedergefunden zu haben. Seit der Indiana-Jones-Film »Jäger des verlorenen Schatzes« in die Kinos kam, ist auch Menschen anderer Konfession der Mythos bekannt, der sich um die Bundeslade rankt: Sie habe todbringende Kraft.

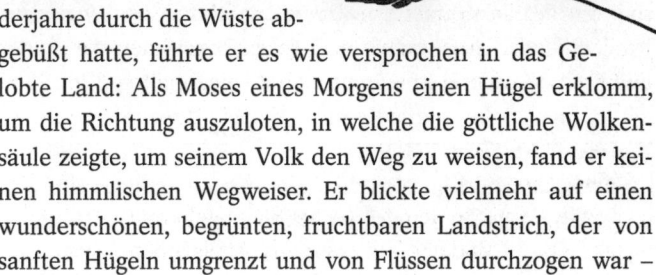

Nachdem das jüdische Volk die ihm von Gott auferlegten vierzig Wanderjahre durch die Wüste ab-gebüßt hatte, führte er es wie versprochen in das Gelobte Land: Als Moses eines Morgens einen Hügel erklomm, um die Richtung auszuloten, in welche die göttliche Wolkensäule zeigte, um seinem Volk den Weg zu weisen, fand er keinen himmlischen Wegweiser. Er blickte vielmehr auf einen wunderschönen, begrünten, fruchtbaren Landstrich, der von sanften Hügeln umgrenzt und von Flüssen durchzogen war – vor ihm lag Kanaan, jenes Land, das heute Israel heißt.

Moses war überglücklich. Aber er war inzwischen vor allem schon sehr alt – weshalb er den Einzug des Volkes Israel in Kanaan auch nicht mehr erlebte; er verstarb, kurz nachdem er das Gelobte Land erblickt hatte. Und so war es nicht Moses, sondern sein Nachfolger Joshua, der die Juden nach ihrer langen Wanderschaft durch die Wüste endlich ins Gelobte Land führte.

Nach 40 Jahren hatte Gott sein Versprechen tatsächlich eingelöst. Die Zeit des ewigen Umherziehens in der Wüste, der täglich neuen Suche nach Wasserquellen und Nahrung war nun endlich vorüber: Die jüdischen Nomaden wurden in Kanaan sesshaft und gründeten ein Königreich, dessen erster Herrscher David war. Nach langen Kämpfen gegen die Philister, ein Seefahrervolk, das ebenfalls Ansprüche auf das fruchtbare Land anmeldete, eroberten die Juden die Stadt Jerusalem und machten sie zur Hauptstadt ihres neuen Reiches. David ließ die Bundeslade mit den Gesetzen Gottes dorthin bringen und errichtete als Ort für ihre Aufbewahrung den ersten jüdischen Tempel.

Den sesshaft gewordenen zwölf Stämmen Israels gelang es in der Folgezeit, ihre neue Heimat nicht nur bewohnbar zu machen, sondern sie zu einem Mythos auszugestalten, der die Herrscher der gesamten damaligen Welt beeindruckte: Sie errichteten prächtige Bauten, legten ein Kanalsystem an und versorgten die Häuser ihrer Einwohner mit fließendem Wasser aus den umliegenden Brunnen. Die Juden beackerten die Felder und fuhren reiche Ernte ein. Ihr Vieh wurde satt und fett, und die Bienenstöcke brummten. In Kanaan flossen im besten Wortsinne Milch und Honig.

Für die Juden ist die Zeit des jüdischen Königreichs eine goldene Ära, nach der sie sich bis heute zurücksehnen. Denn sie ist eines der wenigen Kapitel in der Geschichte des Judentums, das sich durch Frieden, Wohlstand und Harmonie auszeichnet. Fast alle übrigen aber handeln von Verfolgung, Unterdrückung, Grausamkeit und dem verzweifelten Ringen mit Gott.

Das schwere Schicksal der Juden – Verfolgung, Vertreibung, Diaspora

Auch nach der Errichtung des jüdischen Königreiches um 1000 v. Chr. im Gelobten Land blieb die Geschichte der Juden eine bewegte und unstete, die vom Ringen der Juden mit Gott geprägt ist: Nach einer Periode des Wachstums und des Wohlstands spaltete sich das jüdische Reich in die verfeindeten Länder Israel und Judäa, die in der Folge beide im Jahr 586 v. Chr. von den Babyloniern besiegt und erobert wurden.

Die neuen Herren im Lande machten die Juden erneut heimatlos und zwangen sie außerdem, ganz von vorn zu beginnen. Mit der Eroberung Kanaans begann die Zerstreuung des jüdischen Volkes in alle Welt, die »Diaspora« genannt wird und bis heute anhält: Die Ärmeren blieben im Land oder gingen nach Ägypten. Die geistige und wirtschaftliche Elite der Juden wurde jedoch nach Babel verschleppt, in das heutige Bagdad, wo sie für den babylonischen König Nebukadnezar arbeiten musste.

Die Geschichte des jüdischen Volkes blieb daraufhin weiter wechselvoll: Auf Zeiten der Rückkehr der Juden in ihr Heimatland folgten Zeiten der Besatzung durch fremde Herrscher: 300 v. Chr. fielen die Griechen in Kanaan ein, 50 v. Chr. schließlich die Römer. Endgültig verloren war das Gelobte Land im Jahre 70 n. Chr., als die Römer in Jerusalem den Tempel – das religiöse Zentrum der Juden – zerstörten, das jüdische Volk vertrieben und viele jüdische Schätze und religiöse Wahrzeichen nach Rom entführten.

Mit der Zerstörung des Tempels und der Vertreibung der Juden aus Jerusalem war der Traum vom Gelobten Land vorerst ausgeträumt. Die Juden zogen erneut und zum letzten Mal aus ihrer Heimat in die ganze Welt aus. Dies bedeutete auch ihre Aufspaltung in drei Gruppen: die orientalischen Juden, die sich in Babel niederließen, die sephardischen, die in Arabien, Nordafrika und Spanien siedelten, und schließlich die aschkenasischen Juden, die nach Europa zogen. Die Tatsache, dass die jüdische Volksgemeinschaft trotz ihrer Zerstreuung sowohl als religiöse Gemeinschaft wie als Volk überlebte, ist einzigartig in der Geschichte der Religionen.

Um als Volk und Religion in der Fremde zu bestehen, hielten die Juden an drei zentralen Dingen fest: der Thora, der hebräischen Sprache und ihrer Glaubensgemeinschaft. Damit schufen sie sich eine gemeinsame Kultur, mit der sie in allen Erdteilen die Regeln und Besonderheiten des Judentums bewahren konnten.

Wichtig für das in allen Teilen der Welt siedelnde Volk war in der Folgezeit aber auch, dass die Juden sich weltweit untereinander verständigen konnten. Daher lernten alle Juden neben der Sprache ihres neuen Heimatlandes Hebräisch – die Sprache, in der auch Thora und Talmud verfasst sind. Da ihre sprachgeschichtliche Entstehung in die Frühzeit der Gründung der jüdischen Religion fällt, beschränkte sich ihr Vokabular jahrhundertelang ausschließlich auf den religiösen Bereich. Erst dem Zionisten Ben Jehuda gelang es mittels seiner grundlegenden Sprachreform, die Sprache der Juden zu Beginn des letzten Jahrhunderts »alltagstauglich« zu machen: Er modernisierte das Althebräische behutsam und fügte ihm neues, in der Moderne für die Verständigung grundlegend notwendiges Wortgut hinzu – Bezeichnungen für »Schlüssel«, »Flugzeug« oder »Seife« etwa. Mit der Gründung des Staates Israel im Jahr 1948 wurde Hebräisch zur Alltagssprache der Juden. Heute ist das Neuhebräische – neben dem Englischen – offizielle Landessprache.

Der feste Zusammenhalt als drittes alle Juden verbindendes Element lag nicht zuletzt in der manchmal bewusst gewählten, oft aber auch aufgezwungenen Lebenssituation vieler jüdischer Gemeinden begründet, die in eigenen, von der einheimischen Bevölkerung abgegrenztes Vierteln lebten. Außerdem war die Angst sehr groß, die jüdische Identität zu verwässern und sie letztendlich zu verlieren, wenn sich die Juden zu stark an die Alltagskultur der Andersgläubigen anpassten, in deren Ländern sie siedelten.

Im Allgemeinen waren die neu einwandernden Juden bei den fremden Herrschern beliebt, da sie meist sehr gut ausgebildet waren und mehrere Sprachen beherrschten, weshalb sie sich hervorragend als Berater eigneten. Die Juden galten in den Ländern, wo sie sich niederließen, als Kultur- und Wissensvermittler. Die sephardischen Juden genossen zeitweilig sogar das Privileg, ihren Beruf frei wählen und ihre Religion frei ausüben zu dürfen. Sie waren Ärzte, Gelehrte, Händler, Übersetzer oder

Zionismus

Der Ausdruck »Zionismus« ist abgeleitet von dem hebräischen Begriff »Har Zion« – »Berg Zion«, der im jüdischen Sprachgebrauch zu einem Synonym für Jerusalem wurde. Er spielt damit auf die prophetische Erwartung der Juden an, nach ihrer Vertreibung durch Nebukadnezar endlich zurückkehren zu dürfen nach »Zion« – eine Erwartung, die untrennbar mit der Erwartung des Völkerfriedens verbunden ist. Der Zionismus entstand im 19. Jahrhundert als jüdische Nationalbewegung, die sich – zunächst als Reaktion auf die Bedrohung durch den russischen und osteuropäischen Antisemitismus – für die Wiedererrichtung eines eigenen jüdischen Staates in Palästina einsetzte. Politische Bedeutung erhielt der Zionismus durch die Gründung der Zionistischen Organisation im Jahre 1897: Ihr Präsident Theodor Herzl forderte einen »Judenstaat« als »öffentlich-rechtlich gesicherte Heimstätte in Palästina«.

Die religiös und rassistisch motivierten Pogrome in Osteuropa führten zu Beginn des letzten Jahrhunderts zu größeren Auswanderungswellen nach Palästina. Als Großbritannien dem internationalen Judentum im Jahre 1917 zusagte, die Gründung eines jüdischen Staates zu unterstützen, folgte eine weitere große Welle der Auswanderung von Zionisten. In den Folgejahren begannen in Palästina groß angelegte Ausbauphasen jüdischer Siedlungen, gegen die die arabisch-palästinensischen Landeseinwohner sich mit Waffengewalt auflehnten. Der große Aufstand der Jahre 1936 bis 1939 sowie der Holocaust im Zweiten Weltkrieg führten im Jahre 1947 zur Zweiteilung des Landes in Israel, den 1948 gegründeten jüdischen Staat, und Palästina.

Gegenwärtig zerfällt der Zionismus in verschiedene politische, religiöse und kulturelle Strömungen.

Dichter und brachten Wissen, Geld und Handel. Deshalb bezeichnen die Juden die Zeit zwischen dem 10. und 12. Jahrhundert, die sie unter islamischer Herrschaft in Spanien verbrachten, sogar als das »Goldene Zeitalter«.

Die Vorzugsstellung der Juden, wo immer sie sich auch ansiedelten, hielt sich jedoch immer nur so lange, bis die christliche oder muslimische Bevölkerung sich dagegen auflehnte. Und das geschah mit Regelmäßigkeit spätestens dann, wenn der Wohlstand, den sich die jüdischen Einwohner erworben hatten, allzu sichtbar wurde. Neid und Missgunst wurden den Juden vor allem vonseiten des einfachen Volks entgegengebracht, das weniger gebildet und vor allem weniger wohlhabend und wirtschaftlich erfolgreich war. So kam es im Jahr 1066 in Spanien zu ersten schweren Gewaltausschreitungen gegen Juden: Die spanische Bevölkerung plünderte jüdische Gemeinden und vertrieb oder tötete die Bewohner ihrer Städte.

Nachdem Spanien im 12. Jahrhundert von den Christen erobert worden war, begannen die Eroberer systematisch und gezielt, antijüdische Propaganda in Umlauf zu bringen, die so wirkungsvoll war, dass sie schließlich sogar den Charakter einer Art Volksglauben annahm: Die Juden hätten Jesus getötet, wurde ihnen von der christlichen Bevölkerung vorgeworfen, weshalb sie fortan mit dem Schandnamen »Christusmörder« belegt wurden. Der Hass der Christen auf ihre jüdischen Mitbürger ging so weit, dass die jüdischen Gemeinden grundsätzlich für alle unaufgeklärten Verbrechen verantwortlich gemacht wurden und im 14. Jahrhundert sogar für die Pest, die ein Drittel aller Europäer dahinraffte.

Mit dieser antijüdischen Propaganda gingen Zwangsbekehrungen einher: Wenn sie sich nicht taufen ließen, erhielten sie Berufsverbot, wurden vertrieben oder unter Folter zum Religionsübertritt gezwungen. Ihren unrühmlichen Höhepunkt erreichte die Judenhetze im Jahre 1492, als der spanische König eine ethnische Säuberung seines Landes anordnete, um die

»Reinheit des spanischen Blutes« wiederherzustellen. 150 000 Juden mussten das Land verlassen, und 20 000 jüdische Einwohner Spaniens wurden getötet.

Die überlebenden Juden wanderten gen Osten. In den Königreichen Polen und Litauen wurden sie vergleichsweise freundlich aufgenommen und fanden dort eine neue Heimat, in der sie sich niederließen und sich in »Schtetln« organisierten – selbstständigen Gemeinden, in denen sie lebten und arbeiteten und in deren Schoß sie eine eigene Form des jüdischen Glaubens, den Chassidismus, entwickelten.

Ein besonders trauriges und grausames Kapitel in der Geschichte des Judentums ist das Schicksal, das es in Deutschland erlitt.

Die ersten Juden siedelten sich etwa im Jahre 1000 n. Chr. in Deutschland an. Unter dem Schutz der jeweiligen Landesfürsten gründeten sie entlang des Rheins in Speyer, Mainz und Worms sowie in Regensburg, Augsburg und Trier eigene Gemeinden und arbeiteten als Händler, Kaufleute und Geldverlei-

---

Chassidismus

Der Begriff »Chassidismus« leitet sich aus dem hebräischen Wort »chassidim« – »Fromme« ab und bezeichnet verschiedene, unabhängig von einander existierende esoterisch-mystische Glaubensbewegungen im Judentum. Gemeinsam ist den chassidischen Strömungen die Betonung der Liebe Gottes und ihr Streben, das religiöse Leben zu verinnerlichen, was sie durch Askese und eine enge persönliche Bindung an ihren »Rebbe«, den Gotteslehrer, zu erreichen versuchen. Der Chassidismus, der heute außerhalb Israels vor allem in den USA praktiziert wird, gehört zu den konservativsten jüdischen Strömungen.

her. Die friedliche Koexistenz zwischen Juden und Christen endete jedoch im Jahr 1095, als Kreuzritter auf ihrem Weg nach Jerusalem durch das Land zogen und gegen alle Nichtchristen mit roher Gewalt vorgingen: »Tod oder Taufe« lautete ihre Devise. Wer nicht konvertieren wollte, wurde grausam ermordet. Viele deutsche Juden, die sich nicht zu einem Religionsübertritt zwingen lassen wollten, gingen freiwillig in den Tod. »Kiddusch haschem« nannten sie dies, »Tod im Namen des Herrn«.

Ein Neuanfang, den die Juden im 13. Jahrhundert in Köln wagten, begann zwar vielversprechend, endete jedoch in einer Katastrophe. Einzelne Juden siedelten sich erneut rund um die Kölner Synagoge an und wurden rasch wieder zu geschätzten Handelspartnern, vor allem beim aufstrebenden Bürgertum, das sich von ihnen Geld lieh. Diejenigen christlichen Schuldner, die geliehene Beträge nicht zurückbezahlen konnten, begannen jedoch nach einer kurzen Zeit der friedlichen Koexistenz von jüdischen und christlichen Mitbürgern den Mythos zu verbreiten, dass Juden hartherzig, raffgierig und durchtrieben seien. Genau wie in Spanien entspann sich daraufhin eine Hassspirale mit unhaltbaren Vorwürfen gegen die Juden. Als auch in Deutschland die Pest ausbrach, richteten die Christen in jüdischen Häusern schlimmste Verwüstungen an, plünderten und töteten ihre jüdischen Mitbürger.

Nachdem es im 19. Jahrhundert mit der Aufklärung, die für Religionsfreiheit und Gleichheit unter den Menschen eintrat, zunächst so aussah, als sollten die Juden endlich von Anfeindungen ihres Glaubens wegen verschont bleiben, entwickelte sich im Zuge neuer nationaler Bewegungen eine noch extremere Form des Judenhasses, die sich einen wissenschaftlichen Anstrich zu geben versuchte, indem sie sich auf die Evolutionstheorie von Charles Darwin berief: Sie wurde »Antisemitismus« genannt, wobei die Wurzel des Begriffs, der Terminus »Semiten«, bereits damals ein veraltetes Wort war, um die Nachfahren der Söhne Jakobs zu bezeichnen. Die Antisemiten argumentierten, dass einige menschliche Rassen anderen überlegen seien. Und genauso wie auch in der Natur das Prinzip des Stärkeren gelte, müssten die unterlegenen Rassen ausgerottet werden, damit die Menschheit sich weiterentwickeln könne. Zu den angeblich unterlegenen Rassen zählten sie auch die Juden. Der theoretische Überbau des Antisemitismus lieferte neben der traditionellen Judenfeindlichkeit, wie sie in der deutschen Bevölkerung seit dem Mittelalter existierte, nun auch eine pseudo-biologische Begründung, die sich auf die Wissenschaft berief.

Als Adolf Hitler 1933 schließlich an die Macht kam, war der Antisemitismus bereits fest im Bewusstsein der Deutschen verankert.

Ab 1935 verschlechterte sich die Situation der deutschen Juden dramatisch. Den Nürnberger Gesetzen, die die Juden faktisch entrechteten, gingen blutige Straßenkrawalle voraus; es folgten die systematische Ausgrenzung und Stigmatisierung der jüdischen Bevölkerung, indem Juden Berufsverbot erteilt wurde und sie gezwungen wurden, zur Erkennung einen gelben Stern auf der Brust zu tragen, in den das Wort »Jude« gestickt war.

Mit den nationalsozialistischen Rassegesetzen begann die systematische Verfolgung und Ausrottung der jüdischen Bevölkerung im deutschen Reichsgebiet.

Mit dem Einmarsch deutscher Truppen in die Sowjetunion begannen auch die Deportationen der jüdischen Bevölkerung. Ein Emigrationsverbot für Juden schnitt nun zudem die Möglichkeit ab, das Land legal zu verlassen. Darauf folgte die staatliche Anordnung, dass mit der Deportation auch der Einzug jüdischen Vermögens und der Verlust der Staatsangehörigkeit einherginge. Schließlich wurden die Juden zu Hunderttausenden in Konzentrationslager verschleppt, wo sie schwerste Zwangsarbeit verrichten mussten, um später in Gaskammern oder durch Massenerschießung ermordet zu werden.

Der deutsche Krieg führte zur Besetzung weiter Teile Europas, so dass insgesamt sechs Millionen Juden aus ganz Europa

Ghetto

Als »Ghetto« bezeichnete man seit dem 16. Jahrhundert rein jüdische Wohnviertel, die von den christlichen Behörden infolge des Verbots eines Zusammenlebens von Juden und Christen erzwungen wurden: Die jüdische Bevölkerung einer Stadt wurde in einem räumlich stark begrenzten, von hohen Mauern umgebenen Viertel kaserniert und mit Ausgangsbeschränkungen belegt. Das Gemeindeleben innerhalb der Ghettos war in Selbstverwaltung organisiert und verfügte über eine eigene jüdische Gerichtsbarkeit und eine eigene jüdische Kulturhoheit.

Mit der Verleihung der nominellen Bürgerrechte an die Juden im 18. und 19. Jahrhundert wurden die Zwangsghettos allmählich abgeschafft. Das letzte wurde 1870 in Rom aufgelöst.

Während des Zweiten Weltkriegs wurde die jüdische Bevölkerung in den besetzten Ländern Osteuropas von den nationalsozialistischen Besatzungsbehörden erneut in Ghettos gezwungen.

Der Begriff »Ghetto« wird auch heute noch in einem übertragenen Sinn auf Stadtviertel mit einer ausgeprägt abweichenden sozialen oder ethnischen Struktur angewandt, etwa im Zusammenhang mit US-amerikanischen Stadtteilen, die einen hohen Anteil afroamerikanischer oder hispanischer Bevölkerung verzeichnen und soziale Brennpunkte sind.

unter der Herrschaft der Nationalsozialisten ihr Leben verloren. Juden nennen dieses Verbrechen »Holocaust« oder »Schoa« und gedenken seiner jedes Jahr am nationalen Trauertag »Jom Haschoa«. In Israel ertönt in jeder Stadt eine Sirene, und für zwei Minuten soll jeder Jude der Toten gedenken, die vor mehr als sechzig Jahren einem der barbarischsten Völkermorde zum Opfer fielen, den die Menschheitsgeschichte kennt.

Nach dem Ende des Zweiten Weltkrieges beschlossen die Vereinten Nationen, den Überlebenden der Schoa eine neue Heimat zu geben, und 1948 wurde der Staat Israel gegründet, der in der Region Palästina, dem Gebiet des Gelobten Landes, angesiedelt war. Nach 2000 Jahren des Lebens in der Diaspora fernab der Heimat hatten die Juden endlich wieder ihren eigenen Staat.

Doch was zunächst nach einem glücklichen Ende klang, sollte anders kommen. Diejenigen Menschen, die inzwischen in Palästina lebten, lehnten sich nämlich gegen die neuen »Mitbewohner« auf. Denn mit der Gründung des Staates Israel wurden Hunderttausende Palästinenser aus ihren Häusern vertrieben und mussten nach Syrien, in den Libanon und Jordanien flüchten. Diejenigen, die in ihrer Heimat blieben, leben auch heute in großer Armut im Gaza-Streifen und in der Westbank – in Gebieten, die von Israel besetzt und von der israelischen Armee kontrolliert wurden und zum Teil noch immer werden.

Mit der Gründung des jüdischen Staates Israel wurde also ein neuer Konflikt ins Leben gerufen, der bis heute traurige Aktualität besitzt.

Trotz seiner wechselvollen Geschichte hat das jüdische Volk sowohl seine Religion als auch seine Kultur in bemerkenswerter Form zu bewahren gewusst. Und innerhalb der jüdischen Gemeinschaft wird immer weiter darüber diskutiert, wie der jüdische Glaube in veränderten Zeiten und anderen Gesellschaften zu leben sei. Die Fragen, wie streng die Regeln der Thora einzuhalten seien bzw. wie stark sie der Moderne angepasst werden können und müssen, sind der dauernden Beobachtung unterworfen und werden von Zeit zu Zeit aktualisiert.

Diese Diskussionen über den Sinn und die Anwendung der Religionsgesetze haben nie zu Spaltungen, sondern nur zu verschiedenen Strömungen innerhalb des Judentums geführt. Jeder Jude entscheidet damit frei und ohne eine formale Bestimmung seiner Zugehörigkeit festlegen zu müssen, wie strenggläubig er leben will, in welcher Synagoge er betet, welchen Rabbi er als religiöses Oberhaupt in seiner Gemeinde will.

Der wesentliche Unterschied der verschiedenen Strömungen im Judentum besteht in ihrem jeweiligen Verständnis der Thora. Für einen orthodoxen, einen strenggläubigen, Juden ist die Thora Gottes Wort, das es in seiner Ganzheit und ausnahmslos zu beachten gilt. Der Orthodoxie steht die Reformbewegung gegenüber, die die Auffassung vertritt, dass in der Thora bis auf die grundlegenden ethischen Vorschriften nicht Gott spricht, sondern die Menschen, die die Texte niederschrieben. Deshalb sei es auch die persönliche Entscheidung eines jedes Juden, welche der Mitzwot, also welche Ge- und Verbote aus der Fülle der 613 Gesetze, er befolgen möchte. Da es jedem Juden freistehe zu wählen, sei es auch nicht notwendig, darüber zu diskutieren, wie die alten Gebote in der Moderne auszulegen seien, argumentieren die Reformjuden.

Bei allen Meinungsverschiedenheiten, die sich innerhalb der verschiedenen Strömungen im Judentum herausbilden, kann die ausgeprägt friedliche Diskussionskultur, die das Judentum für den Umgang mit seinen innerreligiösen Differenzen entwickelt hat, einen Maßstab setzen.

2.3 Jesus auferstanden – oder: Was die alten Geschichten mit unserem heutigen Leben zu tun haben

Passionierte Zeitungsleser können nur noch wenige Meldungen vom Hocker hauen. Abgesehen von wirklich herausragenden Ereignissen sorgen sogar die Berichte über Krieg, Terror, Hunger und Klimawandel im ewig überhitzten Medienklima in den seltensten Fällen für Betroffenheit, sondern hinterlassen lediglich ein schales Gefühl. Jeder weiß, dass sie in zwei Wochen wieder von den Titelseiten verschwunden sein werden – in den Medien ist Aktualität die Währung, die zählt. Sowie gute, vielleicht sogar reißerische Schlagzeilen, um die Leser neugierig zu machen.

Manchmal können die Zeitungen aber gerade mit Ausnahmen von der Regel für Aufmerksamkeit sorgen. Eine solche Ausnahme der kuriosen Sorte begegnete mir vor einiger Zeit, als ich ein Exemplar meiner Sonntagszeitung auf den Ladentisch meiner Bäckerei legte, um sie zusammen mit meinen Brötchen zu bezahlen. Die Schlagzeile des Ostersonntags lautete: »JESUS AUFERSTANDEN«. Neben den riesigen Lettern war ein Bild von Jesus am Kreuz zu sehen. Ich war einigermaßen perplex. Einer Frau, die hinter mir in der Schlange stand, ging es ähnlich. Sie beugte ihren Kopf über meine Schulter, warf einen Blick auf die Schlagzeile und fragte dann ratlos: »Hab ich was verpasst?«

Wir wussten uns beide keinen Reim auf diese Meldung zu machen. Für die Christen ist der Ostersonntag der wichtigste Termin des Kirchenjahres, weil er das Fest der Auferstehung Jesu von den Toten ist, es wird alljährlich im Frühjahr gefeiert. Weshalb stand diese seit über 2000 Jahren bestens bekannte Nachricht aber als Headline in der Zeitung, als wäre sie eine topaktuelle Neuigkeit? Und noch dazu als Titelstory der Osterausgabe?

Auf dem Nachhauseweg tat ich das, was die Redakteure wohl gewollt hatten: Ich dachte angestrengt über die Schlagzeile nach und kam schließlich zu der Überzeugung, dass hier feine Ironie im Spiel war. Für viele Menschen ist die Osterzeit nämlich in etwa so bedeutend wie ein Bundesligaspieltag. Wahrscheinlich sogar eher unbedeutender, wenn man es genau betrachtet. Osterfreude bedeutet für die meisten wahrscheinlich allenfalls die Freude über ein paar schul- oder arbeitsfreie Tage, an denen man lustvoll Schokoladenhasen köpft und ein paar Ostereier im Garten suchen geht. Die Tatsache, dass an Ostern eigentlich etwas anderes gefeiert wird als die Segnungen der Schokoladenindustrie, ist wohl vor allem vielen jungen Menschen nicht bewusst. Und genau diese Unkenntnis über die tiefere Bedeutung des wichtigsten Feiertages der abendländischen Kultur nahm die Zeitung aufs Korn, indem sie ihren Lesern vorgaukelte, die Nachricht von Jesu Auferstehung sei eine brandaktuelle Meldung, die wie jedes andere Medienereignis in zwei Wochen wieder vergessen sein würde.

Das Schicksal des Osterfestes, dessen ursprüngliche religiöse Bedeutung zunehmend in Vergessenheit gerät, ist kein Einzelfall. Die meisten anderen christlichen Feiertage, die einst bedeutende Höhepunkte im Leben der Menschen darstellten, auf die sie sich freuten und vorbereiteten, teilen dieses Schicksal. Die meisten von uns wissen nicht mehr, dass die Kirchenfeste in früheren Zeiten von vielfältigen Bräuchen begleitet wurden, weil diese heutzutage weitgehend unbekannt sind oder bestenfalls Event-Charakter besitzen. Inzwischen wissen die meisten Menschen kaum mehr, was der Osterhase, der Weihnachtsmann und ein Adventskalender mit der Lebensgeschichte von Jesus Christus zu tun haben. Sie freuen sich über feierliche Tage im Kreise der Familie oder fühlen sich, wenn sie keine Familie haben, auf einmal sehr verlassen und allein.

Im Kirchenjahr der Christen gibt es zwei zentrale Termine: Weihnachten, der Tag, an dem Jesus geboren wurde, und das auf den Karfreitag folgende Osterfest, das zur Erinnerung daran begangen wird, dass Jesus drei Tage nach seinem Tod auferstanden ist. Dazu gibt es noch jede Menge anderer Feiertage, die sich um Jesu Leben drehen und an denen Christen über die großen Themen des Lebens nachdenken: Geburt und Tod, das Leid und die Liebe, das Gute und das Böse, Familie und Gemeinschaft. Denn Jesu Leben ist für die Christen eine Geschichte, die all diese Werte spiegelt und ihnen einen ganz bestimmten Sinn gibt. Das Kirchenjahr überträgt diesen Sinn in Form von Feiertagen auf den natürlichen Zeitablauf eines Jahres. So fügt sich die Religion wie von selbst in den Alltag ein – man muss nur mitfeiern.

Was alles in einem Kirchenjahr passiert

Das Kirchenjahr beginnt mit dem Weihnachtsfest, an dem die Christen die Geburt Jesu feiern. Sie soll in einem Stall in Bethlehem, einem nördlich von Jerusalem gelegenen Dorf stattgefunden haben. Jesu Eltern, Maria und Joseph, befanden sich zu diesem Zeitpunkt auf einer von den römischen Besatzern angeordneten Reise – alle jüdischen Einwohner des Landes mussten sich für eine Volkszählung an ihre Heimatorte begeben und dort registrieren lassen.

Die Geburtsgeschichte Jesu, die an Weihnachten in allen Kirchen auf der ganzen Welt vorgelesen wird, hat der Evangelist Lukas aufgeschrieben. Sie wird auch »Weihnachtsgeschichte« genannt.

Für Christen ist die Geburt Jesu zentral – weil sie das größte Geschenk Gottes an die Menschheit symbolisiert: Er schickte seinen Sohn auf die Erde, damit er für die Sünden der Menschen stürbe und ihnen dadurch die Erlösung schenke.

Während Christen Jesus für den Messias halten, stehen die beiden anderen monotheistischen Religionen ihm und den Mythen, die sich um seine Person ranken, vergleichsweise reserviert gegenüber. Ein illustratives Beispiel für die Meinungsvielfalt der drei monotheistischen Religionen in Bezug auf Jesus ist die These der jungfräulichen Empfängnis. Die Christen glauben, dass Jesus nicht von Joseph gezeugt worden sei, sondern dass Maria ihn vom Heiligen Geist empfangen habe. Die Juden halten das für eine sehr zweifelhafte These, gelinde ge-

---

Maria unter der Dattelpalme

Die Weihnachtsgeschichte, wie sie das Lukasevangelium erzählt, findet sich auch in der 19. Sure des Koran. Die Muslime feiern zwar kein Weihnachtsfest, da sie Jesus jedoch als Prophet verehren, ist seine Geburt auch für sie ein besonderes Ereignis.

Zu Beginn der Geburtsgeschichte kommt sowohl im Koran wie im Evangelium ein Gottesbote zu der Jungfrau Maria, um ihr zu verkünden, dass sie einen Sohn gebären werde. Und auch im Koran fragt Maria daraufhin verwundert, wie das geschehen solle, wo sie doch »kein Mann je berührt« habe. Der Engel des Korans antwortet ähnlich wie der des christlichen Evangeliums: »Dennoch wird es so sein; denn dein Herr spricht: ›Dies ist mir ein Leichtes. Wir machen diesen Sohn zu einem Wunderzeichen für die Menschen.‹«

Maria gebiert dann allerdings nicht in einem Stall, sondern unter einer Palme. Die Szenerie ist allerdings nicht weniger krippentauglich: Zu Marias Füßen lässt Allah ein Bächlein fließen, und reife Datteln fallen auf sie herab. Als ihr einige Juden der unehelichen Geburt wegen Vorwürfe machen, beginnt das Kind auf ihrem Arm zu reden und die Juden zu belehren.

sagt. Die Muslime wiederum teilen die Perspektive der Jung-frauengeburt, verneinen aber (ebenso wie die Juden) die christ-liche Position, dass Jesus Gottes Sohn sei. Aber Spekulationen über den Wahrheitsgehalt der Evangelien wie diejenige da-rüber, ob die Jungfrauengeburt tatsächlich so stattgefunden habe, prägten die Kirchengeschichte genauso und sind bis heute Gegenstand von Diskussionen. Klar ist, dass die Evangelien keine Reportagen oder Augenzeugenberichte sind, sondern vielmehr Glaubensbekenntnisse von Jesu engsten Anhängern, deren Ziel es war, andere Menschen – und vor allem ihre jü-dischen Zeitgenossen – von ihrem Glauben zu überzeugen. Und weil es eben keine Tatsachenberichte sind, gibt es immer wieder Kontroversen über die richtige Auslegung der Evange-lien.

In einer Sache hatten die Redakteure der Sonntagszeitung mit ihrer Überschrift tatsächlich recht: Die Auferstehung von Jesus *ist* eine Sensation – vor 2000 Jahren genauso wie heute. Ihrer gedenken die Christen in der Osterzeit: Zunächst mit einer Vor-bereitung, der Fastenzeit, die insgesamt 40 Tage, die Sonntage nicht mitgerechnet, dauert und an jene 40 Tage erinnern soll, die Jesus nach seiner Taufe durch Johannes alleine in der Wüste verbrachte, um sich auf seine Aufgabe vorzubereiten. Während die Zeit des Wartens auf Weihnachten für die Christen eine Zeit der freudigen Erwartung ist, gilt ihnen die Zeit vor Ostern als Zeit der Buße und der Umkehr: Die Gläubigen sollen über ihre Fehler nachdenken und sich bei denjenigen Menschen ent-schuldigen, denen sie Unrecht getan haben. Sie sollen sich bei dieser Gelegenheit auch Gedanken darüber machen, wem sie eine Freude bereiten und wem sie tätige Hilfe leisten können. Die Kirche ruft in der Fastenzeit alljährlich zu Spenden für die Dritte Welt auf, in letzter Zeit auch für den Natur- und Um-weltschutz.

Eine Woche vor Ostern gedenken die Christen mit dem

Palmsonntag des Tages, an dem Jesus nach Jerusalem kam. Die Evangelien berichten, Jesus sei auf dem Rücken eines Esels nach Jerusalem geritten und vom Volk jubelnd empfangen worden. Die Menschen breiteten ihre Kleider auf der Straße aus, andere schnitten Blätter von Palmen und streuten sie auf den Weg. Obwohl die Menschen ihn als Messias, der das Gottesreich in Jerusalem errichten würde, erwartet hatten und ihn deshalb wie einen König begrüßten, war Jesus jedoch nicht nach Jerusalem gekommen, um einen Aufstand gegen die römische Besatzungsmacht anzuzetteln und die Herrschaft zu übernehmen. Er war vielmehr nach Jerusalem gezogen, um den Menschen seine Botschaft zu verkünden – in dem Wissen, dass er damit sein Leben riskierte.

Auf den Palmsonntag folgt der Gründonnerstag, dessen Name auf die altdeutsche Wortwurzel »greinen« zurückgeht, was so viel wie »heulen« oder »trauern« bedeutet. An diesem Tage gedenken Christen des letzten Abendmahls, das Jesus mit seinen Jüngern gehalten hatte. Es sollte ein Abschiedsmahl werden, denn wenige Stunden danach verhafteten römische Soldaten Jesus und lieferten ihn der Gerichtsbarkeit aus. Dieses letzte gemeinsame Abendmahl vollziehen die Christen in aller Welt Sonntag für Sonntag im Gottesdienst nach, so wie Jesus es seinen Jüngern aufgetragen hatte. Zu seinem Gedächtnis sollten sie diesen Ritus so lange weiterpflegen, bis er eines Tages leibhaftig zurückkommen würde. Bei der Feier des Abendmahls, das katholische Christen Kommunion nennen, segnet der Pfarrer Brot und Wein und wiederholt dabei Jesu Worte, die er während des letzten Abendmahls mit seinen Jüngern sprach: »Dies ist mein Leib, und dies ist mein Blut.« Indem Jesus sich in seiner Abschiedsrede an sie mit einem Opferlamm verglich, sagte er ihnen, dass sein Tod ein Opfer sei, das Gott den Menschen darbringe. Ihr Menschen habt genug geopfert, sagte Jesus seinen Jüngern durch Gott, jetzt gibt er euch etwas zurück – als Zeichen seiner unendlichen Liebe.

Wenn Christen also heute im Verlauf eines Gottesdienstes das Abendmahl feiern, tun sie dies im Gedenken an diese letzte Mahlzeit Jesu mit seinen Jüngern. Mit dieser Zeremonie treten Christen in eine innige Beziehung zu Gott, sie nehmen seinen Geist und seine Botschaft in sich auf, um gewandelt und erneuert zurück in den Alltag zu treten.

Der auf den Gründonnerstag folgende Karfreitag ist der Feiertag zum Gedenken daran, auf welch schreckliche Weise sich Jesu Prophezeiungen erfüllten: Nachdem ihm ein äußerst zwielichtiger Prozess gemacht und er zum Tode verurteilt wurde, schlugen ihn die römischen Besatzer ans Kreuz. Zuvor musste er sein Kreuz jedoch allein quer durch Jerusalem auf den Hügel Golgatha außerhalb der Stadt tragen, auf dem er schließlich hingerichtet werden sollte.

Die Hinrichtungsmethode der Kreuzigung, die vor allem auf entlaufene oder aufständische Sklaven angewandt wurde, galt damals als besonders brutale Tötungsmethode. Die Römer hatten Jesus zuvor gefoltert, und er war bereits sehr geschwächt – auf seinem Weg vom Gefängnis zum Hinrichtungsberg brach er unter der Last des Kreuzes immer wieder zusammen. Um ihn zu verspotten, hatten sie ihm eine Krone aus Dornenzweigen auf den Kopf gesetzt. Dazu schlug und verspottete ihn das Volk und forderte Jesus höhnisch auf, sich doch durch ein Wunder vom Kreuz zu befreien. Als Gottes Sohn sollte ihm das doch möglich sein, lachten sie. Diesen Leidensweg Jesu erinnern Christen bis heute als »Kreuzweg«. Doch Jesus ließ widerstandslos alles Leid über sich ergehen, denn er wusste, dass es Gottes Wille war, dass er sterben müsse. Als Jesus schließlich am Kreuz hing, soll er dennoch kurz vor seinem Tod geschrien haben: »Mein Gott, warum hast du mich verlassen?«

Als sich dann am Ostersonntag unter seinen Jüngern die Nachricht von Jesu Auferstehung verbreitete, schlug deren Trauer und Verzweiflung in erlösende Freude um: Denn mit Jesu Auferstehung änderte sich alles, er hatte den Tod besiegt.

Der Glaube an Jesus und seine Botschaft war nun nicht mehr gleichbedeutend mit Tod, Leid und Verachtung, sondern mit ewigem Leben.

Es ist leicht, an der Auferstehung zu zweifeln. Kritiker behaupten seit Jahrhunderten, die Jünger hätten die Nachricht von seiner Auferstehung frei erfunden, um ihrem Glauben auch nach Jesu Tod noch einen Sinn zu geben. Auch Christen zweifeln immer wieder und fragen sich, wie diese Geschichte wahr sein könne. Dem Jünger Thomas, der ganz besonders lange an Jesu Auferstehung von den Toten zweifelte, ist sogar ein eigener Feiertag geweiht. Gläubige Christen halten jedoch dagegen, dass Jesu Leichnam nach seinem Tod für immer verschwunden blieb und dass die Zahl der Augenzeugen, die ihm nach seinem Tod begegneten, erstaunlich groß war. Hinzu kommt, dass es derartige Berichte bisher nicht gegeben hatte, die Jünger also zumindest ganz besondere Erfahrungen gemacht haben mussten, die ihnen die Kraft gaben, ihren Glauben an Jesus in der Folge in viele Länder zu verbreiten.

Aber auch für die Auferstehung gilt letztlich dasselbe wie für die Weihnachtsgeschichte und die Jungfrauengeburt: Es gibt keine letztgültigen Beweise. Für Christen ist sie dennoch Realität. Sie bedeutet für die Gläubigen, dass Gott auch im allergrößten Leid zu den Menschen hält und dass seine Liebe stärker ist als der Tod.

40 Tage lang erschien Jesus nach seiner Wiederauferstehung den Gläubigen und forderte sie dazu auf, seine frohe Botschaft in die Welt zu tragen. Danach stieg Jesus, den Evangelien zufolge, auf den Ölberg bei Jerusalem und verschwand in einer Wolke. Zum Abschied erinnerte er die Jünger noch einmal daran, was er von ihnen erwartete: »Geht zu allen Völkern und macht alle Menschen zu meinen Jüngern; tauft sie auf den Namen des Vaters und des Sohnes und des Heiligen Geistes, und

lehrt sie, alles zu befolgen, was ich euch geboten habe. Seid gewiss: Ich bin bei euch alle Tage bis zum Ende der Welt.«

Der Tag des endgültigen Abschieds von Jesus war damit gleichzeitig der Tag, an dem die Geschichte der christlichen Missionierung begann.

Der letzte christliche Feiertermin des Kirchenjahres, der mit der Jesusgeschichte zusammenhängt, Pfingsten, wird 50 Tage nach Ostern gefeiert. An Pfingsten, so berichten die Evangelien, begannen die Apostel, beseelt durch einen neuen, Heili-

---

Dreifaltigkeit

Dreifaltigkeit, Dreieinigkeit oder Trinität bezeichnet in der christlichen Theologie die Lehre der Einheit der drei Personen des göttlichen Wesens: Gott der Vater, Gott der Sohn und Gott der Heilige Geist. Gott ist damit nach christlicher Vorstellung drei Personen in einer.

Obwohl die Trinitätslehre schon immer Gegenstand vieler Kontroversen war, ist sie seit dem 4. Jahrhundert gemeinsames Glaubensgut aller christlichen Kirchen, und der Sonntag nach Pfingsten wird als Trinitatisfest gefeiert.

Um sich das Ganze besser vorstellen zu können, dachten sich die Christen Vergleiche aus: Basilius von Caesarea verglich das Konzept der Trinität mit einem Regenbogen, der seine Strahlkraft durch das Zusammenwirken von Sonne, Sonnenlicht und Farben erhält. Andere Kirchenväter prägten das Sinnbild der drei dicht nebeneinander aufgestellten Kerzen oder Fackeln, die, wenn sie nahe genug aneinandergerückt werden, mit einer einzigen Flamme brennen. Der heilige Patrick von Irland soll seinen Landsmännern der Legende nach mithilfe eines Kleeblattes die Dreieinigkeitslehre erklärt haben, das aus drei Blättern besteht, die zusammen jedoch eine einzige Pflanze bilden.

gen Geist – denselben Geist, der auch Jesus nach seiner Taufe beseelt hatte –, öffentlich zu predigen. Er kam über sie, während sie bei einem Treffen besprachen, wie sie weiter vorgehen wollten, um Jesu Heilsbotschaft unter die Völker zu bringen. Es wird überliefert, dass auf einmal ein großes Brausen das Zimmer erfüllte und schließlich Feuerzungen als Zeichen der Gegenwart des Geistes auf die Jünger herabfielen, woraufhin es ihnen gegeben war, in vielen verschiedenen Sprachen zu sprechen, um so jedem Menschen, ganz gleich, woher er kam, Jesu Botschaft verkünden zu können.

Der Heilige Geist, mit dem die Jünger erfüllt wurden, ist für die Christen so viel wie Gottes Atem, der sowohl das Weltall als auch jeden Einzelnen erfüllt und der aus Liebe, Freude, Friede, Langmut, Güte, Treue, Sanftmut und Selbstbeherrschung besteht. Christen glauben, dass in jedem von uns die Kräfte des Heiligen Geistes schlummern und durch den Glauben an Jesus zum Leben erweckt werden. In der Bibel heißt es wörtlich: »Wir alle spiegeln mit enthülltem Antlitz die Herrlichkeit des Herrn wider und werden in sein Bild verwandelt, von Herrlichkeit zu Herrlichkeit, durch den Geist des Herrn.« (2. Korinther 3,18)

Wie es dann weiterging – die Anfänge des Christentums

Das Urchristentum, wie man die ersten Gemeinschaften der Gläubigen auch nennt, begründet sich mit Jesu Auferstehung. Die Apostel sorgten danach, wie aufgetragen, für die Verbreitung seiner Lehre. Als Jesus in den Himmel auffuhr, zählte die christliche Gemeinde bereits zahlreiche Gläubige. Zu Pfingsten kamen weitere hinzu, die sich nach der Predigt des Petrus – der den Vorstand der jungen Gemeinde übernommen hatte – taufen ließen.

Die langsame Abspaltung der Christen vom Judentum erhielt einen ersten Schub mit der Zerstörung Jerusalems im Jahre 70 durch die Römer und der Auswanderung der Juden und jüdischen Christen aus dem Gelobten Land. Das Zentrum der jungen Religion verlagerte sich nach Rom, in die Hauptstadt der damaligen Welt. Von dort aus begann – und gelang innerhalb kürzester Zeit – die Verbreitung der neuen Heilsbotschaft im gesamten Römischen Reich.

Die römischen Kaiser nahmen diesen beispiellosen Siegeszug des Christentums mit Skepsis zur Kenntnis und begannen die Gläubigen vom Ende des 1. Jahrhunderts an zu verfolgen: Im Jahre 177 kam es zu ersten Massakern an der christlichen Bevölkerung, die im Verlaufe der nächsten beiden Jahrhunderte an Intensität stetig zunahmen. Unter Kaiser Diokletian (303–311) erreichte das Ausmaß an Folter, Mord, Enteignung und Zerstörung von christlichen Texten einen traurigen Höhepunkt. Trotz dieser Anfeindungen wuchs die Zahl der Gläubigen jedoch beständig weiter, und um das Jahr 300 machten sie bereits 15 Prozent der Bevölkerung des Römischen Reiches aus.

Die Attraktivität der neuen Religion bestand für die Menschen vor allem darin, dass Jesus kein sagenumwobenes Wesen, kein Aristokrat, kein Bessergestellter, sondern ein einfacher Zimmermann war. Während Religion zuvor oft lediglich eine Äußerlichkeit gewesen war und die Ausübung des Götterkults zum guten Ton gehört hatte, wobei es bei der Ausübung vor allem um den korrekten Umgang mit den römischen Göttern und die korrekte Durchführung von Opferzeremonien gegangen war, predigten die Christen Jesu Botschaft als einen Glauben der Innerlichkeit. Sie lebten die Solidarität, von der sie predigten, im alltäglichen Leben, sorgten für die Schwachen in ihren Gemeinden und kümmerten sich oft aufopferungsvoll um die Opfer von Epidemien oder Kriegen.

Angesichts ihrer Glaubensstärke und ihrer aktiven Nächstenliebe, die auch ihre nicht-christlichen Zeitgenossen beeindruckte, leitete Galerius, Diokletians Nachfolger auf dem römischen Thron, schließlich mit seinem »Toleranzedikt« von 311 eine Kehrtwende ein: Er erklärte das Christentum offiziell zu einer »religio licita«, einer »erlaubten Religion«. In der Folge ebbten die Christenverfolgungen ab, und die Gemeinden entfalteten ihre Glaubenskultur frei und ungehindert. Als selbst Kaiser Konstantin sich schließlich offen zum Christentum bekannte und sich kurz vor seinem Tod 337 taufen ließ, war der Bann gebrochen, und die Christen wurden von ehemals Verfolgten zur tonangebenden religiösen Macht des römischen Weltreiches: Kaiser Theodosius I. erklärte das Christentum im Jahre 380 sogar zur Staatsreligion, worauf es sich mit vehementer Geschwindigkeit überall im Römischen Reich, das von Kleinasien bis nach Germanien reichte, auszubreiten begann. Gleichzeitig verlor die junge Religion aber an Stärke, was ihre religiösen Grundsätze anbetraf, da die enge Verbindung von Staat und Religion eine Einmischung des Politischen ins Religiöse bedeutete.

Mission

Im Gegensatz zu anderen Religionen, dem Judentum, dem Hinduismus oder dem Buddhismus etwa, denen es mehr oder weniger egal ist, ob man sich für ihren Glauben interessiert oder nicht, war die aktive Werbung für das Christentum von Anfang an ein wesentlicher Bestandteil der christlichen Glaubenspraxis: Erklärtes Ziel der Apostel und der Kirche in ihrer Nachfolge war die Bekehrung aller Menschen zum Christentum und die Verbreitung der Frohen Botschaft. Die Apostel begannen damit, Briefe an jüdische, griechische und römische Gemeinden zu schreiben, die sich zum Glauben an Jesus bekehrt hatten, und legten ihnen dort die christliche Botschaft aus. Außerdem sollten die Briefe Mut machen, denn die christlichen Gemeinden im Römischen Reich hatten mit der gewaltsamen staatlichen Verfolgung aller ihrer Mitglieder zu kämpfen.

Im Mittelalter entsandte die Kirche dann missionarisch ausgebildete Priester in alle Regionen des Römischen Reiches, um die Menschen dazu zu bewegen, sich von den bestehenden keltischen und germanischen Kulten abzuwenden und sich zum Christentum zu bekehren. Während die Apostel ihre Botschaft ausschließlich mit friedlichen Mitteln und durch die Überzeugungskraft der christlichen Botschaft verkündet hatten, wandte die Kirche nunmehr auch Gewalt zur Durchsetzung ihrer Interessen an. Sträubten sich die Völker, den neuen Glauben anzunehmen, folgten den christlichen Missionaren bald römische Armeen.

Nach Deutschland gelangte der christliche Glauben im 8. Jahrhundert mit dem Missionar Bonifatius allerdings zunächst friedlich: Er verbreitete den christlichen Glauben allein durch die Verkündigung der Frohen Botschaft in vielen deutschen Regionen und verlieh der neuen Religion mit dem Befehl, Kirchen und Klöster zu errichten, eine Struktur.

Ab dem 16. Jahrhundert wurde der Missionsgedanke von der Kirche mit politischen Interessen verknüpft und im Rahmen der Kolonialisierung fremder Völker und Kulturen praktiziert: Mit den europäischen Eroberern, die nach und nach die gesamte Welt von Nord- und Südamerika über Afrika bis Indien in Beschlag nahmen und die Bevölkerung unterdrückten und versklavten, kamen immer auch die Missionare der Kirche in die neuen Herrschaftsgebiete. Ihr Wirken wird heute kritisch betrachtet, denn sie schufen durch die Errichtung von Kirchen und christlichen Organisationen zwar Strukturen, die für die Versorgung der Menschen mit Gütern und Gesundheit wichtig waren, unterstützten dabei jedoch auch die ausbeuterischen Interessen der Kolonialmächte.

Heute lassen die Christen weitgehend von aktiver Missionierung ab. Sie versuchen vielmehr, andere durch ihr eigenes Beispiel und durch Nächstenliebe von ihrem Glauben zu überzeugen. Die Missionierung in Ländern der Dritten Welt besteht heute vorwiegend aus medizinischer und technischer Entwicklungshilfe, aus Fürsorge und Bildungsarbeit.

Und heute? Das Christentum in schwierigen Zeiten

Eigentlich kann man sich als Christ nicht beklagen. Es gibt jede Menge Gelegenheiten zum Feiern, starke, berührende Geschichten und dazu noch eine einmalig gute Botschaft: Der Glaube an Jesus schenkt ewiges Leben.

Dennoch verliert das Christentum in Deutschland zunehmend an Strahlkraft und Einfluss. Auch wenn die christlichen Feiertage und christlich-religiöses Brauchtum bei uns gesetzliche Feiertage sind, werden sie nicht mehr als solche begangen, und die Unkenntnis über den tieferen Sinn der Lebens- und Leidensgeschichte Jesu zieht weite Kreise. Dementsprechend beklagen die Kirchen seit Jahrzehnten rückgängige Mitgliederzahlen und leere Gotteshäuser. Obwohl sich in den letzten Jahren eine Trendwende abzeichnet, ist die Zahl der Aussteiger aus der Kirche nach wie vor größer als die der Einsteiger. Allerdings muss man feststellen, dass es sich hier um ein westeuropäisches Phänomen handelt, denn in weiten Teilen der

Welt, in Afrika, in Asien, in Lateinamerika, nimmt die Zahl der Christen nach wie vor und stetig zu.

Dass es in Deutschland immer weniger Interesse an der christlichen Religion gibt, hat viele Gründe: Einige Menschen lehnen sie schlichtweg ab und sind mit einem Leben ohne Gott sehr zufrieden. Andere, vor allem Menschen der Nachkriegsgeneration, sagen Nein zum Glauben, weil sie in ihrer Jugend schlechte Erfahrungen mit der Kirche gemacht haben oder weil sie die Rolle der Kirche, die etwa im Mittelalter vielfach von Gewalt und Unterdrückung geprägt war, nicht mit der christlichen Friedensbotschaft vereinen können. Die meisten Deutschen wenden sich jedoch deswegen von der Kirche und dem Chris-

---

Von wegen Rückkehr der Religion

In ihrem Alltag offenbaren sich die Deutschen als ziemlich gottloses Volk: Studien zufolge gehört nur noch jeder Zehnte zu den sogenannten »Traditions-Christen«, die an den Gott der Bibel glauben, auf die Kraft des Gebets vertrauen und sich der Kirche eng verbunden fühlen. Die große Mehrheit der Deutschen sucht ihr Heil nicht mehr länger bei Jesus Christus; für sie sind Familie, Freunde und persönliches Wohlergehen die wesentlichen Garanten des Glücks. Nur noch sechs Prozent der Jugendlichen geben an, stark religiös erzogen worden zu sein, wohingegen es bei den über 50-Jährigen dreimal so viele sind. Und nur noch 0,2 Prozent der Befragten gaben an, zur Lösung grundlegender Lebensfragen auf das Gebet zu vertrauen. Derzeit stehen Gespräche mit Freunden und in der Familie, die Gemeinschaft mit Gleichgesinnten, Ratgeberbücher, Filme und Literatur höher im Kurs als Rituale und religiös-spirituelle Übungen.

(Studie der Identity-Foundation)

tentum ab, weil sie sich nicht mehr mit dieser Religion identifizieren können: Die christliche Theologie erscheint ihnen allzu realitätsfern. Anders gesagt: Viele Deutsche halten den christlichen Glauben heutzutage für kompliziert, lebensfremd und vorbelastet.

Viele Menschen tun sich auch mit einzelnen Aspekten des christlichen Glaubens schwer, so zum Beispiel mit der Trinitätslehre der Kirche, der Vorstellung also, dass Gott eins ist und doch aus drei Teilen besteht: dem Vater, dem Sohn und dem Heiligen Geist. Wie kann Jesus gleichzeitig Gott und Mensch sein?, fragen sie sich. Und wie kann Gott, der doch allwissend, allmächtig und unsterblich ist, sich in einen leidenden, zweifelnden und sterblichen Menschen verwandeln? Vor allem: Wozu soll das gut sein? Macht das den Glauben an Gott nicht unnötig kompliziert?

Ein anderer Punkt, mit dem sich viele Menschen heute schwertun, ist der Glaube an Jesu Auferstehung, von der im Christentum so viel, wenn nicht sogar alles abhängt. Wie soll man als modern denkender, naturwissenschaftlich einigermaßen gebildeter Mensch daran glauben, dass ein Toter wieder zum Leben erwacht, ob er nun der Gottessohn ist oder nicht – wie soll man das guten Gewissens tun, wenn diese Auferstehung zumal durch nichts belegt ist als durch ein paar zerfallene Schriftstücke?

Doch damit ist die Liste der Schwierigkeiten noch nicht komplett – im Gegenteil: Selbst wenn man sich entschlösse, einfach blind an all die manchmal nur schwer verständlichen Lehren zu glauben, so wüsste man immer noch nicht, nach welchen Richtlinien man zu leben hätte, um ein guter Christ zu sein. Da die christliche Kirche keine Gesetzesreligion ist, kann sie ihren Mitgliedern neben Ritualen und Glaubenspflichten keine Gebrauchsanweisung für den »richtigen Glauben« an die Hand geben: Ein Christ muss weitestgehend mit sich selbst ausmachen, wie er seinen Glauben lebt, und damit ein hohes Maß an

Eigenverantwortung in die Religionsgemeinschaft einbringen. Vielleicht ist diese Unsicherheit ein weiterer Grund, warum der christliche Glaube immer mehr Anhänger verliert – viele Menschen sehnen sich in unserer unübersichtlichen und chaotischen Welt nach Regeln. Von einer Religion erwarten sie deshalb, dass sie ihnen klare Handlungsanweisungen gibt, um ein gottgefälliges, sinnvolles und zufriedenes Leben zu führen.

Andererseits, argumentieren die überzeugten Christen, ist es ein besonderes Verdienst des Christentums, in unserer modernen Welt im Dialog unermüdlich nach Ansätzen zu suchen, wie die grundlegenden Botschaften der Bibel auszulegen und damit lebbar seien. Diese Debatte ist eine immerwährende, bei der – weil sie von Menschen geführt wird – durchaus auch Fehler unterlaufen können.

2.4 Gott ist allmächtig – oder: Die klaren Glaubensregeln des Islam

Im Jahr 2006 brannten in vielen arabischen Ländern die dänischen Botschaften: Wütende Protestanten in Jakarta, Beirut und Damaskus hatten in ihren Landeshauptstädten die Gebäude der diplomatischen Vertretungen Dänemarks angezündet, hatten dänische Flaggen verbrannt und Sprechchöre gegen Dänemark angestimmt. In den Freitagsgebeten muslimischer Gemeinden, in arabischen Zeitschriften und auf den Internetseiten islamischer Verbände war dazu aufgerufen worden, gegen die Verunglimpfung des Propheten Mohammed durch die dänische Regierung zu protestieren.

Was war geschehen?

Die größte dänische Tageszeitung, der Jyllands-Posten, hatte wenige Monate zuvor zwölf Karikaturen des Propheten Mohammed veröffentlicht, die das Gesicht des Gesandten Allahs zeigten, was dem islamischen Bilderverbot zuwiderlief. Dass Mohammed in den einschlägigen Darstellungen zudem nicht gut wegkam, lag nicht nur an der typisch karikaturesken Überzeichnung seiner Gesichtszüge, sondern vor allem an den Bildaussagen der einzelnen Zeichnungen: Auf einer Karikatur war Mohammed zum Beispiel mit einer gezündeten Bombe im Turban zu sehen, auf einer anderen bei einer polizeilichen Gegenüberstellung in einer Reihe von Verbrechern – mit einem Heiligenschein über dem Kopf.

Zum Eklat kam es allerdings erst, nachdem zwei dänische Imame Monate später ein Dossier mit den zwölf im Jyllands-Posten veröffentlichten und weiteren Karikaturen, die teils obszön-beleidigenden Inhalts waren, in der arabischen Welt in Umlauf gebracht hatten. Die arabische Presse griff in ihrer Berichterstattung vor allem die neuen Karikaturen auf, die niemals in Dänemark veröffentlicht worden waren. Es kam zu weltweiten Protesten empörter Muslime, die mit gewalttätigen Auseinandersetzungen in Damaskus und anderen Hauptstädten der arabischen Welt einhergingen und Dutzende Menschen das Leben kosteten; bei den Künstlern, die die Karikaturen angefertigt hatten, gingen Morddrohungen ein, und sie mussten schließlich sogar untertauchen.

Inzwischen ist der Vorfall als »Karikaturenstreit« in die Zeitgeschichte eingegangen – und erlangte solch traurige Berühmtheit, dass der neu geschaffene Begriff auf Platz 3 bei der Wahl zum »Wort des Jahres« 2006 landete.

Hierzulande haben sich viele Menschen verständnislos gefragt, warum die muslimische Welt so viel Aufhebens um die

Karikaturen machte – die Mohammed-Zeichnungen wurden als Experiment oder als Dummer-Jungen-Streich gewertet, niemals jedoch als das, was sie für gläubige Muslime waren: Blasphemie. Mohammed ist nach islamischem Glauben nämlich der Gesandte Allahs und so heilig und einzigartig, dass er nicht bildlich dargestellt werden darf – und schon gar nicht als Witzfigur. Dementsprechend ist sein Gesicht auf Bildern, Wandgemälden und Illustrationen in der islamischen Welt auch nicht ausgemalt: Sein Antlitz ist ein blinder Fleck ohne Farbe. Und in Moscheen gibt es – im Gegensatz zu den meisten christlichen Kirchen, wo das Symbol des Christentums, das Kreuz, meist mit einer Jesusfigur geschmückt ist – überhaupt keine Bilder von ihm.

Der totale Schirk

Der Islam hat die Vorstellung des Judentums und des Christentums von einem einzigen unsichtbaren, dem menschlichen Zugriff entzogenen Gott aufgegriffen und weitergeführt. Die Muslime bezeugen in ihrem Glaubensbekenntnis, der

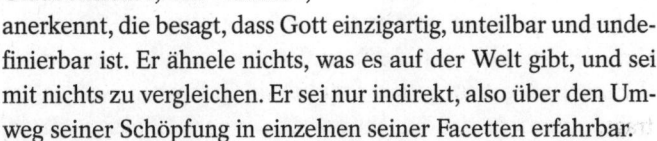

»schahada«: »Es gibt keinen Gott außer Gott, und Mohammed ist der Gesandte Gottes.« Durch dieses Bekenntnis drückt jeder Muslim aus, dass er die islamische Glaubenslehre, den »tauhid«,

anerkennt, die besagt, dass Gott einzigartig, unteilbar und undefinierbar ist. Er ähnele nichts, was es auf der Welt gibt, und sei mit nichts zu vergleichen. Er sei nur indirekt, also über den Umweg seiner Schöpfung in einzelnen seiner Facetten erfahrbar.

Wenn Muslime fünfmal täglich zum Gebet niederknien und rufen: »Allahu akbar!« – »Gott ist überaus groß« –, meinen sie damit, dass die Größe und Macht Allahs jenseits aller Vorstellungskraft, allen menschlichen Wissens und aller Beschreibungen liegt. Wer dennoch versucht, Gott oder seinen Propheten zu begreifen und darzustellen, zum Beispiel indem er ihn malt, begeht nach islamischem Glauben eine Todsünde, für die es keine Vergebung gibt. Diese Sünde nennen die Muslime »schirk«, was ursprünglich »Anteilnahme«, aber auch »Götzendienst« und »Vielgötterei« bedeutete. »Schirk« ist jede Art von Aussage, jede Handlung und damit auch jedes Kunstwerk, das versucht, Gott mit etwas zu assoziieren oder zu vergleichen. Denn durch einen Vergleich, glaubt der Islam, würde Gott auf ein menschliches Maß reduziert und für die menschliche Vorstellungskraft erfassbar gemacht, was ihn jedoch kleiner und unbedeutender machte, als er tatsächlich ist. Ihn auf ein Bild festzulegen, wäre kleinlich, beschränkt und blasphemisch. Und für seinen Verkünder Mohammed, der von Allah spricht, gilt dieselbe Einschränkung.

Die Karikaturen in der dänischen Tageszeitung, die Mohammed mal als Bombenleger, mal als Teufelchen mit goldenen Halbmonden zeigten, waren also für gläubige Muslime nicht nur unverschämt, sondern »schirk« und damit auch mehr als eine Provokation: Sie waren ein Stich ins Herz des muslimischen Glaubens.

Die vollkommene Hingabe

Weltweit wächst die Zahl der Muslime stark. Auch in Deutschland gibt es mittlerweile vermutlich weit über drei Millionen Muslime, von denen viele ihren Glauben selbstbewusst, engagiert und mit großer Selbstverständlichkeit leben.

Für einen Muslim besteht der Sinn seines Glaubens darin,

Die fünf Säulen des Islam

Die erste Säule des Islam ist das **Glaubensbekenntnis**, die »schahada«: »Es gibt keinen Gott außer Gott, und Mohammed ist der Gesandte Gottes.« Dieser Satz genügt, wenn er vor Zeugen gesprochen wird, um zum Islam übertreten zu dürfen. Neugeborenen wird die »schahada« ins Ohr geflüstert, Sterbende sollen ihn als letzten Satz ihres Lebens sprechen.

Das **rituelle Gebet**, das »salat«, markiert die zweite Säule des Islam. Es soll fünfmal am Tag verrichtet werden: vor Sonnenaufgang, mittags, nachmittags, bei Sonnenuntergang und spät am Abend. Das »salat« besteht aus genau vorgeschriebenen Bewegungen, die eine Abfolge von Verbeugungen darstellen, bei denen der Betende den Boden mit der Stirn berührt.

Die dritte Säule des Islam ist der **Fastenmonat Ramadan**: Einmal jährlich fasten Muslime einen Monat lang von Sonnenaufgang bis Sonnenuntergang. Dieser Verzicht dient der spirituellen Erneuerung und der Besinnung auf Gott.

Die **Armensteuer**, »zakat« genannt, ist die vierte Säule des Islam: Es handelt sich um eine freiwillige Abgabe für Arme, die einen bestimmten Prozentsatz des Jahreseinkommens eines Muslims ausmacht. Der Koran verpflichtet die Gläubigen, Armen und Bedürftigen zu helfen. Wenn Muslime anderen Menschen Almosen geben, verpflichtet sie ihr Glaube weiterhin, darauf zu achten, dass der Empfänger nicht in seinem Stolz verletzt oder in der Öffentlichkeit bloßgestellt wird. Es kommt daher nicht selten vor, dass sich der Gebende bedankt, und nicht umgekehrt, oder dass der Almosenempfänger behauptet, es handele sich bei der Gabe um die Begleichung einer alten Schuld. Meist werden die Spenden anonym oder durch einen Boten vermittelt.

Die **Pilgerfahrt nach Mekka**, im Arabischen ›hadsch‹ genannt, ist die fünfte und letzte Säule des Islam: Mindestens einmal im Leben muss ein gläubiger Muslim nach Mekka zur Kaaba pilgern und sie siebenmal im Uhrzeigersinn umrunden. Diese Pilgerfahrt nach Mekka gilt als Höhepunkt und religiöse Erfüllung im Leben eines Muslims. Die Pilgerreise sollte im Pilgermonat unternommen werden, wobei Frauen zu ihrem eigenen Schutz immer in Begleitung eines männlichen Verwandten reisen sollen, sagt Mohammed. Jahr für Jahr pilgern Millionen von Muslimen aus aller Welt nach Mekka. Nach der Anreise geht der Gläubige in den heiligen Bezirk der Kaaba, den Nichtmuslime nicht betreten dürfen, und legt das Pilgergewand an: Männer tragen zwei weiße Tücher und Sandalen, Frauen ebenfalls ein weißes Gewand und eine Kopfbedeckung. Nach dem siebenmaligen Umrunden der Kaaba und dem Berühren des schwarzen Steins müssen die Pilger siebenmal zwischen zwei Hügeln außerhalb von Mekka hin- und herlaufen, was sie daran erinnern soll, wie Hagar nach Wasser für Ismael suchte. Außerdem müssen sie einen Tag lang am Berg Arafat beten, der 15 Kilometer von Mekka entfernt liegt. Zum Schluss lassen sich die männlichen Pilger die Haare scheren. Frauen schneiden sich in der Regel nur eine Locke ab. Vor Antritt der Heimreise begibt man sich noch einmal nach Mekka zu einer letzten Umrundung der Kaaba. Nach Abschluss der Pilgerreise dürfen sich die Männer die Ehrenbezeichnung »hadsch«, die Frauen den Titel »hadscha« geben.

sich Allahs Willen in friedlicher Hingabe zu unterwerfen. Dafür, wie diese Hingabe auszusehen hat, gibt es klare Regeln bzw. Glaubenspflichten, fünf an der Zahl: Diese Pflichten werden die fünf Säulen des Islam genannt, die der Prophet Mohammed seine Anhänger einst in Medina auswendig lernen ließ.

Zu diesen fünf zentralen Glaubensregeln kommen noch die beiden Verbote, Alkohol zu trinken und Schweinefleisch zu essen – damit ist das Glaubensgerüst des Islam komplettiert.

Der Islam liefert den Gläubigen somit klare Regeln, die auf einen Zettel passen, und dazu die klar verständliche Botschaft, dass es neben Allah keinen anderen Gott gebe und alles, was einem Muslim im Laufe seines Lebens widerfahre, Allahs Wille und damit vorherbestimmt sei. Für alle weiteren Fragen wird auf den Koran verwiesen, dessen Suren der Ausgangspunkt für die islamische Theologie und damit auch für das Verständnis des praktischen Lebens der Muslime sind.

In der Strenge der einfachen Regeln liegt für Muslime, die in einer modernen, westlichen Gesellschaft leben, jedoch auch die Schwierigkeit ihrer Umsetzung: Ein Glas Alkohol mit Freunden zu verweigern oder während des Ramadan keine gesellschaftlichen Verpflichtungen wahrzunehmen, gestaltet sich in einer Umwelt als schwierig, die in der Mehrheit nicht islamisch sozialisiert ist. Und wer im Supermarkt an der Kasse arbeitet, als Geschäftsmann unterwegs ist, Kinder zur Schule, zum Sport oder zu Freunden bringen und wieder abholen muss, kann nur schwerlich alle fünf täglichen Gebete zu den vorgeschriebenen Zeiten vollziehen, wie der Gebetsplan einer Berliner Moschee für die ersten 10 Tage des Monats Mai im Jahr 2007 zeigt:

Datum	Morgen-gebet	Sonnen-aufgang	Mittags-gebet	Nachmit-tagsgebet	Abend-gebet	Nacht-gebet
01	03:45	05:33	13:05	17:08	20:35	22:15
02	03:42	05:31	13:04	17:09	20:36	22:17
03	03:40	05:29	13:04	17:10	20:38	22:19
04	03:38	05:27	13:04	17:10	20:40	22:21
05	03:35	05:25	13:04	17:11	20:41	22:24

Datum	Morgen-gebet	Sonnen-aufgang	Mittags-gebet	Nachmit-tagsgebet	Abend-gebet	Nacht-gebet
06	03:33	05:23	13:04	17:12	20:43	22:26
07	03:31	05:22	13:04	17:12	20:45	22:28
08	03:28	05:20	13:04	17:13	20:46	22:30
09	03:26	05:18	13:04	17:14	20:48	22:32
10	03:24	05:16	13:04	17:14	20:50	22:34

In einer vom Christentum geprägten Gesellschaft, die sich weder in Bezug auf die Arbeitszeiten noch auf die muslimischen Feiertage nach dem Islam richtet, ist die Ausübung der rituellen Handlungen eine Herausforderung; oft steht sie sogar im Widerspruch zu den Anforderungen der westlichen Gesellschaftsstruktur.

Der Islam in Deutschland ist beileibe kein monolithischer Block von Gläubigen, es gibt vielmehr eine Vielzahl verschiedener islamischer Glaubensrichtungen, deren Bandbreite von der strenggläubigen bis zur säkularisierten Form der Religionsausübung reicht. Deshalb gestaltet es sich auch als schwierig, einen Vertreter des Islams in Deutschland zu benennen, der von allen Glaubensgruppen anerkannt wird und der im Namen aller sprechen kann. Diejenigen religiösen Führer und Gelehrten, die durch die Medien bekannt wurden, sprechen immer nur für Teilgemeinschaften. Eine allgemeine, von allen muslimischen Glaubensgemeinschaften anerkannte religiöse Autorität gibt es nicht.

Wo bitte schön ist Mekka?
Die muslimischen Gebetsregeln sind so alt wie der Islam. Dass es eines Tages schwierig werden könnte, die Position von Mekka zu bestimmen, ahnte vor 1500 Jahren nie-

mand. Vor diesem Problem und einer ganzen Reihe weiterer stand jedoch der muslimische Raumfahrer, den Malaysia 2007 mit den Russen zur Raumstation ISS schicken wollte: Wie sollte er sich gen Mekka verneigen, wenn sich die Richtung des heiligen Ortes bei einer Raketengeschwindigkeit von über 28 000 km pro Stunde ständig änderte? Außerdem musste er theoretisch achtzigmal pro Tag beten – da die fünf Gebetstermine sich nach dem Lauf der Sonne richten und die ISS pro Tag sechzehn Erdumrundungen absolvierte. Und wie sollte er sich angesichts der Schwerelosigkeit im All vor dem Gebet rituell waschen, wie den Gebetsteppich ausrollen?

Die malaysische Regierung stellte daraufhin eine Expertengruppe zusammen, die für dieses spezielle Problem Lösungen entwickeln sollte, und bat den islamischen All-Botschafter um die Zusammenstellung eines Regelbüchleins, das für alle Muslime im Weltraum verbindlich wurde.

Da dieses Problem der Ortsbestimmung gläubigen Muslimen jedoch nicht nur im Weltall, sondern auch im Flugzeug zusetzt, wurde in Dubai ein Handy entwickelt, das dem frommen Moslem die Gebetszeiten anzeigt und mittels eines GPS-Systems auch seinen jeweiligen Standort. Wie allerdings das Problem gelöst werden soll, dass Fluggäste an Bord ihre elektronischen Geräte ausschalten sollen, muss noch geklärt werden.

2.5 Die Unverfügbarkeit Gottes

Ein sorgfältiger Vergleich der drei großen monotheistischen Religionen zeigt, dass sie, was die religiösen Praktiken anbetrifft, in ihrer Ausgestaltung und Intensität zwar verschieden, von der Grundidee her jedoch recht ähnlich sind. Die beiden Leitgedanken bei der Gottesverehrung – Verzicht auf die Anbetung anderer Götter und Heiligung des Lebens durch religiöse Rituale – finden sich sowohl im Judentum als auch im Christentum und im Islam. Auch die Überzeugung, dass Gott unvergleichlich ist, gilt für alle monotheistischen Religionen.

Als ein die drei monotheistischen Religionen einendes Moment ist auch die Herausforderung zu verstehen, die sich aus dem Glauben an einen ewigen, allmächtigen Gott ergibt: nämlich, sich einem höheren Willen unterzuordnen, den man nicht durchschauen kann. Das Alte Testament zeichnet Gott als scheuen Gott, der es konsequent vermied, sich dem jüdischen Volk von Angesicht zu Angesicht zu zeigen. Um seine Präsenz sichtbar zu machen, arbeitete er mit Zeichen – mit brennenden Dornbüschen, Wolken- oder Flammensäulen. Dass diese Verhüllungstaktik keine Koketterie, sondern für Gott eine Grundbedingung des ewigen Bundes zwischen ihm und den Juden darstellte, untermauerte er im zweiten der Zehn Gebote, die auch für das Christentum bindend sind: »Du sollst dir kein Bildnis machen.« Zum Bilderverbot gehörte für Gott nicht nur das Verbot, ihn betrachten zu wollen, sondern auch das grundsätzliche Verbot, ihn zu malen oder ihn in Figuren und Skulpturen darzustellen. Diese Vorschrift kennt, die wir gesehen haben, auch der Islam und weitet sie sogar auf seinen Propheten und Religionsstifter aus.

Zu der Schwierigkeit, dass sich die Gläubigen der monotheistischen Religionen ihren Gott nur schwer vorstellen können, kommt noch hinzu, dass Gott sich im Alten Testament als strafender Gott darstellt, als eine rachgierige, eifersüchtige Macht, die vor Gewalt als Mittel der Bestrafung nicht zurückschreckt. Wie kann man einem solchen Gott als vernünftiger Mensch vertrauen und bedingungslos an ihn glauben?, könnte man sich fragen. Ist das nicht kurzsichtig oder gar gefährlich und verantwortungslos?

Theodizee

Die Lehre von der Rechtfertigung Gottes, Theodizee genannt, beschäftigt sich mit der Frage, ob und wie ein allmächtiger, allwissender, gerechter und gütiger Gott mit der Existenz des Bösen, des Leids oder des Übels auf Erden vereinbar ist. Sie ist eine der ältesten Fragen der Religionsgeschichte und wurde von vielen großen Theologen und Philosophen behandelt. Bereits vor 2000 Jahren formulierte Rabbi Janai in der Mischna, dem Hauptwerk der jüdischen Ethik: »Es ist uns nicht gegeben zu wissen, warum Frevler in Wohlergehen und Gerechte in Leiden leben.« (Mischna Kap. VI, Vers 19)

Es gibt eine Vielzahl von möglichen Antworten, die letztlich jedoch alle unbefriedigend sind, weil sie entweder Gott in einer seiner göttlichen Eigenschaften beschneiden, ihm also entweder seine Allwissenheit, seine Allmächtigkeit, seine Güte, seine Gerechtigkeit oder seine Barmherzigkeit absprechen, oder den Menschen mit nichts zurücklassen als der Einsicht, dass Gottes Wille unergründlich und für den menschlichen Verstand nicht zu begreifen ist.

Dennoch haben alle monotheistischen Religionen versucht, eine Antwort auf das Theodizee-Problem zu formulieren. Und sie beziehen sich dabei auf die Weisheiten ihrer großen Lehrer: Jesus lehrte durch sein Beispiel, dass man im Leid wachsen und reifen kann, dass man dabei sein

Vertrauen auf Gott jedoch nicht verlieren darf. Muslime sehen es ähnlich. Sie sagen: »Allah legt keiner Seele eine Last auf, die sie nicht tragen kann.« Für viele Juden ist es spätestens nach dem Holocaust ungleich schwieriger, das Theodizee-Problem zu lösen. Manche von ihnen begreifen den Mord an ihrem Volk als Strafe dafür, dass die Juden Gottes Gesetze nicht gut oder nicht gut genug eingehalten hatten. Andere mutmaßen, dass der Holocaust eine Art Opfer gewesen sei, das Gott dem jüdischen Volk auferlegt habe, damit sie mit der Gründung Israels zurück in ihre ewige Heimat kommen könnten. Es gibt allerdings auch Juden, die nach dem Holocaust zu der Ansicht gelangten, dass ihr Gott ein maßloser, ungerechter, unbarmherziger Gott sei, weshalb sie ihm ihren Gehorsam aufkündigten.

Eine Wandlung des Gottesbegriffs trat zunächst mit dem Christentum in die Welt: Gott wurde vermenschlicht und wandelte sich, indem er seinen Sohn für die Erlösung der Menschen opferte, zu einem bedingungslos liebenden Gott, der die Menschen annimmt, wie sie sind. Mit Jesu Tod und Auferstehung ist für Christen allein ihr innerer Glaube und ihre Bereitschaft zur aktiven Nächstenliebe wichtig für ihre Beziehung zu Gott. Sie brauchen sich nicht mehr an Hunderte von Gesetzen zu halten, Gott verlangt keine Opfer mehr von ihnen oder dass sie zu geregelten Tageszeiten beten – es sei denn, sie wollen es tatsächlich.

Wenn Gott die Menschen aber wirklich liebt, muss man sich als Christ fragen, wie konnte er dann all das Leid zulassen, das den Juden widerfahren ist? Wie kann er all die Völkermorde zulassen, von denen wir in den Nachrichten hören, die Naturkatastrophen oder den Tod Unschuldiger? Weshalb lässt er zu, dass selbst solche Menschen, die von ganzem Herzen an ihn glauben, schwere Schicksalsschläge und Krankheiten heimsuchen?

Diese Frage, die sich auch viele gläubige Menschen stellen, schafft letztlich das Problem, wie die Existenz eines allmächtigen, gütigen und gerechten Gottes mit der Existenz des Bösen oder des Übels auf Erden vereinbar sein kann. Sie wird auch das Theodizee-Problem genannt.

2.6 Glauben braucht Form – oder: Warum alle Religionen Regeln, Rituale und Feste kennen

Die Götter der monotheistischen Religionen haben ihren Gläubigen eine Vielzahl von Regeln an die Hand gegeben, die nicht nur der Beziehung des Einzelnen zu Gott Form geben sollen, sondern auch das gemeinsame Leben der Glaubensgemeinschaften organisieren.

Das gemeinsame Leben von Religion in Gemeinden ist für Religion unverzichtbar und wurzelt im Alltag der Menschen: Gemeinsam suchen die Gläubigen nach angemessenen Formen, um ihren Gott zu ehren. Geistliche Oberhäupter – Rabbiner, Priester oder Imame – legen ihnen die Gebote und göttlichen Botschaften aus und versuchen sie der jeweiligen Situation oder Zeit anzupassen.

Angesichts des Alters der Religionen muss es auf den ersten Blick verwundern, wie viele überlieferte Gedanken und Bräuche geblieben sind. Andererseits ist es weder die Aufgabe noch das Anliegen von Religion, mit der neuen Zeit Schritt zu halten oder gar mit der Mode gehen zu wollen. Gerade die alten Regeln und Rituale sind für viele Gläubige die angemessene Form, das Göttliche erfahrbar zu machen; nüchtern gesagt liefern die alten Rituale Orientierungspunkte für das alltägliche Leben der Gläubigen und schaffen Eindeutigkeit. Deshalb haben die teilweise recht umfassenden Regelkataloge im Judentum, im Islam und im Christentum bis heute unverändert Bestand. Die zentralen, alle drei monotheistische Religionen einenden Disziplinen der Religionsausübung sind das Beten, bestimmte Speiseregeln und das Fasten.

Beten

Die Königsdisziplin der religiösen Praxis und wichtigstes Element der Gottesverehrung ist für das Judentum wie das Christentum und den Islam das Gebet, das es den Gläubigen ermöglicht, in einen Dialog mit Gott zu treten und sich ihm nahe fühlen zu können. Die Formen des Betens können dabei in jeder Religion sehr unterschiedlich sein: Alle monotheistischen Religionen kennen sowohl ritualisierte Formen des Gebets, etwa im Rahmen eines Gottesdienstes, als auch die ganz persönliche, informelle Hinwendung zu Gott oder einem seiner Fürsprecher.

Islam

Das muslimische Gebet, das Rezitationen aus dem Koran beinhaltet, gehört zu den obersten Glaubenspflichten volljähriger frommer Muslime. Es muss rituell fünfmal täglich zu vorgegebenen Uhrzeiten verrichtet werden, wobei der Gebetsritus auch eine Waschung des Körpers vor dem Beten und einen ausgefeilten Bewegungsablauf und eine Gebetsrichtung – nach Mekka hin – beinhaltet.

Idealerweise werden die Gebete zusammen mit anderen Gläubigen in der Moschee verrichtet. Außer am Freitag, an dem eine Predigt gehalten wird, können die Gebete aber auch an jedem anderen Ort verrichtet werden. Dann wird die Moschee durch einen Gebetsteppich ersetzt, den der Betende in Richtung Mekka ausrollt und auf dem er seine Gebete vollzieht.

Frauen beten meist zu Hause oder in einem abgetrennten Bereich der Moschee. Dies wird damit begründet, dass Frauen und Männer einander nicht ablenken sollen.

Wer krank oder auf Reisen ist und daher die Gebete nicht ausführen kann, darf sie entweder verkürzen, sie zu einem späteren Zeitpunkt nachholen oder nur im Geiste ausführen.

Judentum

Die drei rituellen Gebete, die jeder Jude täglich verrichten soll, sollen dem Beter in Erinnerung rufen, dass das Judentum eine Religion der Tat ist. Deshalb beten Juden auch im Stehen. Beim Gebet bedecken orthodoxe Juden ihren Kopf mit einer Kippa, wobei sich dieser Brauch erst in der Neuzeit entwickelt hat – ursprünglich gab es weder in der Thora noch in ihrer Auslegung, dem Talmud, das Gebot, beim Beten den Kopf zu bedecken. Orthodoxe Juden legen vor dem Gebet außerdem einen Gebetsmantel und Gebetsriemen an, die sie sich um die Arme schlingen und an ihrer Stirn befestigen. Diese sogenannten »Tefillin« bestehen aus ledernen Riemen, an denen würfelförmige Gebetskapseln befestigt sind. In diesen kleinen Lederbehältnissen sind Pergamentrollen aufbewahrt, auf denen ausgewählte Thora-Texte, darunter auch das »Schma Israel«, geschrieben sind.

Hintergrund des Tragens von Tefillin ist das Gebot Gottes, dass die Gläubigen seine Worte in ihr Herz und ihre Seele schreiben sollen: »Ihr sollt sie als Zeichen um das Handgelenk binden«, sagt Gott seinem Volk, »und sie sollen zum Schmuck auf eurer Stirn werden« (5. Mose 6,8).

Christentum

Bei Christen ist die Form des Gebets weniger ritualisiert als im Judentum oder dem Islam: Christen kennen beim Beten weder einheitliche Körperhaltungen noch feste Gebetszeiten. Sie glauben, dass sie sich im Akt des Betens direkt und informell an ihren Gott wenden dürfen mit ihren Sorgen, Wünschen und Sehnsüchten. In der Beziehung der Christen zu ihrem Gott, die im Gebet zum Ausdruck kommt, geht es daher weniger um Unterwerfung oder Bekenntnisse, sondern um Liebe und Vertrauen sowie um das Gefühl, von Gott so angenommen zu werden, wie man ist. In dieser engen und vertrauensvollen Beziehung des Menschen zu Gott, wie sie das Christentum definiert, ist die Formensprache daher nebensächlich.

Natürlich gibt es rituelle, überkonfessionell gesprochene Gebete wie das Vaterunser oder Kirchenlieder. Sie sind Ausdruck der Gemeinschaft der Gläubigen, und ihre Form in den verschiedenen christlichen Konfessionen und Gemeinschaften fällt unterschiedlich aus: Die Katholiken sprechen viele Gebete im Knien, Protestanten lehnen das Knien ab und beten stehend. Grundsätzlich gilt jedoch: Jeder kann beten, wie und in welcher Haltung er will – in der festen Gewissheit, dass Gott seine Gebete hört oder sogar erhört.

Speiseregeln

Essen ist in vielen Religionen etwas Heiliges. Das kommt daher, dass die Menschen lange Zeit der Überzeugung waren, dass die Nahrung, die der Mensch zu sich nimmt, eine Gabe Gottes sei und dass sie deshalb mit besonderem Bedacht verzehrt werden müsse. Daher existiert in jeder Religion ein bestimmter Ritus, die Speisen vor dem Verzehr zu segnen und Gott für die Mahlzeit zu danken.

Der Bedacht, mit dem Nahrung als Gottesgeschenk interpretiert wird, erstreckt sich im Judentum und im Islam auch auf religiös begründete Speiseregeln. Das Christentum kennt diese Verbote weniger.

Judentum – Alles koscher?

Gott hat den Juden sehr genaue Anweisungen dazu gegeben, welche Speisen sie essen dürfen und wie sie ihr Essen zubereiten müssen. Juden teilen daher alle Nahrungsmittel in »koscher« und »trefe« ein: »Koscher« bedeutet im Hebräischen »rein« oder »tauglich« im Sinne der Thora und im Gegensatz zu »trefe«, dem Begriff zur Kennzeichnung »unreiner« Speisen. Damit eine Speise koscher ist, muss sie zum einen aus koscheren Nahrungsmitteln bestehen und zum anderen auf die richtige, die koschere Weise zubereitet sein.

Da pflanzliche Lebensmittel meist als koscher gelten, ernähren Juden sich bevorzugt vegetarisch, wenn Unsicherheiten darüber bestehen, ob ein Gericht möglicherweise trefe ist. Denn beim Fleischverzehr gibt es besondere Regeln, sowohl in Bezug darauf, welche

Tiere gegessen werden dürfen, als auch darauf, wie das Fleisch zubereitet sein muss: Juden dürfen nur Fleisch von Tieren essen, die sowohl Paarhufer als auch Wiederkäuer sind – Schafe, Rinder, Ziegen und Hirsche beispielsweise. Schweine- oder Hasenfleisch hingegen gilt als trefe. Auch für den Konsum von Vögeln und Fisch gibt es entsprechende Regelungen: Vogelfleisch gilt grundsätzlich als koscher, solange es sich nicht um Fleisch von Raubvögeln handelt. Bei Fischen ist die Regelung etwas komplizierter: Nur das Fleisch von Fischen, die Schuppen und Flossen haben, ist erlaubt. Krebse, Muscheln, Aale oder große Fische wie Seeteufel sind damit verboten.

Fleisch der zum Verzehr erlaubten Tiere ist jedoch erst dann koscher, wenn die Tiere entsprechend getötet wurden. Dies geschieht durch das Schächten: Dem Tier werden mit einem scharfen Messer die Halsschlagadern und die Luftröhre durchgetrennt. Die Schlachtung muss ohne Betäubung stattfinden, weil das Tier nur so komplett ausbluten kann, was deshalb wichtig ist, weil ein gläubiger Jude kein Blut zu sich nehmen darf. Das Blut ist nach jüdischem Glauben nämlich der Sitz der Seele, die eines Tages wiederaufersteht.

Da es für einen Juden etwas Schwerwiegendes ist, ein Tier zu töten, dürfen nur speziell dazu ausgebildete Metzger, »Schochet« genannt, Schlachtungen vornehmen.

Schließlich gilt es noch Besonderheiten bei der Zubereitung des Fleisches zu beachten: Da es verboten ist, Milchprodukte – etwa Butter, Joghurt oder Käse – mit Fleisch zuzubereiten oder »Milchiges« und »Fleischiges« zusammen zu essen, besitzen orthodoxe Juden jeweils entsprechend getrenntes Ess- und Kochgeschirr, teilweise sogar getrennte Kühlschränke, Herde und Geschirrspülmaschinen.

Aus dem Verbot des Vermischens von »Milchigem« mit »Fleischigem« ergibt sich weiterhin, dass bestimmte Speisen oder Speisefolgen selbst dann verboten sind, wenn das Fleisch von koscheren und geschächteten Tieren stammt – eine Lasagne oder ein Cheeseburger, die aus Fleisch und Käse bestehen, sind ebenso »trefe« wie Vanilleeis zum Dessert, wenn es als Hauptgang einen Hirschbraten gab. Nach dem Verzehr von Fleisch darf ein gläubiger Jude sechs Stunden lang keine Milchspeisen zu sich nehmen – nach dem Verzehr von »Milchigem« besteht allerdings nur eine halbe Stunde Wartezeit, bis Fleisch konsumiert werden darf.

Islam – nicht alles ist halal

Die Speisevorschriften des Islams sind im Koran und der Sunna geregelt. Grundsätzlich gilt, dass alle Nahrungsmittel verzehrt werden dürfen, die nicht auf der Liste der verbotenen Speisen und Getränke stehen. Der Islam bezeichnet diese Speisen als »halal«, also als »rein« oder »erlaubt«.

Untersagt ist den gläubigen Muslimen beispielsweise der Verzehr von Tieren, die selbst Fleischfresser sind – also Schweine-, Hunde- und Katzenfleisch –, sowie der Verzehr von Tieren, die verendet und nicht geschlachtet sind.

Was die Schlachtungsmethode anbetrifft, so gelten für strenggläubige Muslime dieselben Regeln wie für orthodoxe Juden: Weil auch im Islam der Genuss von Blut strengstens untersagt ist, müssen die Tiere geschächtet werden, um als »rein« zu gelten. Koscheres Fleisch ist immer auch »halal« – umgekehrt gilt diese Regelung jedoch nicht, da im Islam einige Tierarten zum Verzehr erlaubt sind, die nach jüdischem Glauben als »trefe« gelten. Und weil ein muslimischer Schächter in Gegensatz zu einem jüdischen keine spezielle Ausbildung hat.

Schächten – eine grausame Schlachtungsmethode?

In Deutschland ist es verboten, Tiere zu schächten, da es gegen das Tierschutzgesetz verstößt, Schlachttiere vor der Schlachtung nicht zu betäuben. Juden besitzen allerdings eine Ausnahmegenehmigung. In dem entsprechenden Urteil wurde die Freiheit der Religion für wichtiger erachtet als der Schutz des Tieres. Muslime besaßen diese Ausnahmegenehmigung bis zu einem Grundsatzurteil des Bundesverfassungsgerichts aus dem Jahr 2003 jedoch nicht.

Die Erlaubnis zum Schächten führte immer wieder zu Protesten von Tierschützern, wenn Muslime ihr jährliches Opferfest feiern und eine große Anzahl von Schafen von muslimischen Schlachtern geschächtet wird. Zu diesem Fest soll jede muslimische Familie Allah einen Widder opfern, diesen gemeinsam verspeisen und auch den Armen davon zu essen geben. Sie gedenken damit der Beinahe-Opferung von Ismael durch Abraham. Nach islamischer Überlieferung sollte nämlich nicht Isaak, sondern Ismael geopfert werden.

Gegen die Anschuldigungen der Tierschützer, das Schächten sei eine grausame und archaische Schlachtungsmethode, setzen Juden und Muslime, dass das Schächten im Gegenteil die humanste Methode sei, ein Tier zu töten. Denn das Tier verspüre keinen Schmerz, würde mit Respekt behandelt und sterbe einen vergleichsweise würdevollen Tod.

Außerdem, sagen Vertreter des Islam und des Judentums, sei es wesentlich grausamer, die Schlachttiere eines nach dem anderen per Elektroschock oder Schlagbolzen industriell zu töten, nachdem die Herde zunächst umhergescheucht und dann in Massentransporten quer durch Europa kutschiert worden sei, so dass das zum Verzehr fertige Fleisch voller Stresshormone sei. Sie gehen sogar so weit, den Kritikern des Schächtens vorzuwerfen, dass sie mit der Frage, ob ein Tier vor dem Schlachten betäubt werden müsse, von dem Problem ablenken, dass wesentliche Qualitätsstandards im Umgang mit Schlachttieren in industriellen Schlachtbetrieben oft nicht eingehalten werden. Die Realitäten unserer Massentierhaltung, Tiertransporte und Massenschlachtungen geben ihnen hier sicher nicht ganz Unrecht.

Dass das Schächten kein barbarischer Akt ist, wird daran deutlich, dass sowohl der jüdische Schochet als auch der muslimische Schlachter dazu angehalten werden, sich immer wieder bewusst zu machen, dass den Tieren jedes unnötige Leid erspart werden müsse. Denn schon der Prophet Mohammed sagte: »Wenn ihr schlachtet, dann schlachtet auf die beste Weise und schärft das Messer und erspart dem Schlachttier unnötiges Leid.«

Fasten

Traditionell dient das Fasten der Reinigung der Seele und der Buße für begangene Sünden. Selbst bei den Menschen, die sich mit ihrer Religion nicht mehr ver-

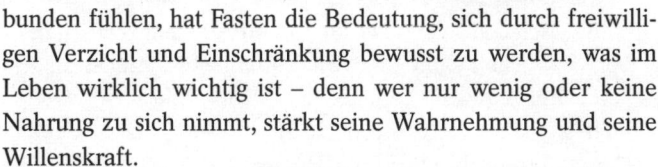

bunden fühlen, hat Fasten die Bedeutung, sich durch freiwilligen Verzicht und Einschränkung bewusst zu werden, was im Leben wirklich wichtig ist – denn wer nur wenig oder keine Nahrung zu sich nimmt, stärkt seine Wahrnehmung und seine Willenskraft.

Die Erfinder des religiösen Fastens sind weder Christen noch Muslime, sondern die Juden. In biblischen Zeiten fasteten Juden zweimal die Woche, mittlerweile nur noch einmal im Jahr: Am wichtigsten jüdischen Feiertag, dem Versöhnungstag »Jom

Kippur«, nehmen sie vierundzwanzig Stunden lang weder Nahrung noch Flüssigkeit zu sich.

Der Islam schreibt seinen Anhängern im Fastenmonat Ramadan eine vierwöchige Zeit des Verzichts vor: Während dieser Zeit nehmen Muslime tagsüber weder Nahrung noch Wasser zu sich, sie dürfen sich auch nicht an Wohlgerüchen erfreuen, nicht rauchen und keinen Sex haben. Erst nach Sonnenuntergang, wenn man einen schwarzen nicht mehr von einem weißen Faden unterscheiden kann, wie es in der zweiten Sure im 187. Vers heißt, wird das Fasten unterbrochen, was Muslime mit dem Iftar-Essen feiern.

Christen fasten traditionell vor Ostern. Heutzutage gibt es dafür keine festen Regeln mehr, es hat sich jedoch eingebürgert, dass Christen in der Fastenzeit auf Dinge verzichten, die sie besonders gern haben, oder auf Tätigkeiten, die ihnen be-

---

7 Wochen Ohne

»7 Wochen Ohne« heißt die jährliche Fastenaktion der Evangelischen Kirche in Deutschland. Ziel ist die bewusste Gestaltung der Vor-Osterzeit. 1983 beschloss eine Gruppe von Journalisten und Theologen nach einer ausgiebigen Kneipenrunde, sieben Wochen lang, nämlich von Aschermittwoch bis Ostern, keinen Alkohol zu trinken und ein bewussteres Leben zu führen.

Inzwischen machen Jahr für Jahr immer mehr Menschen bei »7 Wochen Ohne« mit. Sie lassen den Fernseher ausgeschaltet, entdecken das Radio wieder, fahren weniger oder gar nicht Auto, schreiben Briefe statt E-Mails oder führen Tagebuch. Die Idee dahinter: zur Ruhe kommen, Kräfte bündeln, Platz schaffen für Veränderungen und durch den Konsumverzicht Solidarität mit Benachteiligten zeigen.

---

sonders viel Spaß machen. Manche verzichten auf Süßigkeiten, andere auf Fernsehen, wieder andere auf Alkohol oder Fleisch.

In letzter Zeit entdecken auch viele Menschen in Deutschland, die sich entweder gar nicht auf die christliche Religion beziehen oder damit nur entfernt zu tun haben, den Sinn des Fastens neu für sich und nutzen die Fastenzeit zu einer Kur für Körper und Seele, um ihr Leben grundsätzlich zu überdenken.

Die Feste

In allen drei monotheistischen Religionen gibt es Ereignisse, die mit dem Leben ihrer Religionsstifter oder mit wichtigen religionsgeschichtlichen Ereignissen in engem Zusammenhang stehen. Den Geburtstag ihrer Propheten feiern die Gläubigen sowohl im Islam als auch im Christentum und verbinden mit diesen Feierlichkeiten immer auch ein bestimmtes Brauchtum. Auch das Judentum kennt rituelle Feste, die den Jahresrhythmus bestimmen und sowohl im Familienkreis als auch innerhalb der Glaubensgemeinschaft feierlich begangen werden.

Judentum

Die jüdischen Feste sind Feste der Erinnerung und stehen alle im Zusammenhang mit der komplizierten Geschichte des Volkes Israel. Da die Geschichte der Flucht des jüdischen Volkes aus der ägyptischen Gefangenschaft, der Marsch durch die Wüste, die Übereinkunft am Berg Sinai und die Entdeckung Kanaans für die Juden so etwas wie der Gründungsmythos ihrer Entstehung als Volk und als Religion ist, sind gleich drei wichtige Feste des Jahreskreises mit diesen Ereignissen verknüpft: Sukkot, Pessach und Schawuot. Im jüdischen Jahreskreis reihen sich die wichtigsten Festtage wie folgt:

Jom Kippur

Jom Kippur ist der wichtigste Feiertag des Judentums, der die Versöhnung des Einzelnen mit Gott symbolisiert. Damit sie möglich ist, muss der Gläubige alle Zwistigkeiten in seinem Leben bereinigt haben und sich mit denjenigen Menschen aussöhnen, mit denen er im Streit liegt.

Den Versöhnungstag verbringen fromme Juden fast vollständig in der Synagoge. Sie beten, bereuen und bekennen ihre Sünden.

Um am Ende des Tages wirklich frei vor ihren Gott zu treten, sollen die Juden an Jom Kippur alle alltäglichen Verrichtungen unterlassen – Essen und Trinken ebenso wie das Waschen oder Schminken.

Sukkot

Der Name des einwöchigen Sukkot-Festes leitet sich von dem hebräischen Wort »sukka« – »Laubhütte« – ab, weshalb es in Deutschland auch als »Laubhüttenfest« bekannt ist. Die Gläubigen erinnern sich zu Sukkot an die vierzigjährige Wanderung des jüdischen Volks von Ägypten durch die Wüste in das »Gelobte Land«. Während dieser Zeit wohnten die Juden in provisorischen Zelten oder Hütten, die sie sich immer wieder neu aus Palmzweigen erbauten. Aus diesem Grund sollen alle Juden zum Gedenken daran jedes Jahr eine Woche lang wieder in einer selbst errichteten Laubhütte aus Brettern, Ästen, Laub und Tüchern leben. Deshalb stehen in vielen Synagogen symbolische Laubhütten, in denen sich die Juden abends treffen, beten und feiern.

Chanukka

Chanukka ist das acht Tage dauernde jüdische Lichterfest. Es erinnert an die Wiedereinweihung des zweiten jüdischen Tempels in Jerusalem, nachdem er von Feinden erobert und entweiht worden war. 164 v.Chr. gelang es den Juden, Jerusalem und damit auch seinen Tempel zurückzuerobern, den in ihrem Heiligtum errichteten heidnischen Altar zu beseitigen und den traditionellen Tempeldienst wieder einzuführen.

Zur Wiedereinweihung des Tempels musste nach jüdischem Brauch acht Tage lang ein besonderes Licht im Tempel brennen, dessen Flamme mit kostbarem, geweihtem Öl gespeist wurde. Von diesem Öl hatten die Juden jedoch nur noch einen kleinen Rest und fürchteten daher, die feierliche Wiedereinweihung nicht durchführen zu können. Durch ein Wunder reichte dieser Rest jedoch, um das Licht volle acht Tage lang brennen zu lassen.

Das Weihnukka-Problem

Chanukka und das ungefähr zur gleichen Zeit stattfindende christliche Weihnachten haben sich über die Jahrhunderte gegenseitig beeinflusst und zu einer Annäherung der Festbräuche geführt. Da die Juden über Jahrhunderte lange Zeit in christlich geprägten Ländern lebten, haben sie viele Weihnachtsbräuche übernommen, unter anderem die Weihnachtsdekorationen und den Brauch, sich zu beschenken. Oftmals wird an jedem der acht Tage ein Geschenk ausgepackt, so, wie die christlichen Kinder in der Adventszeit täglich ein Türchen ihres Adventskalenders öffnen dürfen.

Strenggläubige Juden sehen diese Vermischung der Bräuche kritisch und fürchten um die ursprüngliche Bedeutung des Festes – die Erinnerung an die Wiedereinweihung des Tempels und die Feier des göttlichen Lichts.

An die Entzündung des Tempellichts und die achttägige Wiedereinweihungszeremonie erinnern die neunarmigen Chanukka-Kerzenleuchter: An jedem der acht Festtage wird jeweils eine Kerze mehr entzündet, bis am Ende alle acht Kerzen leuchten. Das Licht für das Entzünden speist sich aus dem neunten Kerzenarm. Die Chanukka-Leuchter werden in die Fenster jüdischer Haushalte gestellt und senden ihr Licht hinaus in die Welt.

An den Chanukka-Abenden versammeln sich die Familien mit Freunden zu ausgelassenen Festen. Die Kinder bekommen Geschenke und Süßigkeiten, gemeinsam werden Chanukka-Lieder gesungen, und auch die Speisen, die gereicht werden, sind Festtagsspeisen. Gegessen werden vor allem in Öl gebackene Speisen wie Kartoffelpuffer und Krapfen.

Purim

Das Purim-Fest ist ein Freudenfest im Judentum, das ausgelassen und ähnlich begangen wird wie im Christentum der Karneval. Die Juden feiern an diesem Tag die Rettung ihres Volkes, das damals im persischen Exil lebte, durch die Königin Esther: Der persische Minister Haman überredete seinen König, alle Juden in seinem Reich auszurotten, berichtet das biblische Buch Esther. Anlaß hierfür war, dass ein Jude namens Mordechai den Kniefall vor Haman verweigert hatte, was der eitle Minister ihm nicht verzieh und weshalb er auf Rache sann. Der Zeitpunkt des Völkermords sollte durch das Los (hebr. »pur«) bestimmt werden, beschlossen Haman und der König. Esther, die jüdische Ehefrau des Königs, konnte den Genozid jedoch erfolgreich verhindern. Es gelang ihr sogar, statt des jüdischen Volks den mächtigen Minister töten zu lassen und beim König die Erlaubnis zu erwirken, dass die in seinem Reich lebenden Juden die Erlaubnis erhielten, sich jederzeit und gegen jeden zur Wehr zu setzen, der ihnen Böses wollte.

Bevor Esther beim König den Versuch unternahm, ihr Volk zu retten, fastete sie drei Tage lang. Zur Erinnerung daran wird der Tag vor Purim von den Juden als Fasttag begangen. Am nächsten Tag sind karnevalistische Vergnügungen angesagt: Die Gläubigen kostümieren sich und führen traditionell Purim-Spiele auf. Diese Theaterstücke haben meist die Esthergeschichte zum Inhalt, die manchmal dramatisiert, manchmal als Farce aufgeführt wird. Immer, wenn Haman auftritt, verhöhnen ihn die Zuschauer mit Rasseln und Geschrei.

Dazu werden an Purim jede Menge Süßigkeiten verspeist: sogenannte Hamantaschen – süße dreieckige Kuchen, die mit Mohn, getrockneten Früchten, Rosinen, Mandeln und süßem Weißkäse gefüllt sind – und »Kreppchen«: gefüllte Nudelteigtaschen, die entweder eine Fleischfüllung haben und mit Brühe gegessen werden oder – mit Weißkäse und Sauerkirschen gefüllt – als Nachtisch. Beide Speisen symbolisieren die Ohren des Bösewichts Haman. Solche Spezialitäten und andere, meist selbst gefertigte Leckereien werden auch Freunden und Bekannten zum Geschenk gemacht.

Pessach

Das Pessach-Fest, das zu den höchsten Feiertagen des Judentums gehört, fällt in den jüdischen Frühlingsmonat Nisan, auf den 14. Kalendertag – der meist der Abend des ersten Frühlingsvollmondes ist. Da der jüdische Kalender ein Mondkalender ist, der die Monatsanfänge nach dem Neumond festlegt, fällt Pessach im jüdischen Kalenderjahr immer auf das gleiche Datum – das in unserem, dem gregorianischen Kalender jedoch zwischen den Monaten April und Mai schwankt.

Das Pessachfest erinnert an den Auszug des jüdischen Volkes aus Ägypten, bei dem die Juden so schnell aufbrechen mussten, dass sie nur das Allernötigste an Proviant mitnehmen konnten. Sie hatten nicht einmal Zeit, ihre Brote zu säuern. Zum Gedenken daran wird am Pessachmahl, dem »Seder«, ungesäuertes

Brot gegessen, das »Matze« genannt wird. Auch die anderen Speisen, die am Seder gereicht werden, sollen symbolisch an die schwere Zeit des jüdischen Volkes in Ägypten erinnern: die bitteren Kräuter symbolisieren die bittere Situation des Sklaventums, das Salzwasser die vergossenen Tränen, Fruchtmus den Mörtel, mit dem die Juden für die Ägypter Gebäude errichten mussten; Petersilie steht für die Hoffnung des jüdischen Volkes auf seine Errettung durch Gott.

Am ersten Abend des Festes, dem Sederabend, wird im Kreise der Familie oder der Gemeinde die Geschichte des Auszugs des jüdischen Volkes aus Ägypten vorgelesen.

Schawuot

Sieben Wochen nach dem Pessachfest wird das Wochenfest »Schawuot« gefeiert. An Schawuot gedenken die Juden des Empfangs der Zehn Gebote am Berg Sinai, gleichzeitig ist es das Fest der ersten Früchte. In Israel wird um diese Zeit Weizen geerntet.

Schawuot ist außerdem ein Fest des Lehrens und des Lernens. In der jüdischen Tradition wurden die Jungen an diesem Tag zum ersten Mal in hebräischer Schrift unterrichtet und in die Thora eingewiesen. Dazu setzte sich der Junge auf den Schoß des Lehrers, sprach die ersten Buchstaben des Alphabetes und einige Glaubenssätze nach und durfte mit Honig gekneteten Kuchen und ein gekochtes Ei essen. Schawuot symbolisierte einen Übergang im Leben der Menschen: vom Unwissenden zum Wissenden, vom Individuum zum Gemeinschaftswesen.

Heute wird die erste Schawuot-Nacht nach Geschlechtern getrennt zugebracht: Die Männer bringen sie mit dem Studium der jüdischen Lehre zu, die Frauen bringen einander gegenseitig etwas Neues bei wie zum Beispiel das Pfannkuchenbacken oder die Internetnutzung. Im Morgengrauen beschließt man die Nacht mit einem gemeinsamen Gebet und legt sich schlafen.

Auch die christlichen Festtage und das damit verbundene Brauchtum orientieren sich an religionsgeschichtlich bedeutsamen Ereignissen, die entweder mit Jesu Leben zu tun haben oder mit den Ereignissen, die sich nach seinem Tod und der Auferstehung zugetragen haben.

Die Art und Weise, wie Christen ihre Feiertage begehen, hat sich im Laufe der Jahrhunderte stark verändert: Wurden in den ersten Jahrhunderten des Christentums vor allem Gottesdienste gefeiert, sind mit den Jahren in die liturgischen Festlichkeiten Bräuche der Völker eingeflossen, die zum Christentum bekehrt wurden. Sie ergänzen und umrahmen die Gottesdienste und nehmen vor allem Bezug auf die Jahreszeit.

Weihnachten

Weil an Weihnachten die Geburt von Jesus gefeiert wird, gehört es sowohl zur Liturgie als auch zum familiären Brauchtum, an den Weihnachtsfeiertagen die im Lukasevangelium der Bibel verzeichnete Geschichte von Jesu Geburt vorzulesen. Oft spielen Kinder sie im Rahmen eines Gottesdienstes auch nach.

Zu dem feierlich geschmückten Gotteshaus gehört auch das Aufstellen von kunstvoll gefertigten Miniaturen des Stalls von Bethlehem und seiner Bewohner.

Dem Weihnachtsfest geht die sogenannte Adventszeit voraus, die die Ankunft Jesu auf Erden im Bewusstsein der Christen vorbereiten soll.

Die Advents- und Weihnachtszeit ist eine Zeit, um die sich viel Brauchtum rankt. Das Aufstellen eines festlich geschmückten Weihnachtsbaums, der sich nicht nur in christlichen Kirchen, sondern auch in den meisten Privathaushalten findet, ist einer der ältesten christlichen Bräuche. Er wurde im zehnten Jahrhundert in Norddeutschland eingeführt und soll den Baum der

Advent

»Advent« ist ein lateinisches Wort und bedeutet »Ankunft«. Die Adventszeit beginnt vier Wochen vor Weihnachten. Für die Christen ist die Adventszeit eine Zeit der Freude, denn sie erwarten die Ankunft des Herrn, die Geburt Jesu.

Um die Wochen bis zum Weihnachtsfest unterteilen zu können, gibt es in vielen Haushalten Adventskränze, deren vier Kerzen die Sonntage bis Weihnachten zählen. Jeden Sonntag wird eine neue Kerze angezündet. Das Licht der Kerze symbolisiert Jesus, der durch sein Erscheinen die Welt von der Dunkelheit erlöst.

Erkenntnis symbolisieren, von dem Adam und Eva im Paradies genascht haben, wodurch sie die Erbsünde in die Welt brachten. Daher wird der Weihnachtsbaum oft mit Äpfeln geschmückt. Die Menschen befestigen Kerzen an den Zweigen der Tannenbäume als Zeichen dafür, dass Jesus das Licht ist, das den Menschen den richtigen Weg weist. Gleichzeitig ist die Weihnachtstanne als immergrüner Baum ein Sinnbild des Lebens auch in winterlich schweren Zeiten.

Ein weiterer Brauch ist es, sich an Weihnachten Geschenke zu machen. Das Beschenken von Freunden und Verwandten soll Christen daran erinnern, dass Jesus als Geschenk Gottes an die Menschen geboren wurde.

Karneval

Den österlichen Feiertagen geht eine vierzigtägige Fastenzeit voraus, die wiederum von den sogenannten »tollen Tagen« eingeläutet wird: Bevor die Zeit des Büßens und Verzichtens beginnt, wird noch einmal ausgiebig gefeiert. Die Tradition des christlichen Karnevals geht auf heidnische Wurzeln zurück und kommt überraschenderweise aus den religiösesten aller Orte:

Weihnachtsmann, Christkind und Nikolaus

Der Glaube an den Weihnachtsmann, der Jahr für Jahr bei den braven Kindern vorbeikommt und ihnen Geschenke bringt, ist zwar schön, hat aber mit dem eigentlichen Sinn des Weihnachtsfests nichts zu tun. In der heute bekannten Form geht er vielmehr auf eine Marketingidee eines großen amerikanischen Limonadenkonzerns zurück, der in den 1930er Jahren seine Lieferanten zu Werbezwecken in eine Tracht steckte, die dieselbe Farbe wie der Schriftzug des Konzerns hatte: rot.

Die Figur, die hinter dem Gedanken steckt, ist allerdings eine der wichtigsten Heiligenfiguren der katholischen Kirche: Das Konzernmaskottchen sollte an den heiligen Nikolaus von Myra erinnern, der, selbst ein wohlhabender Mann, im 4. Jahrhundert in Istanbul lebte. Die Legenden erzählen, dass Nikolaus von Myra sich ein Leben lang für die arme und hungernde Bevölkerung einsetzte.

Um seine Person ranken sich zahllose Legenden, deren bekannteste diejenige ist, wie Nikolaus drei Töchter eines armen Mannes rettete: Aus Armut wollte der Vater seine drei Töchter zu Prostituierten machen, um das notwendige Geld für deren standesgemäße Verheiratung zu verdienen. Nikolaus, der von diesem Skandal hörte und gerade ein beträchtliches Vermögen geerbt hatte, warf daraufhin in drei aufeinanderfolgenden Nächten je einen großen Klumpen Goldes in das Zimmer der drei jungen Mädchen, um deren Mitgift zu sichern.

Aus dieser Legende entstand der Brauch, dass Kinder in der Nacht vor dem 6. Dezember, dem Namenstag des Heiligen, ihre Stiefel vor die Tür stellen, die am nächsten Morgen von den Eltern mit Süßigkeiten befüllt sind.

den Klöstern. Dort hauten die Mönche vor Beginn der Fastenzeit noch einmal richtig auf den Putz.

Der Karneval hatte dabei eine starke psychologische Komponente: Für wenige Tage wurde das Böse ausgelebt und bildlich dargestellt, so dass man sich in der folgenden Fastenzeit besser von ihm ab- und dem Guten zuwenden konnte. Um dem Bösen Gestalt zu verleihen und es zu verspotten, wurden die sieben Todsünden bei mittelalterlichen Karnevalsfesten als Tiere dargestellt: Die Eitelkeit als Pfau, der Neid als Drache, der Zorn als Löwe, der Geiz als Fuchs, die Unkeuschheit als Hahn, die Trägheit als Esel und die Maßlosigkeit als Schwein.

Auch der Brauch, sich zu verkleiden, hängt mit der Verkehrung der Welt zusammen, die die Mönche alljährlich begingen: Es steckte der Gedanke dahinter, dass man, indem man in die Rolle des Ungläubigen schlüpfte, das Böse kennenlernen und sich nach einem zeitlich begrenzten Genuss dessen Gefahr bewusst wurde. Zur Warnung an die ausgelassen feiernden Christen waren in den Rosenmontagsumzügen aber Zeichen versteckt, die den Karnevalisten als Mahnung dienen sollten: Um zu zeigen, wie es einem ergeht, der fern der Kirche lebt, wurden vielerorts Modelle von Schiffen ohne Segel, Ruder und Steuermann durch die Straßen gezogen, die am Ende des Zuges verbrannt wurden. Dadurch sollte deutlich gemacht werden, dass allein die Kirche das rettende Schiff ist, das einen in den sicheren Hafen, den Himmel, führen kann.

Der Karneval hat traditionell aber auch einen politischen Aspekt: Für eine knappe Woche dürfen die Mächtigen und Wichtigen auf die Schippe genommen werden; jeder darf sich straflos über sie lustig machen. Noch heute werden in der Karnevalszeit Politiker in sogenannten »Büttenreden« verspottet, um ihnen die Gefahr vor Augen zu halten, die jedem Einflussreichen droht: sich durch Wichtigtuerei lächerlich zu machen.

In diese Kerbe schlägt auch die traditionelle Weiberfastnacht, in der Frauen das Rathaus stürmen und den regierenden Herrschaften die Schlipse abschneiden.

Die Karnevalsfeierlichkeiten enden mit dem sogenannten

Karneval weltweit

Karnevalsähnliche Bräuche sind jedoch beileibe keine rein europäische Angelegenheit, sondern in vielen Kulturen verbreitet – in Brasilien ebenso wie in Indien. In Indien wird im Februar oder März das Holi-Fest, das Fest der Farben, gefeiert. Es dauert mindestens zwei, jedoch höchstens zehn Tage. Während dieser Zeit sind alle gesellschaftlichen Schranken durch Kaste, Geschlecht, Alter oder sozialen Status aufgehoben, und die Gläubigen feiern ausgelassen, besprengen sich gegenseitig mit gefärbtem Wasser und buntem Pulver, das aus Blüten, Wurzeln und Kräutern mit heilender Wirkung besteht. Der Name des Festes leitet sich von der Zerstörung ab, die die Dämonin Holika der Legende nach anrichtete: Der indische Prinz Prahlada weigerte sich, der Verehrung des Gottes Vishnu abzuschwören und stattdessen seinen Vater anzubeten, woraufhin dieser ihm wutentbrannt nach dem Leben trachtete. Er versuchte, seine Schwester Holika, die durch besondere Kräfte vor dem Feuer geschützt war, zu überreden, mit seinem Sohn auf dem Schoß ins Feuer zu gehen. Sein teuflischer Plan ging jedoch nicht auf – die Flammen verschonten das Kind und verbrannten stattdessen Holika zu einem Häufchen Asche.

»Aschermittwoch«, der mit einem Gottesdienst eingeläutet wird, in dessen Verlauf die Menschen sich früher zum Zeichen der beginnenden Bußezeit Asche auf ihr Haupt streuten. Heute zeichnet der Pfarrer den katholischen Gläubigen stattdessen mit Asche ein Kreuz auf die Stirn.

Während der Karneval in katholischen Gebieten nach wie vor inbrünstig und ausgelassen gefeiert wird, sind Protestanten ziemlich karnevalsresistent. Sie sehen im Karnevalstrubel nicht viel mehr als einen primitiven Brauch. Luther, der Gründervater des Protestantismus, war nämlich der Meinung, dass es für einen frommen Christen unwürdig und gotteslästerlich sei, sich zu verkleiden und auf Tuchfühlung mit der Sünde zu gehen.

Ostern

An Ostern, dem wichtigsten kirchlichen Fest, feiern die Christen die Auferstehung Jesu. Dem Auferstehungstag geht der Karfreitag voraus, der Sterbetag Jesu. Dieser Tag wird als Tag der Trauer, des Mitleids und der Anteilnahme am Leidensweg Jesu begangen. Fromme Christen fasten und beten an diesem Tag. In Jerusalem und in vielen Kirchen an anderen Orten werden die Stationen des Weges, den Jesus mit seinem Kreuz bis zur Hinrichtungsstätte beschreiten musste, nachgestellt, um sein Leid und sein Opfer nachzuvollziehen. Nachmittags, zur Zeit der vermutlichen Todesstunde Jesu, wird ein Gottesdienst gefeiert, die Johannespassion wird gelesen und Passionsmusik gespielt.

Der Ostersonntag hingegen ist ein Freudentag: In der Nacht vor dem Osterfest entzünden Christen vor der Kirche ein großes Feuer – das Osterfeuer –, das das Licht der Hoffnung symbolisieren soll, das Jesus den Menschen mit seiner Auferstehung gespendet hat. Am Osterfeuer entzündet der Pfarrer schließlich eine Kerze, die anschließend in das Taufbecken der

Kirche gesenkt wird, damit ihr Licht den Geist Gottes aufnimmt. Vom Licht dieser Kerze entzünden die Gläubigen dann ihre eigenen, mitgebrachten Kerzen, um einen sprichwörtlichen Hoffnungsschimmer mit nach Hause nehmen zu können.

Auch um das Osterfest ranken sich Brauchtümer: »Wie das Kücken aus dem Ei gekrochen, so hat Christus das Grab zerbrochen« lautet ein altes christliches Sprichwort – weshalb viele Christen gekochte Eier bunt einfärben und im Garten verstecken. Das Ei gilt in allen Kulturen als Symbol der Fruchtbarkeit und des neuen Lebens. Dementsprechend steht das Osterei für die symbolische Wiedergeburt des sündigen Menschen, der durch Jesus von seiner Schuld freigewaschen ist und noch einmal ganz von vorn beginnen kann.

Ursprünglich wurde zum Färben der Ostereier ausschließlich rote Farbe verwandt: Rot war nicht nur die kostbarste aller Farben, sondern symbolisierte auch das Blut Jesu, das er für die Menschen vergoss.

Oft wurden die Eier auch ausgeblasen, das Innere mit Ostergrüßen oder Liebesbotschaften versehen, und dann an Freunde und Verehrte verschenkt.

Osterhase

Der Osterhase ist, ebenso wie der Weihnachtsmann, eine Marketingidee erfolgreicher Unternehmer: Nachdem die Kakaopreise Ende des 19. Jahrhunderts stark sanken, war Schokolade endlich kein Luxusgut mehr, sondern eine für alle erschwingliche Süßigkeit. Um ihre Produkte besser unters Volk zu bringen, erfand die Schokoladenindustrie zu Ostern, am Fest der Freude und der Frühlingslust, einen Schokoladenhasen. Warum es ausgerechnet ein Hase sein musste, ist im Nachhinein nicht mehr aufklärbar.

Pfingsten

50 Tage nach Ostern wird das Pfingstfest gefeiert, der Tag, an dem der Heilige Geist in Feuerzungen auf die Apostel niederkam. Er gehört, zusammen mit dem Feiertag »Christi Himmelfahrt«, der des Tages gedenkt, an dem Christus in den Himmel auffuhr, zu den wichtigen christlichen Gedenktagen. Erstaunlicherweise sind beide Feste von der Zuschreibung bestimmter Bräuche verschont geblieben. An Pfingsten gibt es damit nur einen Festgottesdienst.

Islam

Das muslimische Brauchtum, das sich um die einzelnen religiösen Feiertage und Feste rankt, diente in der Frühzeit des Islams dazu, die religiöse Identität der Glaubensgemeinschaft auszubilden und zu festigen. Heute sind die muslimischen Feste ein selbstverständlicher, alltäglicher Teil der islamischen Religion.

Opferfest

Das viertägige Opferfest ist das wichtigste Fest des Islam. Zu dieser Gelegenheit gedenken die Muslime Abrahams, der bereit war, seinen Sohn auf Gottes Geheiß zu töten, an der tatsächlichen Ausführung der Opferung jedoch von Allah gehindert wurde.

Das Opferfest findet alljährlich am Zehnten des islamischen Monats Dhu al-hiddscha statt. Da der islamische Kalender ein Mondkalender ist, kann das Opferfest zu jeder Jahreszeit stattfinden.

Zum Opferfest wird ein Schaf oder Widder geschlachtet und anschließend mit Freunden verspeist. Es gehört aber auch zum religiösen Brauchtum, sich selbst und bedürftigen Menschen Geschenke zu machen. Die Gläubigen ziehen sich zur Feier des

Opferfestes besonders schöne, neue Kleidung an und schmücken ihr Haus.

Und natürlich gibt es auch einen morgendlichen Besuch in der Moschee, wo ein Imam den Gottesdienst hält.

Ramadan-Fest

Das Fastenbrechen zum Ende des Ramadan-Monats ist für Muslime ein wichtiges, über drei Tage begangenes Freudenfest, das auch »Zuckerfest« genannt wird. Die Festlichkeiten beginnen mit einem Gemeinschaftsgebet in der Moschee. Viele fromme Muslime besuchen im Anschluss an den Gottesdienst den Friedhof, um die restlichen Tage dann mit Freunden oder der Familie zu verbringen. Die Armen erhalten Almosen und Speisen, die Kinder Süßigkeiten oder Spielzeug, und es werden bevorzugt süße Speisen gereicht.

2.7 Wie wird man hier eigentlich Mitglied?

Die Religionszugehörigkeit eines Menschen bestimmt sich meist durch seine Herkunft: Er wächst in dieselbe Glaubensgemeinschaft hinein, der auch seine Eltern angehören, und vollzieht seine Aufnahme sichtbar und spürbar durch bestimmte Rituale in der Jugend. In selteneren Fällen treten Menschen im Erwachsenenalter zu einer Religion über, die sie sich selbst ausgesucht haben und mit der sie sich besser identifizieren können als mit dem Glauben, den ihnen die Eltern vermittelt haben.

Um einer Glaubensgemeinschaft zuzugehören, sind bestimmte Riten notwendig, die in den unterschiedlichen Religionen stark differieren. Die christliche Kirche nimmt durch den Akt der Taufe bereits neugeborene Kinder formell in ihre Glaubensgemeinschaft auf. Ursprünglich war die Taufe ein Akt der Umkehr, auf den ein Täufling sich gründlich vorbereiten musste. Da ein Baby dies zum Zeitpunkt seiner Taufe noch nicht leisten kann, legen seine Eltern und Paten stellvertretend ein Glaubensbekenntnis ab. Der christliche Ritus sieht aber vor, die Aufnahme des Täuflings in die Glaubensgemeinschaft zu einem späteren Zeitpunkt als festlichen Akt noch einmal zu bestätigen: Die katholische Kirche nimmt die ungefähr acht- oder neunjährigen getauften Kinder in einem festlichen Akt, der sogenannten »Erstkommunion« noch einmal offiziell in ihre Gemeinschaft auf. Die katholische Kirche erlaubt den getauften Kindern bei dieser Feier zum ersten Mal, die Heilige Kommunion zu empfangen. Im Alter von 12 oder 13 empfangen die getauften Erstkommunikanten das Sakrament der Firmung, bei der der Heilige Geist auf die Jugendlichen »ausgegossen« wird und der Gläubige noch enger mit Christus verbunden werden soll. Die Firmung spendet der Bischof, indem er den Firmling mit Chrisam salbt, einem mit Balsam vermischten Öl.

Bei einem evangelischen Kind wird mit der Konfirmation der Eintritt in die Kirche formell vollzogen. Sie findet etwa im 15. Lebensjahr der Kinder statt und hat die rituelle Bedeutung, dass die Jugendlichen ihren Glauben vor der Gemeinde bekennen und gemeinsam mit ihr und der Familie zum ersten Mal das Abendmahl erhalten.

Im Judentum ist das Kind einer jüdischen Mutter bereits mit dem Moment seiner Geburt Jude – die Religionszugehörigkeit erfolgt nicht durch Aufnahmerituale, sondern ergibt sich automatisch durch Blutsverwandtschaft. Trotzdem sieht das Judentum bestimmte Aufnahmerituale in die Glaubensgemeinschaft vor. Für jüdische Söhne erfolgt das erste dieser Rituale bereits acht Tage nach der Geburt: Bei der »Brit Mila«, der Beschneidung, entfernt ein jüdischer Geistlicher die Vorhaut der Eichel, wie es die jüdischen Gesetze vorsehen. Gleichzeitig erhält das Neugeborene seinen Namen.

Die Beschneidung ist ein Freudenfest – das Ritual wird unter großer Anteilnahme von Freunden und Verwandten begangen.

Mädchen werden im Alter von zwölf, Jungen mit dreizehn Jahren in einem feierlichen Akt formell in die Glaubensgemeinschaft aufgenommen: Sie werden dann zu Söhnen oder Töchtern des Gebots, auf Hebräisch bedeutet das »Bar Mizwa« bzw. »Bat Mizwa«, was auch bedeutet, dass mit diesem Tag alle Glaubenspflichten frommer Juden für die Jugendlichen gelten. Im Rahmen des Bar-Mizwa-Festes verliest ein jüdischer Junge während des Gottesdienstes traditionell den für den entsprechenden Tag vorgesehenen Thoraabschnitt – wie es auch die Aufgabe der erwachsenen Juden ist.

Die Bar Mizwa ist, ebenso wie die religiöse Volljährigkeit der Mädchen, ein wichtiges Ereignis im Leben eines Juden und wird entsprechend groß gefeiert.

Auch im Islam werden die neugeborenen Kinder muslimischer Eltern automatisch als Muslime betrachtet – allerdings sieht die Religion ursprünglich vor, dass man ausschließlich durch das Sprechen des muslimischen Glaubensbekenntnisses Mitglied der Glaubensgemeinschaft werden könne. Bemerkenswert im Vergleich mit den beiden anderen monotheistischen Religionen ist daher, dass es weder für muslimische Kinder noch für Jugendliche eine formelle Aufnahmezeremonie in den Islam gibt. Allerdings ist es Muslimen wichtig, dass männliche Kinder beschnitten werden. In der Regel geschieht dies zwischen dem dritten und dem elften Lebensjahr durch einen ausgebildeten Fachmann. Für Muslime ist die Beschneidung meist mit einem großen Fest für Familie und Freunde verbunden – es wird mit gutem Essen und Geschenken für das Kind gefeiert.

2.8 Orte des Glaubens

Jede Religion braucht Räume, in denen Gemeinschaft entsteht, in denen man zusammenkommen und in denen man gemeinsam beten kann. Orte, an die man gerne kommt, wo der Glaube gelebt und erlebt werden kann, Zentren, wo er gelehrt und die Religion erklärt wird. Und zwar so, dass man sich nicht vorkommt wie auf der Schulbank, sondern das Gefühl hat: Hier geht es um mich und meine Fragen.

Christentum – was wird aus den Kirchen?

Für das Christentum ist der traditionelle Versammlungsort zum Praktizieren des Glaubens und das Zentrum des religiösen Lebens der Glaubensgemeinschaft seit 2000 Jahren die Kirche. Über Jahrhunderte war die Kirche sogar das soziale und geografische Zentrum eines Ortes: Wenn eine Stadt neu gegründet und ihre geografische Struktur geplant wurde, stand der Bau einer Kirche im Vordergrund, bevor andere Bauwerke geplant wurden. Dies spiegeln die alten Stadtpläne wider, die auf den ersten Blick erkennen lassen, dass die Kirche fast immer im Zentrum der Neugründung stand und die Stadt um sie herumwuchs und nicht umgekehrt. Auch heute besitzt noch jede deutsche Stadt, ja sogar jedes Dorf ein eigenes Gotteshaus und ist in einer christlichen Glaubensgemeinschaft organisiert. Und manche Kirchen und Kathedralen sind weltberühmt für ihre Schönheit, ihre Pracht und ihre kunstvolle Architektur.

Ihre Kirche war den Menschen schon immer heilig. Sie war der Ort, an dem sich die ganze Stadt jeden Sonntag zum gemeinsamen Gottesdienst traf. Hier wurden Menschen getauft, hier schlossen sie den Bund der Ehe, und hier wurde um Ver-

Christliche Kirchen

Viele Kirchen sind gen Osten gebaut, was auch als »Ostung der Kirche« bezeichnet wird. Grund dafür ist, dass die Sonne im Osten aufgeht – in der Himmelsrichtung, mit der man Jesus, »die Sonne der Gerechtigkeit«, assoziiert. Östlich von Deutschland liegt auch Jerusalem, die Stadt Gottes.

Die Kirchenräume sind lang gestreckt. Wenn man die Kirche betritt, wird man durch die Dynamik des Raumes automatisch nach vorne gezogen, zum Altar hin, auf dem das Abendmahl vollzogen wird, und zum Kreuz, an dem Jesus Christus hängt.

Fast alle Kirchen haben einen Kirchturm, in dem die Kirchglocken hängen. Sie dienen dazu, die Gläubigen zum Gottesdienst zusammenzurufen. Viele Glocken schlagen aber auch die Zeit.

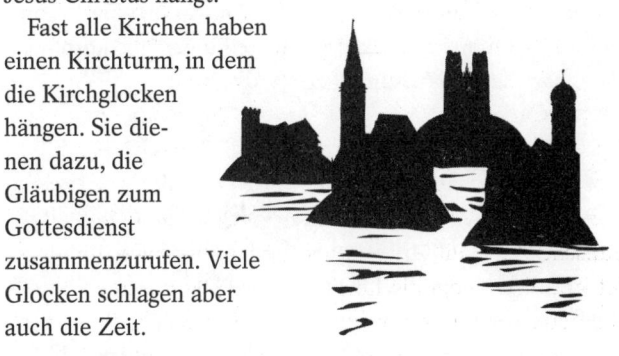

storbene getrauert. In der Kirche legte der Pfarrer der christlichen Glaubensgemeinschaft Gottes Wort und die Geschichte von Jesus aus, hier wurde gemeinsam gebetet, gesungen und gefeiert. Die Kirche war für die Menschen im besten und vollständigsten Wortsinne der Mittelpunkt ihres Lebens. Dort, wo sie die Spitze des Kirchturms ihrer Heimatstadt nicht mehr sehen konnten, begann für sie die unbekannte Welt.

Die Kirche war aber nicht nur ein religiöser Ort: Sie war offen für jedermann, der Schutz oder Beistand suchte. Wer nicht weiterwusste, wer ein Dach über dem Kopf brauchte, wer einfach ein bisschen Ruhe haben wollte, der ging in die Kirche. Sie war der sichere Hafen, wenn das Leben draußen einem übel mitspielte.

Diese große Bedeutung haben Kirchen heute nicht mehr. Sinkende Mitgliederzahlen haben dazu beigetragen, dass die Anzahl der Gottesdienstbesucher abgenommen hat. In vielen Gegenden Deutschlands, vor allem im Osten, stehen Kirchen wie Relikte aus einer anderen Zeit bedeutungslos und vor allem ungenutzt an ihrem altangestammten Ort und verfallen langsam. Infolgedessen sind in den letzten Jahren viele Kirchen geschlossen worden – im Bistum Essen zum Beispiel wurden in den letzten Jahren fast 100 Kirchen entweiht. Ihr Erhalt sei nicht mehr finanzierbar, vor allem die hohen Heizkosten seien untragbar, ließ das Bistum offiziell verlauten.

Hauptsache, kein Puff

Peter Knobel, ehemaliger Küster der St. Marienkirche in Bochum, hält die Schlüssel seiner Geisterkirche fest in der Hand. 2003 wurden in St. Marien zum letzten Mal die Kerzen angezündet. Dann kam der Spediteur mit seinem Lastwagen, nahm die Messgewänder, die Orgelpfeifen und die 54 Bänke mit und schaffte sie in die Ukraine, zur Partnerstadt Bochums. Seitdem steht die Kirche leer, der Putz rieselt von den Decken, und Peter Knobel lässt keinen mehr rein in sein Gotteshaus. Er hat als Einziger einen Schlüssel, und den gibt er nicht raus. Knobel schützt die Totenruhe seiner Kirche. Einmal die Woche drückt er um 17.15 Uhr auf den elektrischen Knopf und lässt drei Kirchenglocken läuten. Einfach so, wie er sagt. Alle vier bringt er nur an den wichtigen Feiertagen zum Klingen. Was jetzt werden soll? »Ich sach mal so«, meint Knobel bei einem Pils in der Eckkneipe, »Hauptsache, kein Puff.«

(aus: *Die Zeit, 12.4.2006*)

Der Wiederaufbau der Dresdner Frauenkirche

Die evangelische Frauenkirche im Zentrum von Dresden wurde im 18. Jahrhundert erbaut und gilt als eines der eindrucksvollsten Kirchengebäude Europas.

Im Zweiten Weltkrieg wurde sie während der Luftangriffe auf Dresden in der Nacht vom 13. zum 14. Februar 1945 schwer beschädigt und stürzte am Morgen des 15. Februar ausgebrannt in sich zusammen. In der DDR blieb die Frauenkirche als Ruine stehen und diente 40 Jahre lang als Mahnmal für den Frieden.

Dabei sollte es nach der Wende zunächst auch bleiben. Doch dann bildete sich eine Bürgerinitiative, die sich für den Wiederaufbau der Frauenkirche einsetzte. Natürlich fehlte es zunächst an Geld. Mit dem berühmten »Ruf aus Dresden«, einem Brief, den die Dresdener Bürger in alle Welt verschickten, gelang es ihnen jedoch, so viele Spenden einzusammeln, dass der Wiederaufbau 1994 tatsächlich in Angriff genommen werden konnte.

Die historische Bausubstanz blieb fast komplett erhalten, gleichzeitig wurde mithilfe moderner Bautechnologien darauf geachtet, dass die Kirche modern und im Unterhalt finanzierbar ist. Eine weitere Voraussetzung für den Wiederaufbau war ein Konzept, das eine zeitgemäße und lebendige Nutzung der Kirche im 21. Jahrhundert vorsieht.

Die Arbeiten dauerten insgesamt elf Jahre und waren immer wieder von finanziellen Engpässen bedroht. Doch die Dresdner ließen nicht locker und kämpften für ihre Kirche.

Am 30. Oktober 2005 war es dann endlich so weit: Die Frauenkirche wurde offiziell wiedereingeweiht und ihrer künftigen Bestimmung als Gotteshaus übergeben. Heute finden in der Frauenkirche Gottesdienste, Abendandachten und Orgelkonzerte statt. Viele Menschen lassen sich in ihr trauen und taufen ihre Kinder an dem historischen Ort.

Nordrhein-Westfalen ist jedoch kein Einzelfall: In ganz Deutschland verfallen Kirchen oder werden zur alternativen Nutzung freigegeben. Im Sauerland ist in eine Kirche die Tanzkneipe »Don Camillo« eingezogen, in Weil am Rhein die Stadtbibliothek, im brandenburgischen Milo die örtliche Sparkasse. Das Vorbild, entweihte Kirchengebäude anderweitig zu nutzen, stammt aus den Niederlanden, wo die Kirche ebenso in der Krise steckt wie hierzulande. Dort klingeln inzwischen sogar Supermarktkassen im Chorraum.

Natürlich gibt es Bestrebungen, diese Krise zu überwinden. Kirchengemeinden werden etwa zusammengelegt, um Kosten zu sparen, manche Gemeinden überlegen sogar, ob sie von den Kirchgängern sonntags das sogenannte »Kirchgeld« verlangen sollen, um die sinkenden Gottesdienst-Besucherzahlen finanziell auszugleichen. Allerdings zeichnet sich ab, dass es bei allen Bemühungen nicht einfach ist, dem christlichen Glauben hierzulande wieder die Stärke zu geben, die er ehedem hatte.

Dass es tatsächlich möglich ist, Kirchengebäude zu erhalten, auch wenn die Mitgliederzahlen der Kirchengemeinden sinken, zeigt der Wiederaufbau der Dresdner Frauenkirche. Hierbei war eine weltweite Gemeinde von Freunden und Unterstützern aktiv, die keine Mühe und keinen Aufwand gescheut haben, damit das alte Gebäude und Symbol für die lange Tradition, die das Christentum in Deutschland hat, nicht dem Verfall preisgegeben wird.

Islam – raus aus den Hinterhöfen

Gegenwärtig sieht es in Deutschland so aus, als würde sich die Zahl der Moscheen vervielfachen gegenüber einer abnehmenden Zahl von Kirchen. Im Moment stehen in Berlin nur zwei Moscheen – für die nächsten Jahre ist allerdings der Bau von acht weiteren geplant. Auch wenn dies natürlich an der großen Überzahl der christlichen Gotteshäuser in Deutschland nichts ändert, erhalten die Neubaupläne für Moscheen derzeit gleichwohl große Aufmerksamkeit.

»Moschee« bedeutet »Ort, an dem man zum Gebet niederfällt«. Die erste Moschee war nicht etwa ein Tempel oder ein Heiligtum, sondern der Innenhof von Mohammeds Haus in Medina. Hier soll Mohammed von einem erhöhten Stuhl aus zu seinen Anhängern gesprochen haben. Die Moschee ist daher kein besonders geweihter Ort, sondern kann auch als Aufenthaltsort, zum Ausruhen oder als Unterrichtsraum genutzt werden. Das Innere einer Moschee besteht aus einer Gebetsfläche ohne Bänke oder Stühle, einer Gebetsnische, die nach Mekka weist, und einer Lehrkanzel für Predigten. Zur Moschee gehören meist auch ein oder mehrere Türme, die Minarette, von denen der Gebetsruf des Muezzins erschallt.

Deutsche Muslime engagieren sich derzeit stark für den Bau eigener Moscheen, weil sie nicht länger wie ihre Eltern in unscheinbaren hässlichen Hinterzimmern beten möchten: Sie wollen einen repräsentativen, modernen, standesgemäßen Ort für ihren Glauben. Deshalb mieten oder kaufen sie vielfach Grundstücke – zur Not auch in Vororten oder in Gewerbegebieten, wenn die Grundstückspreise in der Innenstadt zu teuer sind.

Dieses Bestreben der Muslime ist nicht unumstritten in Deutschland: In Zeiten, in denen bestimmte radikale Tendenzen des Islams als bedrohlich empfunden werden, werden die neuen

Muezzin

In muslimischen Ländern ertönt fünfmal täglich zum entsprechenden Zeitpunkt der Gebetsruf des Muezzins von den Türmen der Moschee, der die Muslime auffordert, sich zum Gebet zu versammeln: »Ich bezeuge, dass es keinen Gott gibt außer Allah und dass Mohammed der Gesandte Allahs ist. Kommt zum Gebet. Kommt zur Rettung. Gott ist überaus groß. Es gibt keinen Gott außer Allah.« Der Gesang des Muezzins ist sehr schön und bewegend, er verlangt große Kunstfertigkeit. Nur wer jahrelang übt, bringt es bis zum Muezzin.

Bauprojekte mit Misstrauen verfolgt. In München wies das Bayerische Verwaltungsgericht kürzlich den Bauantrag für eine Moschee des islamischen Vereins Ditib mit der Begründung zurück, die Größe des Komplexes sei nicht verträglich mit einem Mischgebiet aus Wohn- und Gewerbegebäuden – das Baugesetzbuch sehe vor, dass sich ein Bauvorhaben in sein Umfeld einpassen müsse, und genau das sei im Fall der geplanten Moschee nicht gegeben. Auch in Köln hat sich um den geplanten Neubau einer Moschee ein heftiger Konflikt mit Anwohnern entwickelt.

Verbote von Bauvorhaben für Moscheen führen jedoch dazu, dass Muslime ihre Religion weiter im Abseits praktizieren müssen – in Hinterhöfen, Hobbykellern und in Hinterzimmern von Reisebüros. Aber mit der Verbannung der Muslime in die Hinterhöfe verbaut man zugleich Nichtmuslimen die Gelegenheit, den islamischen Glauben endlich kennenzulernen und Berührungsängste und Vorurteile abzubauen.

Dabei liegt im Kennenlernen des Islams eine große Chance, wie man am Beispiel der Sehitlik-Moschee in Berlin-Tempelhof erfahren kann: Alljährlich am 3. Oktober öffnen viele Moscheen in Deutschland ihre Pforten für Interessierte, so auch die Sehitlik-Moschee. Am Tag der Offenen Tür kommen viele Interessierte. Sie werden zu jeder vollen Stunde von einer jungen Muslima abgeholt, die die Besucher ins Innere der Moschee führt und offen darüber spricht, wie das islamische Gemeindeleben funktioniert und wie Gottesdienste zelebriert werden. Mit großem Selbstbewusstsein und großer Gelassenheit spricht die junge Frau über ihren Glauben und, auf Nachfrage, auch über ihre Rolle als muslimische Frau. Nach dem Moscheebesuch gibt es draußen Tee und Kuchen, und mögliche Vorurteile verrauchen mit dem Dampf der Wasserpfeife.

Judentum – endlich wieder Synagogen

Ähnlich engagiert wie die Muslime kämpfen auch die deutschen Juden um eigene Gotteshäuser in ihren Heimatstädten. Und dies erfolgreich: In den letzten Jahren entstanden bundesweit zahlreiche Synagogen und jüdische Gemeindezentren, und etliche zerstörte Gotteshäuser wurden wieder neu errichtet, so auch in Dresden und Berlin.

Synagogen sind – anders als Kirchen – keine geweihten Räume, in denen nur der Gottesdienst stattfinden kann, sie dienen vielmehr als Orte, in denen alle Aspekte des jüdischen Gemeindelebens gepflegt werden können. Sie werden für Kulturveranstaltungen ebenso genutzt wie für Gemeindeversammlungen oder den Schulunterricht.

Synagoge

Der Begriff »Synagoge« stammt aus dem Griechischen und bedeutet »Versammlungshaus«. Synagogen entstanden nach der Zerstörung des ersten Tempels im babylonischen Exil. Nach der Zerstörung des zweiten Tempels 70 n. Chr. wurden sie zu Zentren der jüdischen Gemeinden. Im Unterschied zum jüdischen Tempel sind Synagogen keine Orte, an denen Gott Opfer dargebracht werden, sondern ausschließlich Zentren zur Abhaltung von Wortgottesdiensten. Die Synagoge kann aber auch als Schule, Verwaltungsgebäude oder Gemeindehaus genutzt werden. In jeder Synagoge befindet sich an der Ostwand, in Richtung Jerusalem, ein Schrein mit den heiligen Schriftrollen der Thora.

In Deutschland müssen Synagogen von der Polizei geschützt werden – es gibt immer noch zu viele Rechtsradikale, die jüdische Gemeinden mit Androhungen von Anschlägen terrorisieren.

3 Der Kopf des Elefanten –
Die Götter des Hinduismus

Der Hinduismus ist seit Jahrtausenden die Hauptreligion Indiens und mit über einer Milliarde Anhängern die drittgrößte Religion der Welt. Anders als das Judentum, das Christentum oder der Islam ist der Hinduismus keine monotheistische Religion, sondern er kennt viele Götter. Im Gegensatz zu JHWH beziehungsweise Gott beziehungsweise Allah sind manche indische Götter keine unsichtbaren, gesichtslosen Mächte, die sich nur wenigen Auserwählten offenbaren, sondern handfeste Gefährten und Helfer, die ihren festen Platz im täglichen Leben der Inder haben.

Weil ihre Götter so nahbar sind, müssen sich die Gläubigen nur selten darüber streiten, wie dieser oder jener Gott nun genau ist, wie man ihn ansprechen darf, ob man ihn malen darf und wie man am respektvollsten mit ihm umgeht. Glauben ist dort also viel unkomplizierter: Jeder sucht sich einfach den Gott aus, der am besten zu ihm passt.

Natürlich gibt es beliebte und weniger beliebte Götter, doch beinahe jeder Mensch in Indien hat einen oder mehrere, die ihm besonders wichtig sind. Und in fast jedem Haus steht ein kleiner, bunt geschmückter Altar, der den Gottheiten geweiht ist, die die jeweilige Familie anbetet. Sogar in Supermärkten, in Reisebüros, in Hotels und Banken haben Götterfiguren ihren festen Platz. Und wenn die Inder ihren Göttern besonders nahe sein möchten, gehen sie in den jeweiligen Tempel, der ihrem Gott geweiht ist. Die indischen Gotteshäuser sind fast immer geöffnet und erfreuen sich unter den Gläubigen großer Beliebt-

Indien

Indien gehört mit seinen über eine Milliarde zählenden Einwohnern zu den größten Ländern der Erde. Vor allem ist Indien aber ein Land der Gegensätze – ein Vielvölkerstaat, in dem 14 verschiedene Hauptsprachen gesprochen 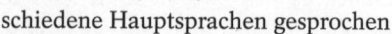 werden, die sich ungefähr so ähnlich sind wie Deutsch und Türkisch. Seine Hauptstadt ist Neu Delhi und seine Geschichte wechselhaft: Von 1813 bis 1947 war Indien britische Kolonie. Unter der Führung von Mahatma Gandhi befreiten sich die Inder von der britischen Herrschaft und gründeten zwei neue, unabhängige Staaten: Indien und Pakistan.

In den letzten Jahrzehnten mauserte Indien sich von einem Entwicklungsland zu einer der führenden Industrienationen der Welt, vor allem im Bereich der Computertechnologie. Mittlerweile verfügt Indien über eine blühende Wirtschaft und einen rasant wachsenden Mittelstand – und ist ein Land auf dem Sprung zur Weltmacht.

heit, denn die Menschen drängen sich von früh bis spät um die Götterstatuen, beten zu ihnen, berühren oder küssen sie. Auf den ersten Blick mag es so erscheinen, als ob es im Hinduismus keine festen Gebetszeiten gibt. Es sieht so aus, als ob jeder Gläubige dann kommt, wenn er gerade Zeit hat, um seinem Gott einen kurzen Besuch abzustatten, ihm ein kleines Geschenk vorbeizubringen und ihn im Gegenzug um einen kleinen Gefallen zu bitten: zwischen zwei Einkäufen, in einer Arbeitspause oder nach Feierabend.

Tatsächlich sind die Zeiten für die verschiedenen Verehrungszeremonien astrologisch festgelegt und damit regelmäßig. Zum

hinduistischen Götterglauben gehört auch, dass man sich hinge-
bungsvoll um seine Götter kümmert. Und so waschen die Hindu
ihre Götterstatuen, reiben sie mit duftenden Ölen ein und bringen ihnen Speisen und Getränke, damit die Götter keinen Hunger leiden müssen. Sie könnten sonst nämlich beleidigt sein,
glauben die Menschen.

In dieser Vielzahl von Göttern verliert ein unbeteiligter Beobachter leicht den Überblick, es erscheint, als sei in der hinduistischen Götterwelt alles ein wenig zu bunt für uns westliche
Betrachter, sehr wild und mit viel Fantasie entwickelt. Aber das
ist nur unser fremder Blick.

Die hinduistischen Götter sind Vertreter einer göttlichen
Ordnung, sie repräsentieren die ganze Bandbreite des Lebens
in all seinen Facetten. Und deshalb stehen sie für alle denk-
baren Gefühle und Lebenssituationen, sei es Kleinlichkeit oder
Größe, Mut oder Kleinmut, Gemeinheit oder Großzügigkeit.
Damit stehen die hinduistischen Götter für alles, was das Leben ausmacht.

Die Zahl der indischen Götter ist unbekannt, manche Zäh-
lungen gehen in die Millionen. Hindu glauben nicht nur an
einen einzigen Gott, aber hinter der Vielfaltigkeit ihrer Götter
steht die Vorstellung, dass alle Götter dem einen göttlichen
Prinzip entsprechen.

Etwas einfacher gesagt, sind für Hindu ihre Götter die Formen, in denen sich ihnen das Göttliche zeigt, sie denken – ganz
anders als die Monotheisten – dass man sich von Gott eben
nicht nur *ein* Bild machen soll.

Auf jeden Fall gibt es auf Sanskrit, der heiligen Sprache des
Hinduismus, viele Wörter für Gott. In einer solchen Welt sind
aber auch die einzelnen Götter nicht einfach die, als die sie auf
den ersten Blick auftreten, ihr Erscheinungsbild und ihr Verhalten kann sich jederzeit ändern.

Zwei der wichtigsten Götter, Shiva und Vishnu, haben beide eine Doppelgestalt. Shiva gilt als Zerstörer, Vishnu als Schöpfer der Welt. Aber beiden wird in der reichen Überlieferung manchmal auch die jeweils andere Rolle zugewiesen.

Nachdem er in alter Tradition vor allem als Zerstörer angesehen wurde, gilt Shiva den meisten heute eher als friedfertiger Gott, als gütiger Heilbringer.

Manchmal wird er mit einem Gesicht, öfter aber noch mit fünf Gesichtern dargestellt. Er hat vier Arme, in den oberen beiden Händen hält er eine kleine Handtrommel und eine Flamme. Auf seinem Kopf ist das Haar zu einem Knoten geschlungen, und um seinen Hals rankt sich eine Kobra. Er wird oft mit der männlichen Energie verbunden und deshalb mit einem großen Phallus dargestellt. Diese phallusförmige Statue, Linga genannt, ist in der religiösen Kunst des Hinduismus häufig zu finden, auch ohne eine weitere Darstellung des Shiva.

Aber derselbe Shiva steht nicht nur für sexuelle Energie, sondern wird auch als Asket gesehen, der für eine Lebensweise ohne körperliche Genüsse steht, ganz der Anbetung der Welt ergeben.

In Vishnu sehen die Hindu den Welterhalter, von dem sie erhoffen, dass er erscheint, um die Welt zu retten, wenn diese droht, durch böse Mächte dem Schlechten zu verfallen. Er wird in menschlicher oder tierischer Form dargestellt. Als Mensch trägt er die ihm zugeschriebenen Attribute, eine Muschel, einen Diskus, eine Lotusblume sowie eine Krone, die er in seinen vier Händen hält. Sehr oft findet man das Bild von Vishnu als Mensch, der auf einer Schlange ruht, aus deren Nabel eine Lotusblume entspringt, auf der der Schöpfergott Brahma sitzt.

Zu den wichtigen Göttern kann auch Krishna gezählt werden. Vorgestellt wird er meist als Mensch mit blauem Körper. In den Legenden ist er ein Kuhhirte, der auf seiner Flöte spielt und immer guter Dinge ist.

Weil er sehr gut aussieht, gefällt er den Frauen. Er gilt als großer Verführer von Milchmädchen, weshalb man ihm ein Unzahl von Partnerinnen unterstellt und noch mehr Kinder. Aber er wird auch als Urvater angesehen, der die Welt schuf.

Die Geschichten von Krishna, Vishnu und Shiva entstammen, wenn auch nicht immer wörtlich, der reichen hinduistischen Literatur. Diese Schriften haben im Laufe der Zeit – wann genau, ist schwer festzustellen – die existierenden Geschichten festgehalten oder in eine bestimmte literarische Form gebracht. Bis heute gibt es viele verschiedene Versionen davon, aber alle sind in Sanskrit geschrieben, der Sprache der hinduistischen Religion.

Sanskrit ist die einzige Sprache, die in ganz Indien verbreitet ist, wobei ansonsten im ganzen Land mindestens 18 verschiedene Sprachen gesprochen werden. Allerdingss handelt es sich bei Sanskrit um eine Kunstsprache, die eher die Gelehrten der hinduistischen Religion beherrschen, nicht aber die breite Bevölkerung.

In der religiösen Literatur gibt es viele Werke, dazu gehören das Mahabharata, die Bhagavad Gita, die Ramayana, die Veden und die Upanischaden.

Diese Erzählungen sind sehr alt, die ersten stammen aus der Zeit um 1000 vor Christus. Sie sind Geschichten von den großen und kleinen Dingen im Leben. Sie erzählen von Liebe und Betrug, von Macht und Krieg, sie enthalten aber auch Hin-

Bhagavad Gita

Die Bhagavad Gita ist die Geschichte von Krishna und Arjuna. »Bhagavad« bedeutet »der Erhabene« oder auch »Gott« – damit ist Krishna als Avatara (Erscheinungsform) von Vishnu gemeint – und »Gita« sind Gesänge. Dieses wichtige spirituelle Werk erzählt in 18 Gesängen von einem Zwiegespräch der beiden jungen Herren, in dem Krishna dem zögerlichen Krieger das Yoga des Handelns, die Göttliche Erkenntnis und zahlreiche andere Weisheiten beibringt.

Viele Hindu verstehen diese Texte sinnbildlich als ein Zwiegespräch zwischen dem Göttlichen und dem Menschlichen. Dabei sind die Gegner auf dem Schlachtfeld die bösen, egoistischen Kräfte im Menschen, die es zu besiegen gilt.

Die Bhagavad Gita ist übrigens einer der meistgelesenen hinduistischen Texte. Er hat aber nicht nur Generationen von Indern Kraft und Erkenntnis gespendet, sondern seinen Weg auch in die westliche Geisteswelt gefunden: Die Bhagavad Gita hat Gelehrte und Philosophen des Abendlandes tief beeindruckt und in ihrer Lehre beeinflusst. Arthur Schopenhauer schrieb über sie: »Es ist die belehrendste und erhabenste Lektüre, die auf der Welt möglich ist; sie ist der Trost meines Lebens gewesen, und wird der meines Sterbens sein.«

weise zum Recht oder zur Götterverehrung. Inzwischen hat es viele Versuche gegeben, diese großen, langen literarischen Werke leichter zugänglich zu machen, sie in Form von Nacherzählungen für Menschen verständlich zu machen, die Sanskrit nicht beherrschen.

Besonders viel Aufsehen erregte in den 90er Jahren eine Fernsehverfilmung des Ramayana, die damals viele Millionen Inder vor den Fernseher oder ins Kino zog. Im Ramayana geht es um Rama und seine Frau Sita, die von dem Dämonenkönig Ravana nach Ceylon entführt wird. Mit Hilfe des Affenhäuptlings Hanuman befreit er sie, aber Rama verdächtigt Sita, dass sie ihm untreu gewesen sei. Sita will sich deshalb auf einem Scheiterhaufen opfern, aber der Feuergott Agnis verweigert ihr dieses Opfer, denn er weiß, dass sie unschuldig ist. Also kehren Rama und Sita wieder zurück, doch Rama misstraut seiner Frau weiterhin, so dass sie ihre Zwillinge im Wald gebären muss. Als seine Söhne herangewachsen sind, erkennt Rama sich in ihren Gesichtern wieder und verzeiht seiner Frau. Aber Sita ist inzwischen so verzweifelt, dass sie die Göttin Erde darum bittet, sie zum sichtbaren Zeichen ihrer Unschuld zu verschlucken. Darüber ist Rama so verzweifelt, dass er verschwindet – und später als Vishnu wieder göttliche Gestalt annimmt.

Auch wenn die großen literarischen Werke des Hinduismus vom Leben der Figuren erzählen, die als Götter verehrt werden, hat sich das Bild, das die Hindu sich von ihren Göttern machen, über die Jahrhunderte verändert. So wie Shiva sich nach und nach zu einem friedfertigen Gott verwandelte, so werden auch andere Götter in immer neuen Formen gesehen und verehrt.

So wie die männlichen Götter der Hindu keine eindeutige Identität haben, erscheinen auch die Göttinnen in vielfacher Gestalt. Zunächst haben die beiden wichtigsten Götter im Hinduismus, Shiva und Vishnu, natürlich auch Frauen als

Begleiterinnen. Shivas Frau ist die überirdisch schöne Parvati. Sie steht für das Prinzip der ewigen Kraft der Natur, die gebiert und wieder zerstört. Als gute Göttin symbolisiert Parvati die Wohltätigkeit. Aber sie kann auch als Kali erscheinen, dann ist sie furchterregend hässlich und dringt auf Zerstörung.

Lakshmi ist Vishnus Frau, sie wird als Göttin des Wohlstands und des Glücks angesehen. Sie begleitet Vishnu bei jeder seiner Inkarnationen, wie man das Auftreten der Götter in vielfältiger Gestalt nennt.

Vor dem Hintergrund der Geschichte im Ramayana wurde Hanuman zu einem sehr beliebten Gott, der von vielen Hindu verehrt wird. Er zerstörte als Anführer einer Armee von Affen die Festung, in der Sita gefangen gehalten wurde. Hanuman wird unter anderem für körperliche Herausforderungen um Beistand gebeten, von Asketen, die sich in hinduistischen Schulen ausbilden lassen, ebenso wie von ganz »normalen« Sportlern. Aufgrund der Geschichte von Hanuman sind für viele Hindu Affen heilig, weshalb die Tiere in Tempeln Narrenfreiheit genießen.

Im strengen Sinne gibt es keine festgefügte Familie in der Götterwelt der Hindu, dafür sind die einzelnen Götter zu veränderlich und nehmen immer wieder verschiedene Rollen an. Aber über Ganesha, den Sohn von Vishnu und Parvati, wird eine bemerkenswerte Geschichte erzählt: Shiva wollte keinen Sohn, er war gerade in seiner asketischen Phase, deshalb erschuf Parvati sich selbst ein Kind. Vor Wut darüber schlug Shiva diesem Kind den Kopf ab. Das machte Parvati sehr traurig, so dass Shiva ihr schließlich versprach, dass er dem Jungen den Kopf des ersten Lebewesens, an dem er vorbeikäme, aufsetzen würde. Dieses Wesen war ein Elefant, so dass Ganesha in der Folge mit einem

Elefantenkopf leben musste. Ganesha ist ein außerordentlich beliebter Gott, der als sehr liebenswürdig und liebenswert gilt, seine herausragende Eigenschaft ist die Naschsucht. Deshalb wird er auch meist etwas beleibt dargestellt. Sein Reittier ist die Ratte, weshalb Ganeshas Anhänger Ratten unter Schutz stellen. Hindu wenden sich an Ganesha, wenn sie Zuspruch für neue Vorhaben wünschen. Aber auch Ganesha tritt in anderen Erscheinungsformen auf, manchmal einfach in unbehauenen, rohen Steinen. Ein solcher Stein kann etwa mit rostigen Nägeln behauen werden, um gegen Zahnschmerzen zu helfen.

Der Hinduismus

Was am Hinduismus vor allem ins Auge sticht, sind die Vitalität und die Hingabe, mit der die Hindu ihre Religion zelebrieren. Ihre Götter und Legenden, aber auch ihre Kleider, Tänze und Gesänge sind ein wahres Fest für die Sinne. Düfte, Blumen und Früchte gehören ebenso dazu wie ausgelassene wilde Feste – das Holi-Fest etwa –, bei denen sich die Menschen mit Farbe bewerfen.

Vielleicht nirgendwo sonst wird Religion so selbstverständlich, so farbenfroh und so leidenschaftlich gelebt wie in Indien.

Die Vielfalt des Hinduismus, in dem jeder an seinen eigenen Gott glaubt, macht es schwer zu sagen, was für eine Religion der Hinduismus eigentlich genau ist. Westlich geprägten Menschen kommt er zuweilen vielleicht wie eine Mischung aus vielen miteinander verwandten, im Einzelnen jedoch oft sehr unterschiedlichen Glaubensrichtungen vor, die wir westlich sozialisierte Menschen nicht so recht zu fassen und einzuordnen vermögen. Kein Wunder, denn alle Merkmale, die Christen, Juden oder Moslems normalerweise mit Religion verbinden, fehlen im Hinduismus: Es gibt keinen Religionsstifter, keine einheitliche Kirche, kein verbindliches religiöses Oberhaupt und keine dogmatischen Glaubensregeln. Auf der anderen Seite gibt es eine Vielzahl von Sitten, Bräuchen und Traditionen, die eng mit der Religion des Hinduismus verwoben sind und die das alltägliche Leben bis ins kleinste Detail bestimmen.

Dieser große Kontrast zwischen freier Religionsausübung einerseits und strengen gesellschaftlichen Sitten andererseits fiel schon den Engländern auf, als sie Indien im 19. Jahrhundert kolonialisierten. Da sie das Ganze sehr verwirrend fanden, versuchten sie, dieses religiöse Durcheinander begrifflich unter einen Hut zu bekommen. Das Wort, das ihnen für das bunte Götterschauspiel einfiel, war »Hinduismus«. Und die Menschen, die das religiöse Schauspiel aufführten, nannten sie »Hindu« – was allerdings nicht gerade eine geistige Meisterleistung war: Die Engländer übernahmen die Bezeichnung von den Persern, die sie vor Jahrhunderten aufgebracht hatten und für die ein Hindu einfach ein Mensch war, der jenseits des Flusses Indus lebt, der Indien von Zentralasien trennt. Dass die Engländer auf diese Weise einfach alle Landesbewohner in einen Topf warfen, war zufälligerweise aber auch nicht *ganz* falsch. Selbst wenn es auf den ersten Blick nicht so scheint, so gibt es in Indien sehr wohl einen Glauben, der alle Hindu miteinander verbindet. Allerdings ist dies kein Glaube an einen bestimmten Gott, sondern der Glaube an ein göttliches Prinzip: den »sanatana dharma«.

Der Sanatana Dharma

»Sanatana dharma« ist nicht ganz leicht in europäische Sprachen zu übersetzen, denn in unsere Art zu denken passt dieser Begriff nicht. Wörtlich bedeutet er etwa so viel wie »ewige Ordnung« oder »das ewig Tragende«. Darunter können wir westlich sozialisierten Menschen uns erst einmal wenig vorstellen, wes-

halb wir uns beim Verstehen dieses Prinzips mit einem etwas europäischeren Begriff behelfen können und »sanatana dharma« mit »Schicksal« oder »Bestimmung« übersetzen. Es verhält sich nämlich so: Der hinduistische Glaube an den ewigen dharma ist allumfassend. Er besagt, dass es für alles und jeden auf dieser Welt bestimmte Regeln, anders gesagt, eine Bestimmung gibt, nach der er, sie oder es funktioniert – ja, sogar funktionieren *muss* –, weil das Schicksal es eben so vorsieht. Dieses Prinzip gilt sowohl für Menschen, Tiere und Pflanzen als auch für die Gesellschaft und den Kosmos im Ganzen. Niemand kann sich dieser göttlichen Bestimmung entziehen – nicht einmal die Götter selbst: Auch für sie gibt es göttliche dharma-Regeln, was wiederum bedeutet, dass die hinduistische Götterwelt sich im Grunde genommen aus nicht mehr als den Einzelteilen eines riesigen Puzzles zusammensetzt.

In gewisser Weise sind diese Regeln wie Naturgesetze, die wir aus der Physik kennen. Wenn man einen Stein fallen lässt, dann plumpst er augenblicklich zu Boden – und schwebt eben gerade nicht wie eine Feder sanft zur Erde. Das war immer so und wird auch immer so sein. Was wir als das Gesetz der

Schwerkraft bezeichnen, nennt der Hindu dharma. In diesem Fall: den dharma des Steins.

Genauso wie den dharma des Steins gibt es aber den dharma einer Pflanze, der festlegt, dass sie wächst, wie es ihrer Art entspricht. Und der vorherbestimmt, dass diese Pflanze von bestimmten Tieren gefressen wird, was wiederum Teil des dharma dieser Tiere ist.

Diese Beispielreihe ließe sich unendlich fortschreiben – es gibt den dharma des Wassers, der festlegt, wie Wasser fließt, bei welchen Temperaturen es zu Eis und wann es zu Wasserdampf wird, um dann als Regen wieder auf die Erde herabzufallen und die Felder zu bewässern. Es gibt den dharma der Winde und Wetter, den dharma der Säugetiere und Reptilien, den dharma des Sommers und des Winters. Auf diese und viele andere Weisen spielt in der Natur alles ineinander und bildet eine ewige Ordnung, die für die Hindu göttlich ist.

Der dharma-Glaube der Hindu geht weit über die Natur hinaus. Die Art von Gesetzmäßigkeit, die wir am ehesten den Naturwissenschaften zuschreiben, gilt in Indien nämlich nicht nur für Tiere, Pflanzen und die Elemente, sondern auch für die Menschen und die Gesellschaft, in der sie leben.

Für jeden Lebensabschnitt – Kindheit, Jugend, Erwachsensein und Alter – schreibt der dharma daher vor, womit sich ein Mensch beschäftigen soll, um seine Bestimmung zu erfüllen.

Im Leben eines Hindu hat damit alles doch seine genaue Ordnung. Die vielleicht größte Bedeutung des dharma-Glaubens liegt jedoch in seinen Konsequenzen für die indische Gesellschaftsordnung.

Das indische Kastensystem

Die in Indien seit Jahrtausenden vorherrschende und sich in den letzten Jahrzehnten allerdings zunehmend öffnende Gesellschaftsordnung ist das sogenannte Kastensystem.

Das Kastensystem ist sehr streng und statisch, denn es teilt die indische Gesellschaft in fünf Schichten ein: Es gibt die vier sogenannten Kasten und die niedrigste Schicht, die sogenannten Kastenlosen. Jede Kaste hat ihre eigenen Vorschriften, Bräuche und Regeln. Diese schreiben bis ins kleinste Detail die Rechte und Pflichten eines Menschen vor. Heute haben sich diese Regeln und Pflichten vielfach aufgeweicht, doch ihre lebensprägende Macht ist noch immer vielerorts zu spüren.

Die Kaste der Geistlichen

An der Spitze dieses Systems steht traditionell die Kaste der Priester und Gelehrten. Sie werden Brahmanen genannt und haben die Aufgabe, sich um alle Belange der Religion zu kümmern. Einst beschäftigten sich Brahmanen ausschließlich mit der Durchführung von religiösen Ritualen und dem Studium der heiligen Schriften. Sie brauchten nicht zu arbeiten, andere kümmerten sich um sie.

Der traditionelle Tagesablauf eines Brahmanen ist streng geregelt und von morgens bis abends zahlreichen religiösen Vorschriften unterworfen. Ein Brahmane muss gemäß der hinduistischen Glaubensregeln zum Beispiel immer mit dem rechten Fuß zuerst aufstehen, er darf kein Fleisch essen und muss mehrmals am Tag heiße Bäder nehmen und dabei Gebete sprechen. Waren die Brahmanen einst die Elite Indiens, haben sie heute ihre Sonderstellung vielfach verloren.

Die Kaste der Regierenden

Die zweithöchste Kaste der Inder bestand lange aus Fürsten, Adligen und Kriegern und war traditionell für die Regierung und die Verteidigung des Landes zuständig.

Die Kaste der höheren Arbeiter

Die dritte Kaste ist die Kaste der Händler, Handwerker und Kaufleute. Früher war diese Kaste damit betraut, die Wirtschaft des Landes in Gang zu halten. Viele Menschen dieser Kaste waren dementsprechend wohlhabend.

Die Kaste der niederen Arbeiter

Die allermeisten Hindu – rund 500 Millionen Menschen – gehören der niedrigsten und damit der vierten Kaste an. Ihre gesellschaftliche Aufgabe besteht traditionell in der Verrichtung niederer Dienste. Lange arbeiteten sie zum Beispiel als Fischer, Gärtner oder Diener und führten eine von Armut geprägte Existenz.

Die Kastenlosen

Noch schlechter als den niederen Arbeitern geht es jedoch einer fünften Gruppe von Menschen im hinduistischen Kastenwesen, die als »Unberührbare« oder »Kastenlose« bezeichnet werden und die bis vor wenigen Jahrzehnten faktisch vollkommen rechtlos waren: Die Kastenlosen waren die Außenseiter der Gesellschaft und mussten als Straßenkehrer, Toilettenreiniger, Schlachter, Leichenwäscher oder Bestatter arbeiten, also in sogenannten unreinen Berufen.

Ihr Schicksal bestimmte weiterhin, dass Mitglieder anderer Kasten nicht mit ihnen sprechen und sie auf keinen Fall berühren durften.

Heute hat sich die Lage der Kastenlosen gebessert. Quotenregelungen an Schulen und Unis ermöglichen Kastenlosen Zugang zu Bildung und Aufstieg. Einige der derzeit höchsten Minister sind beispielsweise Kastenlose. Allerdings kommt es auch heute, vor allem in ländlichen Gebieten, noch manchmal vor, dass Kastenlose diskriminiert werden und ihnen zum Beispiel der Zutritt zu Restaurants oder Kinos verwehrt wird.

Welcher Kaste man angehört, kann man sich nicht aussuchen: Man wird vielmehr in seine Kaste hineingeboren und bleibt für immer in ihr gefangen. Mit der Geburt ist damit das Schicksal eines Hindu bereits in weiten Teilen festgelegt – denn ein Wechsel von einer Kaste in die andere ist zu Lebzeiten nicht möglich. Wer als Brahmane geboren wird, wird sein Leben lang Brahmane bleiben. Wer als Sohn eines indischen Fischers davon träumt, anstatt Netze auszuwerfen, an der Universität zu studieren, wird es nicht immer leicht haben, sich diesen Traum zu erfüllen. Allerdings: Diesen Traum im Kino zu träumen, ist das eine, in der Realität aber möchten viele die Sicherheit und die Geborgenheit der Großfamilie und der Kaste doch nicht für einen romantischen Traum aufgeben.

Auf den ersten – und auch auf den zweiten – Blick scheint uns westlichen Menschen dieses System vor allem eines zu sein: ungerecht. Und veraltet. Denn es diskriminiert und benachteiligt Menschen auf der Grundlage ihrer sozialen Herkunft. Es schreibt ihnen vor, was sie dürfen und was nicht. Das Ideal der Chancengleichheit und Gleichberechtigung, auf dem unsere Gesellschaft aufgebaut ist, hat im Kastensystem keinen Platz.

Wenn wir das indische Kastensystem kritisieren, vergessen wir allerdings meistens, dass es auch bei uns in Europa eine Zeit gab, in der die Gesellschaft in undurchlässige Schichten eingeteilt war, in die man hineingeboren wurde und die man zeit seines Lebens nicht verlassen konnte: Das war im Mittelalter, wobei die gesellschaftlichen Schichten nicht »Kasten« hießen, sondern »Stände«.

Gewiss, dieser Vergleich hinkt ein wenig, denn das indische Kastensystem ist viel komplexer und ausdifferenzierter, als die mittelalterliche Ständeordnung es je war. Was ihre gesellschaftliche Wirkungsweise betrifft, ist die mittelalterliche Ständeordnung, aus der unser heutiges Gesellschaftssystem hervorgegangen ist, dem traditionellen indischen Kastensystem jedoch erstaunlich ähnlich.

Die Tatsache, dass es auch bei uns Zeiten gab, in denen das Schicksal der Menschen mit ihrer Geburt bereits weitestgehend besiegelt war, macht das indische Kastensystem mit unseren Maßstäben betrachtet natürlich nicht besser.

Doch bevor wir Westeuropäer den Indern gute Ratschläge erteilen, sollten wir uns ehrlich fragen, ob uns der Gedanke, Menschen danach zu beurteilen, aus welcher Gesellschaftsschicht sie kommen, tatsächlich so fremd ist.

Aber selbst heute stoßen wir noch auf viele Überbleibsel der alten Ständeordnung, die teilweise auf sehr harsche Weise verhindern, dass tatsächlich jeder Mensch unabhängig von seiner Herkunft die gleichen Chancen hat – so wie es die Gesetze vorsehen. Gerade in Deutschland kann man nach wie vor einen direkten Zusammenhang zwischen der sozialen Herkunft und den Bildungs- und Aufstiegschancen eines Menschen feststellen. Anders gesagt: Wer in Deutschland studiert und später eine gute Anstellung bekommt, stammt mit hoher Wahrscheinlichkeit aus einem wohlhabenden, gutbürgerlichen Elternhaus. Kinder aus der sogenannten Unterschicht dagegen schaffen es meist nicht bis an die Universität, sie besuchen oft nicht einmal das Gymnasium. Auch in einer Gesellschaft wie unserer, die sich als viel egalitärer versteht, ist die soziale Herkunft, ob wir das nun wahrhaben wollen oder nicht, nach wie vor prägend für den weiteren Lebensweg eines jeden Einzelnen.

Kann man Liebe arrangieren?

Ähnlich fremd wie das indische Kastensystem wirkt auf uns westliche Betrachter auch die Praxis der »arrangierten Ehe«. Von den Eltern arrangierte Ehen sind vielerorts bis heute üblich, weil damit sichergestellt wird, dass ein kastenmäßig passender Partner für die Tochter oder den Sohn gefunden wird. Dabei gehen die künftigen Schwiegereltern nicht eben zimperlich vor: Sie geben Zeitungsannoncen auf, unterziehen den Heiratskandidaten bzw. die künftige Braut einer Prüfung auf Herz und Nieren, was seine soziale Herkunft, ihre Mitgift und den potenziellen Status des Paares angeht – ohne dass das Brautpaar auch nur einen Satz mitzureden hätte. Es kommt nicht selten vor, dass sich die jungen Leute am Abend ihrer Verlobung zum ersten Mal sehen.

Besonders die junge Generation, die sich stärker an der west-

lichen Lebensart orientiert, steht der konventionellen Heirats-
politik zwiespältig gegenüber.

Denn auch in Indien sind die Ideale von Freiheit, Gleichheit
und das Recht auf Selbstverwirklichung, auf denen unsere Gesellschaftsordnung basiert, in den letzten Jahrzehnten immer
wichtiger geworden. Mit der wirtschaftlichen Entwicklung von
einem Entwicklungsland zu einer modernen Industrienation
flirten Inder mit einem zunehmend verwestlichten Lebensstil
und entdecken außerdem einen ganz privaten Traum für sich,
der mit diesen Idealen Hand in Hand geht: den Traum von der
Liebesbeziehung über soziale Schranken und Kastengrenzen
hinweg mit einem Partner, den jeder frei wählt.

Die Abschaffung des Kastensystems

Offiziell wurde das Kastensystem schon 1949 mit der Gründung Indiens als ein unabhängiger Staat abgeschafft. Die indische Verfassung verbietet jede Diskriminierung von Menschen
aufgrund ihrer Kastenzugehörigkeit oder ihres Geschlechts.
Darüberhinaus garantiert die indische Verfassung jedem Inder
unabhängig von seiner Kaste den Zugang zur Wasser- und
Stromversorgung, zu allen öffentlichen Einrichtungen, zu Restaurants, Hotels, Kinos oder Theatern. Selbst eine bestimmte
Anzahl von Studienplätzen wird inzwischen jedes Jahr für Angehörige der unteren Kasten freigehalten.

Durch die Öffnung des Systems liegt auch die Regierung und
Landesverwaltung seitdem nicht mehr ausschließlich in der
Hand einer Kaste: Bereits im Jahr 1966 wurde eine Frau zur
Premierministerin gewählt: Indira Gandhi regierte Indien ins-
gesamt fünfzehn Jahre. Und 1997 wurde sogar ein kastenloser
Politiker, der zur Gruppe der Unberührbaren zählte, zum
Staatspräsidenten gewählt.

Maßgeblichen Anteil an dieser Entwicklung hatte der Führer der indischen Unabhängigkeitsbewegung, Mahatma Gandhi, der Tradition und Moderne auf besondere Weise miteinander zu verbinden wusste und den die Inder zärtlich »Große Seele« nennen.

Für konservativ denkende Inder, für die nur Tradition und Religion zählen, erscheinen allerdings westliche Werte wie Freiheit und Selbstbestimmung nicht zwangsläufig erstrebenswert. Für einen gläubigen Hindu ist das Kastensystem nämlich keineswegs ungerecht, sondern im Gegenteil Ausdruck der höheren, göttlichen und unfehlbaren Gerechtigkeit des Sanatana dharma. Im Sinne dieser göttlichen Ordnung ist es also mitnichten der Zufall, der entscheidet, ob man als Mann oder als Frau auf die Welt kommt und in welche Kaste man hineingeboren wird. In dieser Welt gibt es keine Zufälle, sondern nur das Karma eines Menschen, das darüber entscheidet, in welches Leben er hineingeboren wird.

Eng verknüpft mit der Karma-Lehre ist im hinduistischen Glauben auch das »Gesetz der Ewigen Wiedergeburt« – das Gesetz der Reinkarnation.

Die Lehren von Sanatana dharma, Karma und der Ewigen Wiedergeburt bilden die Eckpfeiler des traditionellen hinduistischen Glaubens. Ihre Bedeutung ist vor allem in ländlichen Gebieten bis heute kaum zu unterschätzen.

Denn wer an die Karma-Lehre und an die Ewige Wiedergeburt glaubt, für den wird jeder Mensch in genau das Leben hineingeboren, in das er gemäß seines Karmakontos hingehört. Ein Sichaufbäumen kommt deshalb für viele nicht infrage. Denn wenn Angehörige unterer Kasten zwar in diesem Leben arm dran sind, dann gibt es hierfür bestimmt einen guten Grund: Offensichtlich müssen sie in dieser Existenzform etwas wiedergutmachen, das sie sich in ihrem vorherigen Leben zuschulden haben kommen lassen. Andersherum funktioniert diese Theorie auch: Ein Brahmane hat in seinen vorherigen Leben offenbar einiges geleistet, ansonsten hätte sein Schicksal ihn nicht zu dem gemacht, was er jetzt ist: zu einem besonders angesehenen Mitglied der Gesellschaft nämlich. Ein frommer Hindu braucht sich daher eigentlich nicht zu beklagen. Denn für ihn besteht der Sinn des Daseins allein darin, ein tugendhaftes Leben im Einklang mit dem dharma zu führen und so viel gutes Karma wie möglich anzusammeln, damit seine Seele im Idealfall vor neuen Wiedergeburten verschont bleibt. Das Ziel ist also nicht, in einer möglichst hochwertigen Existenzform wiedergeboren zu werden, sondern ganz aus dem Kreislauf der Wiedergeburten erlöst zu werden.

Mahatma Gandhi

Mohandas Karamchand Gandhi wurde 1869 in Porbandar in Indien geboren. Er gilt als eine der größten Persönlichkeiten des neueren Hinduismus.

Gandhi studierte in London Jura und arbeitete einige Jahre lang als Anwalt in Südafrika, wo er sich für seine dort lebenden Landsleute einsetzte. Das sprach sich auch in Indien herum, und als er 1915 heimkehrte, galt er in seiner Heimat bereits als Held.

Gandhi übernahm 1920 eine Partei namens »Indischer Nationalkongress«. Sie war die treibende Kraft im indischen Freiheitskampf gegen die Briten, die als Kolonialmacht noch immer das Land beherrschten. Gandhi wollte die ungeliebten Kolonialherren mittels eines unglaublichen Konzepts aus dem Land treiben: Alle Angestellten und Beamten sollten einfach die Zusammenarbeit mit den Besatzern verweigern – und zwar gewaltlos.

Ein schönes Beispiel für sein Prinzip dieses kollektiven zivilen Ungehorsams, den Gandhi anstachelte, ist der ›Salzmarsch‹, den er 1930 antrat: Die Briten verfügten damals über das Salzmonopol, was bedeutete, dass niemand außer ihnen Salz gewinnen oder verkaufen durfte. Um den Kolonialherren zu zeigen, dass  die Inder die Unabhängigkeit wollten, wanderte Gandhi also zum Arabischen Meer, um dort symbolisch ein paar Körner Salz zu gewinnen.

Seinem Aufruf, es ihm im ganzen Land gleichzutun, folgten Tausende – und am Ende mussten die Briten 50 000 Menschen verhaften ... Welch hervorragende Publicity für Gandhi!

Und tatsächlich führte sein in die Geschichtsbücher eingegangener gewaltloser Widerstand 1947 zur Kapitulation Großbritanniens: Die Briten zogen ab, und Indien konnte die eigenen Geschicke als unabhängiger Staat von nun an selbst lenkten.

Gandhi wurde 1948 von einem Nationalisten erschossen, weil er mit seinen Forderungen für die Modernisierung des Staates noch weiter ging: Er war öffentlich für die Unberührbaren und die Rechte der Muslime eingetreten.

Die Inder verehren Gandhi als Nationalhelden und als Bewahrer der Tugenden des Verzichts, der Keuschheit und der Wahrheitsliebe. Aber auch als einen Kämpfer für Freiheit, Fortschritt und Veränderung.

Karma

Hindu wie Buddhisten sind davon überzeugt, dass alles, was sie tun oder ganz bewusst unterlassen, eine Wirkung und damit bestimmte Konsequenzen hat. Diesen Zusammenhang von Ursache und Wirkung, der uns Westeuropäern sehr gut aus den Naturwissenschaften bekannt ist, nennen die Hindu »Karma«. Im Hinduismus wirkt sich das Karma darauf aus, in welcher Existenzform – vor allem aber, in welcher Kaste – die Seele eines Menschen nach seinem Tod wiedergeboren wird. Auch ob der Mensch als Mann oder als Frau wiedergeboren wird, geht letztlich auf die Bestimmung des Karma zurück.

Was das Karma anbetrifft, so ist aber jeder Gläubige seines eigenen Glückes Schmied: Wer gutes Karma sammelt, wer also in seinem Leben gute Taten vollbringt, darf mit hoher Wahrscheinlichkeit damit rechnen, dass er oder sie im nächsten Leben in einer höheren Existenzform, in einer höheren Kaste wiedergeboren wird. Wer wiederum zu Lebzeiten Schlechtes tut, sammelt entsprechend schlechtes Karma und muss sich darauf gefasst machen, im nächsten Leben ein paar Existenzformen weiter unten zu landen. Ziel eines jeden Hindu ist es daher, so viel gutes Karma wie möglich anzusammeln und dies auf seinem persönlichen Karmakonto auf der Habenseite zu verbuchen – damit es ihm in Zukunft besser geht als im Hier und Jetzt.

Auch wenn die Traditionen immer noch mächtig sind: Die indische Gesellschaft ist in Bewegung geraten und im Begriff, sich in einem schmerzhaften Ablösungsprozess von vielen traditionellen Lebensweisen und Glaubensvorstellungen zu trennen. Allerdings ist der Weg des Übergangs von der Kastenordnung hin zu einer freiheitlichen Gesellschaft lang und beschwerlich, vor allem in einem so großen Land wie Indien, das zudem durch ein starkes soziales Gefälle zwischen Ballungsräumen und ländlichen Gegenden geprägt ist. Vor allem die Menschen auf dem Land schrecken (noch) davor zurück, sich auf die fremde und neue Idee der Freiheit, Gleichberechtigung und Selbstbestimmung einzulassen. Für sie sind diese neuen Denkmuster und Lebensweisen vermutlich eine zwiespältige Angelegenheit, die mit sehr viel Sehnsucht, aber auch mit sehr viel Angst verbunden ist: Eine freie Gesellschaft, in der jeder tun kann, was er möchte, mag verlockend sein, bedeutet aber auch den Schutz der Familie, der Kastenzugehörigkeit und der starken Tradition aufzugeben. In einer solchen neuen Gesellschaft würde nicht mehr nur die Religion, also das jedem Menschen vorherbestimmte Schicksal, zählen, sondern im Zweifel das Gesetz des Stärkeren – was das Schicksal der vielen wirtschaftlich wie sozial unterdrückten Menschen nicht notwendigerweise leichter macht. Nicht zuletzt bedroht eine an westlichen Standards orientierte Sozialordnung damit den festen und gesicherten Platz im Leben, den das Kastensystem trotz aller Ungerechtigkeiten und Erniedrigungen garantiert. Vor allem aber bietet die Religion den Traditionalisten, die allem Neuen skeptisch gegenüberstehen, im Hier und Jetzt Trost, weil sie sich in ihrer altbekannten Welt aufgehoben fühlen.

Wie die Geschichte von Indien und seiner Religion weitergeht, ist schwer zu sagen. Vermutlich wird die Religion eine andere Rolle annehmen. Das ist konflikthaft, und wer weiß, ob das Ergebnis ein weniger religiös geprägtes Indien sein wird? Die Erfahrungen der anderen Religionen, die bereits Krisen und Erneue-

Reinkarnation

»Reinkarnation« bedeutet »Wiedergeburt«. Hindus und Buddhisten glauben, dass der Mensch unendlich viele Leben durchläuft und entsprechend seines Karma nach jedem Tod in einen neuen Körper hineingeboren wird. Dieser Körper ist im besseren Fall ein Mensch, wenn der Wiedergeborene allerdings in seiner vorherigen Existenz viel schlechtes Karma angesammelt hat, kann seine neue körperliche Hülle aber auch durchaus ein Tier oder eine Pflanze sein.

Während in unserem Kulturkreis vielen die Idee der Wiedergeburt als etwas Positives gilt, weil man nur ein Leben hat, in dem man meistens nicht all das verwirklichen kann, wovon man träumt, besteht für Hindus und Buddhisten das Ziel des Lebens oder besser gesagt: der vielen verschiedenen Leben darin, eines fernen Tages aus dem Kreislauf der Wiedergeburten aussteigen zu dürfen und davor verschont zu bleiben, neue Existenzformen annehmen zu müssen. Die Hinduisten nennen das Moksha.

Moksha bedeutet die Erlösung des Menschen und das Ende des Wiedergeburtskreislaufs durch die Verschmelzung der eigenen Seele mit der Weltenseele.

Moksha wird erreicht, indem gutes und schlechtes Karma abgebaut wird. Gutes Karma führt zur guten Existenzen, aber nur Nicht-Karma führt zur Erlösung.

Der Weg des Handelns führt über die Einhaltung von Regeln und Pflichten, die sowohl Gebete als auch Opferhandlungen, Pilgerfahrten und das Bad im Ganges beinhalten. Der Weg der Erkenntnis und der Konzentration beinhaltet den Unterricht bei einem Guru und das Auswendiglernen von heiligen Texten, Yoga- und Meditationsübungen. Der Weg der Gottesliebe ist mit dem Gottesglauben der Monotheisten vergleichbar und besteht darin, sich einer Gottheit anzuvertrauen, ihrer zu gedenken und sich von ihr zum Licht leiten zu lassen.

Um jedem Lebewesen die Chance zu geben, in einer besseren Daseinsform wiedergeboren zu werden und auf seinem Weg zur Erlösung von der Wiedergeburt voranzukommen, muss man es demnach – auch zu seinem eigenen Wohl – achten und sein Leben schonen. Daher sind Mitgefühl und Gewaltlosigkeit die wichtigsten Gebote im Hinduismus und Buddhismus.

rungen erfahren haben, zeigen, dass dem Freiheitsgewinn in einem weniger religiös bestimmten Leben auch Verluste gegenüberstehen: um die Verluste von Gewissheit, Werten und menschlicher Wärme. Denn es geht ja nicht nur um Götter und ihre Abenteuer, um blumengeschmückte Tempel, bunte Gottesdienste, Tänze und Lieder – auch für Hinduisten geht es um Lebenssinn und das Aufgehobensein in einem höheren, einem göttlichen Zusammenhang.

Dieser Konflikt zwischen Tradition und Moderne ist übrigens für alle großen Religionen ein Thema. Menschen fragen sich, wie man religiös leben und trotzdem am modernen Leben teilhaben kann. Die Antwort ist für alle gleichermaßen schwierig, denn es ist offen, ob eine zu große Anpassung an die Moderne der Religion etwas Wesentliches nimmt. Um dieses Ringen wird es später noch gehen, aber erst wollen wir uns dem Kern jeder Religion zuwenden – der Sicht auf Leben und Tod.

4 Autobahn oder Kreisverkehr? – oder: Geburt und Tod, Ende und Anfang, Himmel und Hölle... und was sonst noch dazugehört

Die Leben des Hape Kerkeling

Der Entertainer Hape Kerkeling bezeichnet sich selbst als »Buddhist mit christlichem Überbau«. Eine ziemlich interessante Kombination, wie es scheint – vor allem, wenn man sich ganz konkret etwas darunter vorzustellen versucht. Wie Hape Kerkeling auf diese eigenwillige Glaubensmischung kam, bleibt sein Geheimnis. Er liegt damit aber voll im Trend. Denn das religiöse »Freistil-Schwimmen« ist in Deutschland derzeit sehr in Mode.

Was verbirgt sich hinter dem Begriff »Buddhist mit christlichem Überbau« aber genau?

Auf alle Fälle kann man, bereits bevor man ins Detail geht, schon so viel sagen, dass Kerkeling offenbar nicht nur ein humorvoller und neugieriger, sondern auch ein ernsthaft an Religion interessierter Mensch ist, der sich viele Gedanken zu alldem macht, was zum Themenkreis »Gott« und »Glaube« gehört. Da seine Arbeitswelt – das Showbiz – sich allerdings weniger um Gott als um hohe Einschaltquoten schert, beschloss er, dem Fernsehen und dem Glamour für eine Weile den Rücken zu kehren und sich auf die Suche nach Gott zu machen. Über diese Sinnsuche hat er ein sehr erfolgreiches Buch geschrieben –

»Ich bin dann mal weg«. Dort beschreibt Hape Kerkeling seine Wanderung auf dem Jakobsweg zu dem berühmten Wallfahrtsort Santiago di Compostella. Dieser Pilgerweg ist ein uralter, mehrere hundert Kilometer langer Pilgerpfad quer durch Spanien, den Jahr für Jahr Tausende von Menschen gehen, um sich selbst und – im besten Fall – Gott zu finden.

In seinem Buch erzählt Kerkeling unter anderem auch eine Geschichte, die viele Menschen nach ihrer Veröffentlichung beschäftigt hat (was vor allem daran lag, dass sie in der BILD-Zeitung ganz groß abgedruckt wurde). In dieser Geschichte berichtet der bekannte Entertainer, wie er einmal mit fünf Freundinnen das Seminar eines Reinkarnationstherapeuten besuchte – also eines speziell dafür ausgebildeten Fachmannes, um herauszufinden, wer oder was man in seinem früheren Leben war. Hape Kerkeling begann also im Rahmen dieses Seminars unter der fachkundigen Anleitung des Therapeuten zu meditieren. Und er hatte tatsächlich eine Vision: Kerkeling sah sich selbst als Franziskanermönch in einem Kloster in Polen, zur Zeit des Zweiten Weltkrieges. Offenbar führte er dort ein karges, aber frommes Leben in Keuschheit und Askese. In seiner Vision sah Hape Kerkeling außerdem, dass das Kloster in einem Kohlenkeller Juden versteckt hatte. Unglücklicherweise wurde das Versteck von den Nazis aufgestöbert, und die Juden wurden abtransportiert. Für den Franziskanermönch Hape und seine Mitbrüder bedeutete dies, dass sie vor das deutsche Militärgericht gestellt, zum Tode verurteilt und erschossen wurden. Kerkeling erzählt in seinem Buch, wie er in dieser Vision sogar seiner eigenen Erschießung beigewohnt habe, dass er dabei furchtbare Ängste durchlitten und gefleht habe, am Leben bleiben zu dürfen. Nach seinem Tod erblickte er sich als funkelndes Licht, das von Lichtgestalten zur Rede gestellt wurde. Ihr Vorwurf an den Mönch lautete, dass er im Augenblick des Todes an seinem Glauben gezweifelt habe.

Man mag zu Hape Kerkelings Sinnsuche und seinen Visionen stehen, wie man will. Was soll man aber von der Idee halten, dass der bekannte Entertainer anscheinend schon einmal auf der Welt war? Und seine Freundinnen ebenso? Gilt das etwa für alle Menschen? Haben wir vielleicht alle bereits mehrere Male gelebt?

Dich kenn ich doch irgendwoher ...?

In unserem Kulturkreis ist die Idee der Wiedergeburt nicht besonders verbreitet. Daher würden wohl die meisten von uns eher skeptisch die Augenbrauen hochziehen, wenn man ihnen glaubhaft zu machen versuchte, dass sie unter König Ludwig XVI. am Versailler Hof als Mundschenk gedient hätten.

So ungewöhnlich und exotisch, wie sie zunächst scheint, ist diese Idee allerdings gar nicht: In Indien ist der Glaube an die Wiedergeburt eine Selbstverständlichkeit, wie wir gesehen haben.

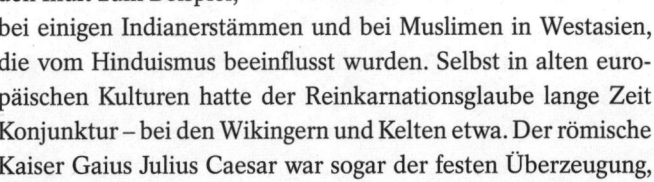

Doch nicht nur im Hinduismus spielt die Idee der Wiedergeburt eine wichtige Rolle. Gerade weil sie so alt ist, findet man sie in vielen Kulturen quer über den Globus verteilt: bei den Inuit zum Beispiel, bei einigen Indianerstämmen und bei Muslimen in Westasien, die vom Hinduismus beeinflusst wurden. Selbst in alten europäischen Kulturen hatte der Reinkarnationsglaube lange Zeit Konjunktur – bei den Wikingern und Kelten etwa. Der römische Kaiser Gaius Julius Caesar war sogar der festen Überzeugung, dass gerade ihr Glaube an die Wiedergeburt den Galliern die Angst vor dem Tod nahm und dass sie deshalb so besonders mutige Krieger waren, die den römischen Soldaten immer wieder die Stirn boten.

All diese Menschen glaubten oder glauben also, dass die Seele eines Menschen nach seinem Tod in einer neuen körperlichen Hülle wiedergeboren wird. Jeder von uns hat diesem Weltbild zufolge also nicht nur eines, sondern unendlich viele Leben. Und jedes dieser Leben ist, ähnlich wie die Jahreszeiten in der Natur, ein sich stetig wiederholender Kreislauf aus Werden und Vergehen, ist ein ewiger, sich immer wiederholender Prozess aus Geburt, Wachstum, Alter und Tod.

Interessant ist dabei natürlich die Frage, ob man sich an seine vorigen Leben erinnern kann. Hape Kerkeling kann es anscheinend, auch wenn er dazu einen Reinkarnationstherapeuten braucht. Im Hinduismus glaubt man dagegen, dass so etwas nicht ganz so einfach möglich sei. Denn bei der Wiedergeburt kehre die Seele rein, geläutert und ohne Erinnerung auf die Erde zurück, um unbelastet ins neue Leben starten zu können.

Rückführungstherapeuten gibt es daher auch vornehmlich im westlichen Kulturkreis, fernab von Indien. Hierzulande sind viele Menschen fasziniert von der Idee, dass sie früher möglicherweise eine vollkommen andere Existenz geführt haben – und dass sie möglicherweise sogar eine historische Person gewesen sein könnten. Zeitungen und Fernsehsender wittern daher sofort gute Storys, sobald jemand behauptet, er habe schon einmal gelebt. Vor einiger Zeit schickte die TV-Serie Galileo sogenannte »Galileo-Forscher« in die Welt, um Fälle von Kindern zu untersuchen, die behaupteten, ihre Eltern wären nicht ihre richtigen Eltern – ihre wahren Eltern befänden sich noch in einem früheren Leben. Auch im Internet wimmelt es von Chatrooms, in denen Menschen nicht müde werden, darüber zu debattieren, wer sie in einer anderen Existenz gewesen sein könnten und was dies möglicherweise für ihr jetziges Leben bedeuten könnte.

Streng rational denkende Skeptiker halten tapfer gegen die Reinkarnations-Mode und behaupten steif und fest, dass die Idee der Wiedergeburt unhaltbar sei – unter anderem aus dem einfachen Grund, dass die Weltbevölkerung über die Jahrhunderte hinweg beständig gewachsen sei und sich ein paar Seelen deshalb rein logisch gesehen verdoppelt oder verdreifacht haben müssten.

Ob Wiedergeburt tatsächlich möglich oder ob der Reinkarnationsgedanke Aberglaube ist, ist die eine Frage. Die andere ist, warum sich neuerdings so viele Menschen aus dem Westen besonders stark für diese Thematik interessieren. Warum, bitte schön, geht Hape Kerkeling zu einem Reinkarnationstherapeuten, anstatt glücklich und zufrieden seinen Erfolg als Entertainer zu genießen?

Hinter den anrührenden und bisweilen fragwürdigen Versuchen, seinen früheren Leben auf die Spur zu kommen, steckt eine der tiefsten Sehnsüchte, die der Mensch kennt: eine Antwort auf die Frage zu finden, was geschieht, wenn er sterben wird.

Wir müssen alle sterben – und dann?

Der Tod gehört zum Leben. Das ist eine eher banale Tatsache, über die es im Grunde nicht lohnt, länger nachzudenken. Jedes Lebewesen, jeder Mensch, jede Pflanze und jedes Tier stirbt irgendwann, so ist das nun einmal. Im Gegensatz zu Tieren und Pflanzen hat der Mensch aber eine besondere Eigenschaft: Er ist das einzige Lebewesen, dem bewusst ist, dass es vergänglich ist. Und gemeinhin ist den Menschen die Gewissheit, dass auch sie der Tod irgendwann heimsucht, nicht sehr angenehm. Viele Menschen verdrängen diesen Gedanken beharrlich und wünschen sich stattdessen, ewig jung zu sein.

Inzwischen leben wir in einer Gesellschaft, die den Tod sogar fast vollständig aus dem öffentlichen Bewusstsein ausgeklammert hat, so als würde es ihn gar nicht geben. Stattdessen wird ein verbissener Kult um Jugend und Schönheit betrieben: Die Werbung ist voll von jugendlichen Schönheiten, die niemals alt zu werden scheinen. Und sollten in Werbespots doch einmal alte Menschen auftauchen, so strotzen diese vor Kraft und Gesundheit – damit erst gar kein Verdacht aufkommt. Oft werden alte Menschen in unserer Gesellschaft in Altersheime abgeschoben, sobald sie schwach und gebrechlich werden, wo sie in vielen Fällen einsam dem Tod entgegenharren. Sie verschwinden einfach von der Bildfläche, fast so, als wolle man sie nicht sehen, um nicht daran erinnert zu werden, dass der Tod auf jeden von uns wartet.

Das Sterben wird sogar so erfolgreich ausgeblendet, dass viele Menschen hierzulande noch nie einen Toten zu Gesicht bekommen haben. Aus dem einfachen Grund, dass ein Verstorbener heutzutage bereits kurz nach dem Tod abtransportiert wird – ganz im Gegensatz zu früheren Zeiten, als die Toten noch tagelang aufgebahrt blieben, damit ihre Vertrauten sich von ihnen verabschieden konnten. Im neuen Jahrtausend begegnen sich der Verstorbene und seine Verwandten erst auf dem Friedhof bei der Beerdigung wieder – er liegt dann aber bereits in einem geschlossenen Sarg. Und selbst zur Trauerfeier nehmen Eltern ihre Kinder oft nicht mit, weil sie glauben, ihnen etwas Gutes zu tun, wenn sie ihnen die

Auseinandersetzung mit dem Tod ersparen. Was sie dabei vergessen, ist – so sehr wir unser Augenmerk auch auf die Angelegenheiten des diesseitigen Lebens richten –, dass für jeden von uns aber irgendwann der Zeitpunkt naht, an dem wir mit unserem eigenen Tod konfrontiert werden. Spätestens, wenn wir älter werden oder wenn wir einen geliebten Menschen verlieren, ist der Moment da, in dem wir uns mit etwas Großem, Unbegreiflichem auseinandersetzen müssen, das keine Wissenschaft kontrollieren, verstehen oder gar beheben kann. In solchen Augenblicken verblassen plötzlich alle unsere Alltagssorgen und werden auf einen Schlag überdeckt von der uralten Frage nach dem Sinn des Todes und der großen Ungewissheit, ob es ein Leben danach gibt.

Die Instanzen, die über diese Fragen jahrtausendelang die Meinungshoheit gehabt haben, sind die Religionen. Die Antwort darauf, wie es nach dem Tod weitergeht, gehört zu ihren »Kernkompetenzen«, wie man in der Managersprache sagen würde. Tatsächlich geben ausnahmslos alle Religionen Antworten auf diese zentrale und allzu menschliche Frage. Vielleicht ist die Ungewissheit darüber, was nach unserem Tod mit uns passiert, sogar der eigentliche Grund, warum es überhaupt Religionen gibt. Möglicherweise glauben Menschen auch nur deshalb an eine höhere Macht, weil sie die Tatsache nicht ertragen können, dass sie eines Tages sterben müssen. Und weil sie das Gefühl brauchen, dass es nach dem Tod irgendwie weitergeht.

Die Lebenskraft einer jeden Religion zeigt sich deshalb nicht zuletzt an ihrer Fähigkeit, für die Menschen jeweils befriedigende Antworten auf die Frage zu finden, was sie nach ihrem Tod erwartet.

Wenn der Sinnsucher Hape Kerkeling also zum Reinkarnationstherapeuten geht, dann tut er das in seinem tiefsten Inneren vielleicht auch deswegen, weil er hofft, einen Beleg dafür zu finden, dass es mehr gibt als nur dieses eine Leben und dass

Die Schöpfungsgeschichte aus der Genesis

Das erste Buch Moses setzt ein mit der Beschreibung, wie Gott die Welt in sechs Tagen erschuf. Gleich der erste und sehr berühmte Satz erzählt von der kolossalsten aller möglichen Arbeiten: »Am Anfang schuf Gott Himmel und Erde.«

Das Weltall ist also Gottes erste Erfindung – und im Grunde die erste Trennung oder Unterscheidung.

Damit fängt alles an.

Nachdem das Gröbste geschafft ist, folgt im weiteren Verlauf der Schöpfungswoche die Vervollkommnung der Welt, die zuerst wüst, leer und finster ist – also noch gar nicht wohnlich. Zuerst schafft Gott das Licht und scheidet es von der Finsternis – man könnte sagen, dass er Tag und Nacht erfindet. Nach der ersten Nacht, die die Welt je erlebt hat, errichtet Gott am zweiten Tag das Himmelsgewölbe und trennt dieses wiederum vom Wasser; am dritten Tage schließlich trennt er dann das Wasser vom Land.

An diesem Tag erschafft Gott auch die ersten Lebewesen – Kräuter und Bäume, die Samen bringen und Früchte tragen. Es wird bunt!

Am vierten Tag denkt Gott sich dann die Sterne aus und fügt sie an das Himmelsgewölbe. So gibt es des Nachts ein kleines Licht und tags ein großes Licht – die Sonne.

Am fünften Tag kommt dann endlich Bewegung in die Welt: Gott erschafft die Tiere des Meeres und des Himmels.

Am sechsten Tag kommen dann die Landtiere hinzu.

Und schließlich die Krone der Schöpfung: der Mensch, den Gott nach seinem Bilde macht, oder besser gesagt: zwei Menschen, nämlich einen Mann und eine Frau. Ihnen vertraut er seine Welt an. Sie sollen herrschen über Vögel und Fische, Vieh und Gewürm, sagt er ihnen.

Und bei allem, was Gott tut, heißt es: »Und Gott sah, dass es gut war.«

Am siebten Tag ruht Gott sich schließlich aus: Er lehnt sich zurück, besieht sich sein Werk, ist sehr zufrieden damit und auch mit dem Ruhetag, den er da hält. Den, findet Gott, sollen sich die Menschen in seiner Schöpfung auch gönnen. Und das tun sie seitdem auch: die Juden am Samstag, dem Sabbat, die Muslime am Freitag und die Christen am Sonntag.

seine Sehnsucht, noch viel vor sich zu haben, dadurch gestillt wird. Vielleicht ist Hape Kerkeling nach dieser Sitzung einfach ein bisschen beruhigter, wenn er an seinen Tod denkt.

Hape Kerkelings Besuch beim Reinkarnationstherapeuten lässt aber noch einen anderen Schluss zu: Indem Hape den Therapeuten dafür bezahlt, dass er ihm die Angst vor dem Tod nimmt, gibt er indirekt zu, dass er den Antworten des Christentums auf die Frage nach dem Tod keinen Glauben mehr schenkt.

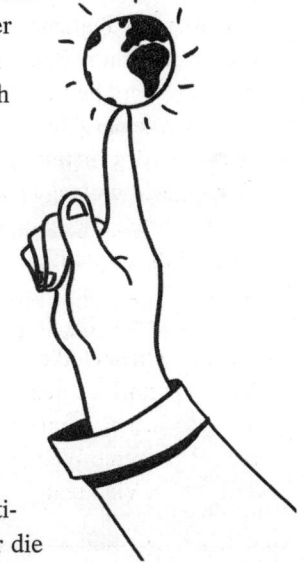

Was haben das Christentum und die anderen monotheistischen Religionen aber eigentlich auf die Frage zu sagen, was mit uns geschieht, wenn wir gestorben sind? Nur so viel vorweg: Ihre Antworten fallen vollständig anders aus als im Hinduismus. Die Idee der Reinkarnation hat in der Vorstellung der monotheistischen Religionen keinen Platz. Für die

Anhänger der drei großen monotheistischen Religionen ist die Welt nicht ein ewiger Kreislauf aus Werden und Vergehen, sondern eine schnurgerade Linie mit Anfang und Ende. Hindu und Buddhisten sehen die Welt als eine Schlange, die sich in den Schwanz beißt, Juden, Christen und Muslime halten die menschliche Existenz für eine einmalige, unvergleichliche, sich nie wiederholende Geschichte mit Anfang und Ende. Für sie ist die Welt nicht die Wiederkehr des Immergleichen, sondern ein einmaliges Kunstwerk, das Gott erschaffen hat. Autobahn statt Kreisverkehr sozusagen. Und genau darin liegt ein wesentlicher Unterschied zwischen den fernöstlichen und den monotheistischen Religionen.

Wie Gott die Welt erschuf

Wie Gott all das gemacht hat, was wir als unsere Lebenswelt bezeichnen würden, steht sowohl in der Bibel als auch in der Thora – und zwar ganz am Anfang.

Jüdische Theologen behaupten sogar zu wissen, wann genau Gott die Welt erschaffen hat: vor 6000 Jahren nämlich. Wie sie darauf kommen? Sie lesen in der Thora nach, ihrer Version des Alten Testaments, und zählen alle Generationen von Königen und Propheten, von denen dort die Rede ist, rückwärts bis zu Adam, dem ersten Menschen. Rechnet man alle Angaben in der Bibel zusammen, dann befinden wir uns heute nicht im Jahr 2008 n. Chr., sondern im Jahr 5769 nach der Schöpfung. Das ist auch die Zahl, die in diesem Jahr in jedem jüdischen Kalender zu finden ist.

Die moderne Wissenschaft stört sich natürlich an solchen Behauptungen, schließlich hat sie nachgewiesen, dass das Universum schon seit Milliarden von Jahren besteht und durch den

Urknall entstanden ist. Jüdische Gläubige kann das jedoch nicht erschüttern. Für sie ist die Erde gerade mal ein paar tausend Jahre alt, daran gibt es für sie nichts zu rütteln. Und sie stehen damit nicht allein: Auch Martin Luther, der im ausgehenden Mittelalter die Reformation des Christentums einleitete, hat solche Rechenspielereien veranstaltet und kam auf eine ähnliche Zahl wie die Juden. Die Muslime sind ebenfalls überzeugt, dass Allah die Welt zwar vor langer Zeit erschaffen hat, die Erschaffung der Welt aber gewiss nicht Milliarden von Jahren zurückliegt. Doch der Glaube der Juden, Christen und Muslime hält für die moderne Wissenschaft noch ganz andere Zumutungen bereit.

Christliche fundamentalistische Gruppen zum Beispiel behaupten seit einiger Zeit, dass die Erschaffung der Welt genauso geschah, wie es in der Schöpfungsgeschichte erzählt wird, und dass die Evolutionslehre nach Darwin deshalb falsch sei. Aber Christen können die Erzählungen der Bibel auch als Anhaltspunkt für Gottes Wirken nehmen, ohne deshalb die Erkenntnisse der modernen Wissenschaft ablehnen zu müssen. Denn Wissenschaft will erklären, wie die Dinge zusammenhängen, wohingegen sich Religion die Frage nach dem Warum stellt, im Vertrauen auf die Vernunft ihres Gottes.

Wenn Gott in die Welt kommt, wird alles anders

Als Gott die Welt erschuf, tat er dies aus einem bestimmten Grund, glauben sowohl die Juden als auch die Christen und die Muslime, er verfolgte damit nämlich einen bestimmten Masterplan. Alles, was auf Erden geschieht, ist demnach Teil dieses Plans, den Gott sich lange vor Erschaffung der Welt bereitgelegt hat und nach dem alles gemäß seiner Spielregeln vom An-

Der Sündenfall

Adam und Eva waren die ersten Menschen, die es gab, sagen die monotheistischen Religionen. Sie wurden als unsterbliche Geschöpfe von Gott erschaffen, und er gab ihnen den Garten Eden, das Paradies, als Lebensraum. Dort lebten die beiden als füreinander Geschaffene – als Mann und Frau. Die beiden ersten Menschen hatten alles, was sie brauchten; Gott hatte ihnen die Erlaubnis erteilt, alle Früchte zu essen, die an den Bäumen hingen, und zu tun, wonach ihnen der Sinn stand.

Nur von einem Baum durften sie nicht kosten: vom Baum der Erkenntnis. Denn wenn sie dessen Früchte äßen, hatte Gott Adam erklärt, würden sie ihre Unsterblichkeit verlieren.

Weil die Menschen aber verführbar sind, konnten Adam und Eva es nicht lassen: Die Neugierde und die Überredungskunst einer Schlange brachten Eva schließlich dazu, von der verbotenen Frucht der Erkenntnis zu kosten und auch Adam davon anzubieten. Nachdem die beiden von der Frucht gegessen hatten, sahen sie einander an und entdeckten ein neues Gefühl: Sie begehrten einander. Man könnte auch sagen: Sie entdeckten die Lust und die Leidenschaft.

Mit dem Genuss der Frucht der Erkenntnis begriffen Adam und Eva überhaupt so einiges über sich und die Welt, in der sie lebten – was Gott hatte vermeiden wollen:

Sie entdeckten das menschliche Schamgefühl und ver-
hüllten ihre Geschlechtsteile vor dem anderen, sie schlie-
fen miteinander – und versteckten sich schließlich aus
Angst davor, von Gott bestraft zu werden.

Die beiden hatten auch guten Grund, sich vor Gottes
Zorn zu fürchten. Er war tatsächlich wütend und enttäuscht – so wütend und enttäuscht, dass er Adam und Eva
aus dem Paradies verstieß. Sie durften nie wieder zurückkehren, und mit dem schönen Leben war es ein für alle Mal
vorbei: Ab jetzt mussten sich die beiden ihren Lebensunterhalt durch schwere körperliche Arbeit auf dem Felde
selbst erarbeiten. Und Eva musste unter großen Schmer-
zen Kinder gebären. Die Tore zum Paradies aber wurden
für immer verschlossen und von zwei Engeln bewacht.

fang der Schöpfung bis zu deren Ende abläuft. Bedauerlicher-
weise wird Gottes Plan den Menschen aber für immer unbekannt
bleiben ...

Die Zeit, die seit der Erschaffung der Welt durch Gott abläuft, ist ein Prozess, der unumkehrbar ist, glauben die Anhänger der drei monotheistischen Religionen, sie ist wie ein Faden,
den Gott in der Hand hält und von dem nur er allein weiß, wie
lang dieser ist. In den monotheistischen Religionen vergeht die
Zeit für einen Menschen also wie Sand in einer Sanduhr und
ist irgendwann abgelaufen. Und wenn diese Stunde gekommen
ist – für den Einzelnen ist das dann sein Tod –, war es das für
ihn, denn es wartet keine Wiedergeburt auf ihn, kein Gehen-
Sie-zurück-über-Los und nicht einmal eine Trostrunde.

Obgleich sich Juden, Christen und Muslime darin einig sind,
dass das Himmelreich kommen wird, hat doch jede der monotheistischen Religionen ihre eigene Vorstellung, wie es nach
dem Tod bis zur Errichtung des Himmelreiches weitergehe: Die

verschiedenen Strömungen des Judentums sind sich nicht vollkommen einig darüber, was den Menschen nach seinem Tod erwartet. Die Thora hat über das Leben nach dem Tode wenig gesagt, weshalb es verschiedene Schulen der Auslegung gibt: Das orthodoxe Judentum geht von einer Auferstehung des Menschen aus, liberale Juden hingegen diskutieren gar nicht über das Leben im Jenseits, sie konzentrieren sich vielmehr ausschließlich auf die irdische Welt als Ort der Begegnung mit dem Göttlichen, auf den Bund zwischen Gott und Israel und die Verpflichtung, der Menschheit zu dienen.

Überdies glauben Juden, dass Gottes Reich, wenn es kommt, auf Erden und nicht im Himmel errichtet werden wird. Himmelreich, das bedeutet für Juden nicht das Paradies oder ein ferner, den Lebenden unzugänglicher Ort, sondern eine irdische Welt, in der immerwährender Friede herrscht, in der gute Menschen leben und in der es kein Leid mehr gibt. Dieses Himmelreich wird mit dem Messias kommen – einem Messias, der nicht Jesus ist. Der echte Messias »mag allerdings trödeln«, wie es im jüdischen Volksmund heißt.

Was das Leben nach dem Tod betrifft, so glauben Juden, dass die Seelen nach dem Tod zu Gott, ihrem Ursprung, zurückkehren.

Christen sind der Ansicht, dass die Seele des Menschen nach seinem Tod weiterlebt. Die Seele verlässt ihre körperliche Hülle, wenn der Mensch gestorben ist, und lebt bis zum Ende der Welt als verklärter Leib im Jenseits weiter.

Der Glaube an ein Leben nach dem Tod und an die Auferstehung am Jüngsten Tag ist damit zentraler Glaubensgrundsatz des Christentums. Die Gläubigen gehen davon aus, dass mit Jesu Sterben die Erbsünde der Menschen getilgt wurde, die sie von Gott trennte und ein ewiges Leben grundsätzlich verunmöglichte.

Die Botschaft Gottes, dass er den Menschen vergeben und sie von der Erbsünde befreien wolle, beinhaltet aus christlicher Sicht nicht, dass er sie vor dem Tod bewahrt, sondern nur, dass Gott seine Geschöpfe am Jüngsten Tag wiedererwecken und sie erlösen wird. Deshalb können die Menschen an ein christliches Himmelreich glauben, das Jesus eines Tages errichten wird.

Weil in diesem Himmelreich jedoch nur die Gerechten leben sollen, findet am Jüngsten Tag ein Gerichtstag statt, an dem sich jeder Einzelne für sein Tun auf Erden vor Gott verantworten muss. Wer in seinem Leben gesündigt hat, wird nicht in das Paradies eingelassen, sondern kommt entweder in die Hölle oder – wenn doch noch Hoffnung für die sündige Seele besteht – ins Fegefeuer.

Die Hölle stellten sich die Christen im Mittelalter als einen unterirdischen Flammenort vor, in dem die Luft glüht. Das ist natürlich nur ein Sinnbild, das von der Kirche als Drohbotschaft verwendet wurde, um die Gläubigen durch Androhung von Strafe und Verdammung zu einem gottgefälligen Leben zu motivieren. Heute wenden sich die meisten Theologen gegen die Androhung von Strafe und Verdammung, weil ein solches Schicksal den zentralen Botschaften der christlichen Lehre – Liebe, Barmherzigkeit und Gerechtigkeit – zuwiderläuft. Gleichzeitig sind sich die modernen Theologen aber auch einig darüber, dass es unverantwortlich ist, nicht darauf hinzuweisen, dass die christliche Botschaft den Menschen lehrt, dem Bösen zu entsagen, und dass jeder Gläubige danach streben soll, sein Leben als aufrichtiger Mensch zu führen.

Papst Johannes Paul II. hat eine verständlichere und modernere Definition der Hölle geliefert: »Hölle ist Gottesferne«.

Demgegenüber ist das Paradies, wie es der christliche Glaube definiert, ein Ort der Wonne, an dem kein Leid mehr existiert und wo sich Wunschträume erfüllen. Es ist auch ein Ort der Belohnung für diejenigen Gläubigen, die zu Lebzeiten im Vertrauen auf Gott und gemäß seiner Gebote gelebt haben. Viele christliche Maler haben sich mit dem Garten Eden beschäftigt und ihn gemäß ihrer Vorstellung bildlich dargestellt: Das Ende 1500 entstandene Gemälde »Der Garten der Lüste« des Malers Hieronymus Bosch etwa zeigt eine bunte Szenerie, auf der sich fröhliche Menschen tummeln – sie plaudern einträchtig unter wundersamen Kuppeln, spielen in Zelten mit Muscheln und Kugeln, sie singen, tanzen und baden mit rosaroten Fabelwesen und friedvollen Tieren in majestätischen Gewässern. Sie essen von einer riesigen Brombeere, reiten auf meterhohen Vögeln, sitzen in einer Blase auf einer reich verzierten Blume – und eine kleine Maus schaut ihnen zufrieden dabei zu.

Die Jenseitsvorstellungen des Islam schließen auch ein Paradies mit ein, in das die Frommen eines fernen Tages Einzug halten dürfen. Genau wie das Christentum glaubt auch der Islam an eine Prüfung des Lebens eines jeden Einzelnen durch Gott: Nach seinem Tod muss sich jeder Muslim von zwei Engeln prüfen lassen, ob er fest im Glauben ist. Die beiden Himmelswesen stellen ihm Fragen nach dem Wortlaut des muslimischen Glaubensbekenntnisses, und wenn der Tote diese beantworten kann, darf er den Tag der Auferstehung, an dem Gott über das weitere Schicksal der Menschen entscheidet, in Ruhe erwarten.

Dieser Auferstehungstag, an dem die Frommen in das Paradies eingelassen werden und die Sünder in die Hölle verwiesen werden, ist nach muslimischer Vorstellung ein dramatischer, düsterer Tag, an dem über jedes Individuum Rechenschaft abgelegt wird.

Das islamische Paradies, wie es der Koran beschreibt, ähnelt übrigens auffällig dem Garten Eden – es ist ein Ort, an dem es einerseits alles, was ein Menschenherz begehren könnte, in Hülle und Fülle gibt, und andererseits auch ein Ort des Friedens und der Nähe zu Gott.

Himmel und Hölle sind out

Heute können viele Menschen nicht mehr viel mit den Vorstellungen von »Himmel« und »Hölle« anfangen. Als Antwort darauf, was uns nach dem Tod erwartet, scheint ihnen das alte Konzept eines Paradieses auf der einen Seite und einer Hölle auf der anderen nicht mehr besonders überzeugend. Wo, bitte schön, liegt denn das Paradies?, fragen sich viele, und wo die Hölle? Und warum gibt es nur zwei Möglichkeiten dafür, was nach dem Tod mit einem Menschen geschehen kann? Überhaupt: Weshalb soll der Mensch entweder nur gut oder nur böse sein? Ist er nicht immer beides? Gibt es überhaupt eine göttliche Instanz, die sagt, was richtig und falsch ist?

Die Frage nach dem Schicksal des Menschen nach seinem Tod erledigt sich genauso wenig wie das Definitionsproblem, was gut und was schlecht ist. Vor allem die Frage nach dem richtigen oder falschen Handeln stellt sich immer neu, gerade in Zeiten, die dem Einzelnen immer mehr Freiheiten lassen und ihn dazu zwingen, selbst zu entscheiden, wie er leben will und vor allem auf wessen Kosten: Darf man seine Wünsche verfolgen, auch wenn sie auf Kosten anderer gehen? Wie geht man mit der großen Freiheit im Internet um? Geht es einen tatsächlich etwas an, dass Menschen in unmittelbarer Umgebung am Rande des Existenzminimums leben? Und soll man wirklich alle Möglichkeiten der modernen Technik nutzen, um Leben zu verlängern, um den Tod auch bei unheilbaren Krankheiten hinauszuzögern?

Auch wenn die Umstände sich ändern: Die Grundfragen bleiben zu allen Zeiten gleich. Auch die Mühe, die es kostet, sich für oder gegen etwas zu entscheiden und sich dadurch womöglich sogar selbst Grenzen aufzuerlegen, ist gleich groß geblieben. Genau das macht die Sache mit der Freiheit so schwierig: dass man keine Regeln mehr vorgegeben bekommt, sondern selbst nachdenken und handeln muss. Da möchte man manchmal schon ausbüxen und die ganze Anstrengung für sinnlos erklären – oder einfach dem englischen Schriftsteller George Bernard Shaw von ganzem Herzen beipflichten: »Das Klima ist im Himmel sicher angenehmer, die Gesellschaft in der Hölle ist aber bestimmt interessanter.«

Drei, zwei, eins – mein Leben

Anders als die drei monotheitischen Religionen inplizieren die fernöstlichen Religionen mit der Wiedergeburtslehre, dass man all die Erfahrungen, Chancen und Lehren, die das Leben bietet, niemals nur einmal erleben kann. Daraus leiten moderne westliche Menschen manchmal für sich ab, dass man die Erfahrungen in einen früheren Leben nutzbar machen kann für eine spätere Existenz und dass man sich in einem nächsten Leben sogar einen ganz anderen Seinsentwurf zimmern kann. Denn wer kann in nur einem Leben schon all das verwirklichen, wovon er träumt? Wer kann den Atlantik in einem Segelschiff überqueren, eine Partei gründen, ein erfolgreiches Unternehmen leiten, den Mount Everest besteigen und dann auch noch Maler, Rockmusiker, Sozialarbeiter, Tierpfleger und Feuerwehrmann sein? Wahrscheinlich so gut wie niemand. Da hilft die Vorstellung, dass man mehr als nur ein kurzes Leben hat, um all die Dinge tun zu können, von denen man träumt, ganz ungemein im Hier und Jetzt, wenn man einmal wieder eine Chance verpasst hat.

Die meisten Anhänger solcher Wiedergeburtslehren übersehen dabei jedoch zwei zentrale Dinge: dass die traditionellen fernöstlichen Religionen erstens nicht versprechen, dass man immer als derselbe Mensch wiedergeboren wird und auf einen Erinnerungs- oder Erfahrungsschatz aus vorhergehenden Existenzen aufbauen kann. Und dass der Glaube an nur ein Leben zweitens auch positive Seiten hat: Er gibt den Menschen nämlich Antrieb, gute Taten zu vollbringen und sich dafür einzusetzen, dass diese Welt ein gerechterer und besserer Ort wird. Und er lehrt Demut, indem er jeden Einzelnen dazu zwingt, sich mit dem zu bescheiden, was er hat.

Kopf in den Sand? – Ist wirklich alles Schicksal?

Kritiker der Idee der Wiedergeburt behaupten vor dem Hintergrund der passiven Haltung im Hier und Jetzt, die viele »Neigungshinduisten« an den Tag legen, daher auch, dass der Glaube an die ewige Reinkarnation – im Gegensatz zum Glauben an nur ein Leben – zu Fatalismus führe – also zu einer passiven Haltung, die davon ausgeht, dass letztlich alles so kommt, wie es kommen muss, dass man aus eigener Kraft also nichts an seinem eigenen Schicksal ändern könne. Fatalisten widersetzen sich ihrem Schicksal grundsätzlich nicht, weil dies, wenn alles vorbestimmt ist, nur sinnlos wäre. Anstatt sich gegen Ungerechtigkeit und Missstände zu wehren und zu versuchen, ihre Situation aus eigener Kraft zu verbessern, tendierten Fatalisten vielfach dazu, widerfahrenes Unrecht hinzunehmen. Denn sie glaubten, dass sie ohnehin nichts an ihrer Lage ändern können, weil ihr Schicksal dies so vorgesehen habe. Nicht nur persönliche Schicksalsschläge oder Naturkatastrophen, sondern auch soziale Missstände würden dann, so behaupten die Kritiker der Reinkarnationslehre gleichmütig hingenommen. So würden zum Beispiel in Indien Angehörige unterer Kasten lieber die eigene Armut akzeptieren als sich zu bemühen, aus eigener Kraft ein besseres Leben zu führen. So gesehen sei die Lehre der Reinkarnation sogar ein Hemmnis zu Fortschritt, Gleichberechtigung und Gerechtigkeit.

Dagegen spricht jedoch, dass es nicht zuletzt in Indien seit Jahren viele Menschen gibt, die sich gegen die negativen Auswüchse des Kastensystems wehren und die sich darum bemühen, die sozialen Ungerechtigkeiten zu beseitigen, indem sie sich beispielsweise für die Gleichberechtigung von Frauen einsetzen. Überdies ist Indien seit einigen Jahren auf dem Weg zu einer der großen weltweiten Wirtschaftsmächte, mit viel Dynamik. Das klingt alles nicht nach Fatalismus.

Dem Schicksal entkommen

Überhaupt: wer behauptet, der Glaube an die Wiedergeburt sei fatalistisch und in ihm gebe es keinen Platz für den freien Willen, der hat etwas falsch verstanden. Genau das Gegenteil ist nämlich der Fall: Die Karma-Lehre besagt ja gerade, etwas vereinfacht dargestellt, dass jede Tat eine Wirkung habe und eine Spur in unserer Seele hinterlasse. Wer dieselben Handlungen immer wiederhole, vertiefe diese Spur und es entstehe eine Gewohnheit. Eine gute werde durch gutes Karma erzeugt, eine schlechte durch schlechtes Karma. Anders gesagt, lehrt die Karma-Lehre, dass wir nur dann in einer besseren Existenz wiedergeboren werden, wenn wir versuchen, unsere schlechten Gewohnheiten abzulegen und stattdessen gute zu entwickeln. Die Spuren schlechter Taten werden nämlich nach und nach durch die Spuren der guten ersetzt. Die Entscheidung liege dabei ganz bei uns.

Daraus ergibt sich für die Wiedergeburtslehre, dass der Mensch, der in seinem Leben gut gehandelt hat, in seiner nächsten Existenz vermutlich auf einer höheren Stufe wiedergeboren wird. In diesem Sinne setzt auch der Hinduismus auf Verantwortung und Entscheidungsfreiheit. Im Hier und Jetzt durch reges Bemühen stetig mehr Erkenntnis zu gewinnen, Erfahrung zu sammeln und Weisheit zu erwerben, führt auf den Weg zum Moksha.

Der Reinkarnationsglaube ist also eigentlich kein bisschen fatalistisch: Auch die Hindu wollen erlöst werden, es geht nur nicht so schnell.

In gewisser Weise haben also Hindu und Monotheisten etwas gemeinsam: Beide streben danach, im Leben ein guter Mensch zu sein, um nach dem Tod in einer besseren Welt zu landen beziehungsweise Moksha zu erlangen.

5 Es geht auch ohne Gott – oder: Mach's wie Buddha, sag tschüss zu deinem Ego

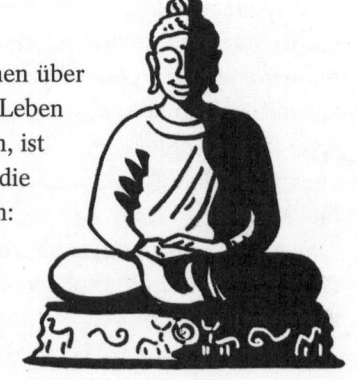

Nach allem, was wir inzwischen über Gott, die Propheten und das Leben nach dem Tod erfahren haben, ist es nun an der Zeit, endlich die ketzerische Frage zu stellen: Warum muss Religion eigentlich immer etwas mit Dingen zu tun haben, die man nur aus Erzählungen kennt? Götter, Hölle, Paradies, Engel, Karma, dharma – natürlich gibt es Menschen, die sagen, dass das alles genauso existiert, wie es in den großen heiligen Schriften geschrieben steht. Weil sie daran glauben. Doch seien wir einmal ehrlich: Manchmal fragt sich doch jeder halbwegs moderne Mensch, ob all diese Dinge, die man nicht anfassen, nicht sehen, nicht hören und wissenschaftlich nicht überprüfen kann, nicht reine Fiktion sind. Ob all die Geschichten, die unsere Religion ausmachen, möglicherweise bloß Märchen sind, mit denen man vielleicht Kinder beeindrucken kann, aber auf keinen Fall aufgeklärte Erwachsene. Anders gesagt: Können wir heute noch ernsthaft daran glauben, dass wir nach unserem Tod ins Fegefeuer kommen und dass Jesus tatsächlich über das Wasser gehen konnte – oder dass die Welt in sieben Tagen erschaffen wurde?

Tatsächlich gibt es aber eine Religion – manche nennen sie auch nur eine Weltanschauung –, die sich mit diesen Fragen bereits vor 2500 Jahren auseinandersetzte und zu einem vollständig anderen Ergebnis kam als die Gläubigen der drei monotheistischen Religionen: In ihr ging es von Anfang an ganz ohne Gott, ohne Propheten, ohne Paradies und Hölle. Die Gläubigen dieser Religion hielten sich stattdessen lieber an die Realität, so wie sie sie vorfanden: Die Rede ist vom Buddhismus, dem heute mehr als 400 Millionen Menschen auf der ganzen Welt angehören. Die meisten Anhänger hat der Buddhismus im Osten der Erde – von uns aus gesehen: in China, Japan, Nepal, Kambodscha, Laos, Thailand, Birma.

Am Anfang dieser Religion stand ein Mann, der von seinem Leben gründlich genug hatte. Er lebte in Indien, und trotz oder gerade wegen der dort anzutreffenden Fülle an Farben, Göttern und Tempeln, die ihn umgab, sehnte er sich nach nichts als Leere. Er hatte mit der Welt abgeschlossen und wollte nur noch aussteigen: aus seinem Job, aus seiner Familie, aus seinem Leben. Nachdem er sich von alldem losgesagt hatte, hatte er nur noch sich selbst, doch sogar von diesem Selbst wollte er sich trennen. Dieser Mann wurde Buddha genannt.

Buddha ist allerdings nicht sein richtiger Name, sondern vielmehr ein Titel, der ihm von seinen Schülern verliehen wurde. Sein wirklicher Name war Siddharta Gautama, und er lebte von 560 bis 480 v.Chr. im Grenzgebiet zwischen Indien und Nepal – dort, wo der Himalaya, das Dach der Welt, auf die Gangesebene trifft.

Siddharta kam als Sohn des Provinzfürsten Gautama zur Welt, der über das Volk der Shakya im Norden Indiens herrschte, und er hatte alles, was man sich nur wünschen konnte: Luxus, wie er einem Prinzen gebührte, und sichere Zukunftsaussichten, denn Siddharta war als erster Sohn Gautamas für die Nachfolge auf dem Herrscherthron vorgesehen. Er wohnte in einem Schloss so groß wie ein Dorf, hatte ein Vermögen, das er nicht einmal mehr zu überblicken versuchte, und dazu jede Menge

Diener, die ihm das Leben so angenehm wie möglich machten. Siddharta verbrachte seine Kindheit und Jugend sozusagen in Zuckerwatte, denn es war für alles gesorgt – sogar für die Liebe: Im Alter von sechzehn Jahren wurde Siddharta mit einer Kusine verheiratet und zeugte zwölf Jahre später einen Sohn mit ihr.

Doch kurz nach der Geburt seines Sohnes tat Siddharta etwas, das sein Schicksal, wie es für ihn vorgesehen war, aus der Bahn warf. Eines schönen Tages nämlich nahm Siddharta seine Siebensachen, öffnete die Palasttür, ging zu Fuß los, um sich mit eigenen Augen die Welt jenseits seiner Wirklichkeit anzusehen – und nie wieder dorthin zurückzukehren, wo er vermeintlich hingehörte.

Die Legende besagt, dass Siddharta die Entscheidung zu diesem radikalen Schritt während vier Spazierfahrten aus dem Palast getroffen hatte, die er zusammen mit einem Diener unternahm. Diese vier Fahrten waren die einzigen Male, dass sich Siddharta überhaupt aus seiner Zuckerwattewelt heraustraute. Und auf dreien dieser Ausflüge wurde er auch gleich mit den weniger süßen Seiten des Lebens konfrontiert: Nacheinander traf er einen Greis, der mühsam und gebeugt an einem Stock ging, dann einen Schwerkranken, der den Tod erwartete, und schließlich stand er sogar vor dem Leichnam eines eben Verstorbenen. Da Siddhartas zartes Gemüt bisher von allem Übel in der Welt sorgsam ferngehalten worden war, ahnte er zu diesem Zeitpunkt noch nichts Böses, als er seinen Diener fragte, was diese Menschen nur getan hätten, dass sie so schrecklich leiden müssten. Als sein Diener ihm daraufhin verwundert erklärte, dass Alter, Krankheit und Tod völlig normale Erscheinungen seien und zum Leben dazugehörten wie die Nacht zum Tag, bekam Siddharta einen Schock. Als wäre er gerade aus einem tiefen Traum erwacht, erkannte er plötzlich, dass die irdische Existenz kein sorgloser Ringelreigen ist, sondern vielmehr vergänglich und oft sogar leidvoll. Und ihm wurde klar, dass all der Luxus und die Vergnüglichkeiten seines Daseins als Prinz ihn sein Leben lang davon abgehalten hatten, dieser bitteren Wahrheit ins Auge zu sehen.

Siddharta wurde nach diesen Ausflügen in die Realität heillos unglücklich und stellte sich in seinem Weltschmerz bohrende Fragen, auf die er keine Antwort wusste: Wenn jeder Mensch altern und sterben muss, was hatte das Leben dann überhaupt für einen Sinn? Wozu sollte eine Existenz gut sein, wenn einen mit dem Moment der Geburt nichts als Leid, Vergänglichkeit und Tod erwarteten? Und warum, verflixt noch mal, hatte ihm all die Jahre nie jemand etwas davon erzählt?

Doch Siddharta wäre nicht zu Buddha und zu einem Religionsstifter geworden, wenn er nicht einen Ausweg aus diesem Dilemma gesucht – und auch gefunden hätte: Er war sich nach längerem Nachdenken nämlich sicher, dass sein Leben mehr für ihn bereithielt als das Dasein im goldenen Käfig der Palastmauern, zu dem ihn seine Familie bisher verdammt hatte. Deshalb fasste er den Entschluss, dass er der Welt da draußen noch eine Chance geben wolle, und wagte noch einen weiteren Ausflug. Und er sollte belohnt werden – denn diesmal sah er keine Greise, Kranken und Toten, sondern zur Abwechslung etwas Aufmunterndes: einen Bettelmönch, der mit nichts als seinem Gewand, einem Wanderstock und einer Bettelschale umherzog. Das Faszinierende an diesem Menschen war, dass er trotz seiner augenscheinlichen Armut und ohne einen festen Wohnsitz viel heiterer und gelassener zu sein schien als die meisten Menschen, die Siddharta kannte. Der junge Mann war tief beeindruckt und dachte nach: Er war reich, aber unglücklich. Der Mönch war arm, aber glücklich. Weil Siddharta aber glücklich sein wollte, gab es nur einen einzigen Weg. Und den wollte er mutig gehen. Ohne Wenn und Aber: Siddharta nahm also sein Leben selbst in die Hand und tat es dem Bettelmönch gleich. Er verbrachte sein Leben von nun an in Armut und auf Wanderschaft – ohne seine Frau, ohne seinen Sohn und ohne seine Eltern, die er allesamt im Palast zurückließ. Ebenso wie seinen Anspruch auf die Herrschaftsnachfolge.

Vom Prinzen zum Bettler – und das freiwillig. Eine radikalere Veränderung seines Lebens kann man sich wohl kaum vorstellen…

Siddharta war zunächst sehr zufrieden mit seinem Entschluss: Er wanderte umher und sah sich die Welt an. Dieser Weg, den er da beschritten hatte, schien ihm tatsächlich der einzige, um eine annähernd sinnvolle Existenz zu führen und endlich herausfinden zu können, was es mit dem Leben auf sich habe. Wenn ihm das zu Hause im Palast niemand erklärt hatte, dann musste es ihm eben jemand anders verraten, dachte Siddharta. Denn irgendwer musste es ja schließlich wissen. Und so suchte er sich einen Lehrer.

Zunächst traf er zwei Gurus, bei denen er die Praxis des Yoga erlernte.

Als Siddharta schließlich Yoga beherrschte – als er seinen Atem und seinen Herzschlag anhalten und stundenlang in den schwierigsten Stellungen verharren konnte –, merkte er, dass Yoga ihn zwar in höhere Bewusstseinszustände versetzen konnte, dass es ihn auf seiner Suche nach Erkenntnis jedoch nicht weiterbrachte. Daher beschloss er, seinen Lebenswandel erneut zu ändern und noch extremere Wege einzuschlagen: Während Siddharta beim Yoga versucht hatte, dem Geheimnis des Lebens mithilfe seines Körpers auf die Spur zu kommen, begann er nun, seinen Körper radikal zu beherrschen und ein Leben in Askese zu führen. Er nahm kaum noch Nahrung und Flüssigkeit zu sich, meditierte stundenlang in großer Kälte und Hitze und lernte, seine körperlichen Bedürfnisse fast vollständig auszuschalten. Sechs Jahre lang übte sich Siddharta in strengster Enthaltsamkeit, bändigte seinen Körper und stählte seinen

Yoga

Yoga ist eine uralte Lehre, die aus Indien stammt und sowohl aus körperlichen als auch aus geistigen Übungen besteht – bestimmten Sitzpositionen, Atemtechniken und Meditationen. Yoga ist damit eine Art Gymnastik für Körper und Seele

mit religiösem Anspruch, könnte man vereinfacht sagen. Wer Yoga macht, strebt danach, seine Seele mit Brahman wiederzuvereinigen, ihrem göttlichen Ursprung. Bildlich gesprochen, bedeutet Yoga »das Zurruhebringen geistiger Vorgänge«. Mit anderen Worten: Runterkommen und den Geist öffnen.

Weil in unseren Breitengraden viele Leute stressige Jobs haben und sich nichts mehr wünschen, als ab und zu einmal abschalten zu können, ist Yoga inzwischen auch in westlichen Gesellschaften sehr beliebt. Hier praktizieren es die Menschen aber weniger zu religiösen Zwecken, sondern einfach, um Körper und Seele in Einklang zu bringen, die Vitalität zu fördern und innere Gelassenheit zu erlangen.

Geist. Nach und nach sammelte er sogar Schüler um sich, die ihn für seine Willenskraft bewunderten und von ihm lernen wollten, wie ihm dies gelang.

Als Siddharta jedoch irgendwann nur noch aus Haut und Knochen bestand, mehr tot als lebendig war und noch immer nicht die große Erkenntnis erlangt hatte, nach der er suchte, begriff er, dass ihn auch dieser Weg nicht zum Ziel führte. Deshalb brach er seine Askese ab und begann, wieder Nahrung zu sich zu nehmen. Seine Schüler wandten sich enttäuscht von ihm ab, nannten ihn einen Schwächling und verließen ihn.

Siddharta war nun ganz allein und musste einsehen, dass all seine Versuche, hinter das Geheimnis des Lebens zu kommen, gescheitert waren. Alle spirituellen Wege, die er erkundet, alle körperlichen Techniken, die er bis zur Perfektion trainiert hatte, waren letztlich nicht zielführend gewesen. Er resignierte und war mehr denn je davon überzeugt, dass der wahre Pfad zur Erkenntnis noch nicht entdeckt worden war. Ja, dass es ihn womöglich gar nicht gab und dass er all die Jahre nichts weiter getan hatte, als sein Leben zu verpfuschen. Als er eines Abends an einen Fluss gelangte, traf ihn das alte Unglück, der uralte Schmerz aus seiner Jugend wieder mit solcher Wucht, dass Siddharta seine Reise unterbrechen und sich unter einem Feigenbaum am Ufer niederlassen musste. Um Trost und Klarheit zu finden, begann er, zum Klang des fließenden Wassers zu meditieren.

Es sollte die längste und intensivste Meditation seines Lebens werden: Mehrere Tage und Nächte verharrte Siddharta bewegungslos und versenkte seinen Geist in die Weiten seines Bewusstseins. Er ließ alles hinter sich, vergaß die Welt um sich herum und drang in immer tiefere Ebenen der Meditation vor. Und da geschah etwas: Er entdeckte ein gleißendes Licht in sich, das ihn gleichzeitig anzog und ihm Kraft gab. Er konzentrierte sich auf dieses Licht und versuchte, ihm näher zu kommen. Doch je besser ihm dies gelang, desto ärger wurde er von Dämonen, Versuchungen und furchtbaren Ängsten heimgesucht. Heftige Krämpfe schüttelten seinen Körper, und Siddharta musste furchtbare Kämpfe in seinem Innern ausfechten. Doch genau in dem Moment, in dem die bösen Mächte seinen Geist zu verschlucken drohten, wurde plötzlich alles ruhig in ihm: Sein gesamtes Inneres verwandelte sich in strahlendes

Licht und reinen Frieden. Mit diesem Augenblick war Siddhartas Leid verschwunden, und er erkannte, was die Welt im Innersten zusammenhält. Zu diesem Zeitpunkt – als er sein Lebensziel endlich erreicht hatte, war er fünfunddreißig Jahre alt.

Die Erfahrung, die Buddha unter dem Feigenbaum machte, wird Erleuchtung genannt. Sie ist das Lebensziel für alle Buddhisten. Ein anderes Wort für diese Erleuchtung ist *Nirvana*.

Nach seiner Erleuchtung waren Siddhartas Glück, seine Fähigkeiten und sein Wissen so groß, dass er sein Leben eigentlich hätte beenden und ins Nirvana eingehen können. Denn für ihn gab es nichts mehr zu lernen und zu erfahren. Er hatte den Kreislauf der Wiedergeburten durchbrochen und alle Zusammenhänge der Welt durchschaut. Nichts, aber auch gar nichts konnte ihn nun mehr aus der Bahn werfen.

Wie hat man sich das vorzustellen?

Die Erfahrung der Erleuchtung kann man nicht wirklich beschreiben, sagen die Buddhisten, man kann sie nur erleben. Das schaffen aber nur sehr wenige Menschen.

Nirvana

Nirvana bedeutet »Verwehen« oder »Verlöschen«. Für Buddhisten bezeichnet das Nirvana einen paradiesischen Zustand, in dem es kein Leid, kein Gut und kein Böse, kein Werden und Vergehen mehr gibt. Wer das Nirvana erreicht hat, dessen Ego ist erloschen wie die Flamme einer Kerze. Die Wanderschaft seiner Seele durch Tausende von Leben in Tausenden körperlichen Hüllen hat dann endlich ein Ende, und er wird nicht wiedergeboren. Nirvana ist das Ziel eines jeden Buddhisten. Allerdings erreichen es nur ganz, ganz wenige.

Ein gutes Gefühl für das, was Siddharta widerfuhr, vermittelt ein Hollywoodfilm, der vor einiger Zeit für Aufsehen sorgte. Denn sein Held macht eine Erfahrung, die der Erleuchtung Buddhas in vielen Punkten sehr ähnlich ist. Der Film spielt allerdings nicht in der Vergangenheit, sondern in der Zukunft. Die Rede ist von »Matrix«.

Neo, der junge Held des Streifens, ist Angesteller eines Softwareproduzenten und Hobby-Hacker. Seit gewisser Zeit hegt er den Verdacht, dass mit der Welt etwas nicht stimmt: Dauernd hat er Déjà-vus und merkwürdige Träume, die er sich nicht erklären kann. Außerdem erhält er Nachrichten von Unbekannten, die ihn kontaktieren wollen. Als der Kontakt mit den Unbekannten dann nach einigem Hin und Her endlich zustande kommt, muss Neo erfahren, dass seine böse Ahnung durchaus berechtigt war, denn Morpheus, der Anführer der Unbekannten, fragt Neo: »Hattest du schon mal einen Traum, Neo, der dir vollkommen real schien? Was wäre, wenn du aus diesem Traum nicht mehr aufwachst? Woher würdest du wissen, was Traum ist und was Realität?«

Als Neo zugibt, dass er sich eigentlich dauernd so fühle, erfährt er von den Unbekannten, dass er tatsächlich in einer perfekten Illusion lebt. Denn die Welt, die er für die Realität hält – das New York zu Beginn des 20. Jahrhunderts –, ist reine Fiktion. Eigentlich befindet die Welt sich bereits tief im 3. Jahrtausend, und Neos Heimatstadt liegt in Schutt und Asche. Die Menschen haben den Krieg gegen die Maschinen verloren, erfährt Neo nun, und wurden von ihnen versklavt. Die Maschinen benutzen die Körper der Menschen seitdem als lebende Batterien für ihre eigene Energieversorgung und bewahren sie in Reservoirs mit Nährflüssigkeit auf. Um die Menschen ruhig zu halten, lassen die Maschinen in den Hirnen ihrer Untergebenen eine gewaltige Simulation ablaufen. Dieses Programm in ihren Köpfen gaukelt den Menschen vor, dass sie nicht in Reagenzgläsern, sondern im New York des 20. Jahrhunderts leben, arbeiten, Kinder bekommen und auf Partys gehen.

Anders gesagt, ist New York ein ziemlich clever designtes Computerprogramm – die Matrix. Nur ein paar tausend Menschen leben noch in Freiheit – in Zion, einer Stadt tief im Inneren der Erde. Ein paar dieser Aufständischen sind in einem Flugschiff unterwegs und suchen nach einem Auserwählten, dessen Ankunft ihnen von einem Orakel verkündet wurde und der den Kampf gegen die Maschinen aufnehmen soll. In ihren Augen ist Neo dieser Mann. Deshalb befreien sie ihn von seinem Schicksal als verkabelter Energiespender, holen sein Bewusstsein aus der Matrix zurück in die wirkliche Welt und nehmen ihn an Bord ihres Schiffes.

Nachdem Neo sich von dem Schock erholt hat, dass das, was er bislang immer für die Wirklichkeit gehalten hatte, nur ein Traum war, bringen sie ihm bei, sich in der Matrix als perfekt getarnter Eindringling zu bewegen, um sie dann zu sabotieren.

Natürlich gelingt der Sabotageplan nicht auf Anhieb, denn Neo merkt schnell, dass ihn unheimliche Männer in schwarzen Anzügen jagen. Sie werden »Agenten« genannt und sind Programme, die von den Maschinen generiert wurden, um dafür zu sorgen, dass die Matrix funktioniert und die Simulation konstant aufrechterhalten bleibt.

Die Abenteuer, die Neo in der Matrix bestehen muss, kreisen um die Frage, ob er wirklich der Auserwählte ist, und enden damit, dass es Neo schließlich gelingt, die Matrix im wahrsten Sinne des Wortes zu durchschauen: Nach einem langen, aber trotz aller Widrigkeiten erfolgreichen Kampf mit den Chefagenten bricht die Matrix zusammen, und die Welt um Neo verwandelt sich in das, was sie wirklich ist: rieselnde binäre Codes. Neo hat sich damit endgültig von der Macht der Simulation über seine Wahrnehmung befreit. Nun kann er anfangen, seine Aufgabe zu erfüllen – die Menschen nach und nach aus ihrer Illusion zu erwecken und für den Kampf gegen die Maschinen zu gewinnen.

Sieht man einmal davon ab, dass es zu Buddhas Zeiten weder Maschinen noch Computer und schon gar kein New York gab, ist Buddhas Weltsicht der Welt der Matrix, wie Neo sie erlebt, erstaunlich ähnlich: Auch für Buddha ist die Welt, wie wir sie kennen, eine Illusion. Den Kreislauf der ewigen Wiedergeburt betrachtet er als eine Art Programm, das immer wieder von vorne abläuft und das den Menschen vorgaukelt, ihr Leben in dieser Welt sei eine wunderbare Errungenschaft, die am besten niemals enden solle.

Einziger Unterschied zwischen Buddhas Weltbild und der »Matrix«-Version ist, dass für Buddha jenseits dieser Illusion keine bösen Maschinen existieren, sondern das Nirvana wartet. Und dass der Motor dieses Programms nicht Maschinen, sondern die Menschen selbst sind – genauer gesagt: ihr Lebensdurst. Wie Muscheln an den Rumpf eines Schiffes, klammern sie sich in Buddhas Weltbild an das Leben und wünschen sich, dass es nie zu Ende gehe. Dieser Trieb mache die Menschen allerdings blind für die Wirklichkeit, predigt er. Denn nach seiner

Meinung leidet der Mensch vor allem darunter, dass er nicht einsehen will, dass alles auf Erden vergänglich ist. Stattdessen, so Buddha, ziehe er sich in seine selbstgeschaffene Illusion zurück, die ihm vorgaukele, dass es etwas Ewiges oder Dauerhaftes in der Welt gebe, an dem wir uns festhalten könnten. Das Einzige, was jedoch dauerhaft sei, sei der Wandel, die ständige Veränderung.

Als Buddha das begriffen hatte, verwandelte sich die Realität für ihn. Wie Neo, nachdem er die Matrix durchschaut hatte, konnte auch Buddha nun hinter die Fassade der Illusion »Leben« blicken. Weil dieser Erkenntnisprozess aber derartig schwierig und nur für wenige erreichbar ist, beschloss Buddha aus Mitgefühl, die Menschen anzuleiten, wie auch sie sich aus ihrer Illusion erwecken und – im Idealfall – erleuchtet werden können. Zu diesem Zweck entwickelte er eine Lehre, eine Art Anleitung zur Erleuchtung.

Unser täglich Leid gib uns heute

Den Kern von Buddhas Lehre bildet die Erkenntnis, dass das ganze Leben im Grunde genommen aus nichts als Leiden besteht. In unseren Ohren ist das eine ziemlich traurige Botschaft. Warum so pessimistisch?, möchte man Buddha fragen, schließlich gibt es doch auch ein paar schöne Dinge auf der Welt, die das Leben lebenswert machen: Freundschaft, Liebe, Erfolg, Sex, Flohmärkte und Tiramisu zum Beispiel.

Das alles meint Buddha aber gar nicht – weil er auf das Große Ganze und nicht auf Details blickt. Um seine Botschaft verstehen zu können, müssen wir uns deshalb ansehen, was er genau unter »Leid« versteht.

Wenn wir von Leid sprechen, meinen wir damit gemeinhin Krankheit, Schmerz, Trauer und Tod. Ein Buddhist versteht unter Leid allerdings viel mehr: nämlich alle unerfüllten Wünsche und Träume, alle kleinen und großen Enttäuschungen im Alltag. Anders gesagt: all das, was wir uns für uns selber wünschen, aber in den seltensten Fällen auch bekommen.

Denn, seien wir ehrlich: Wünschen wir uns nicht dauernd etwas? Heimlich, still und leise oder mit forderndem Ton und einem Blick, der sagt: Wenn ich das nicht sofort bekomme, bin ich tödlich beleidigt. Wir wollen, dass Eltern und Freunde uns sagen, wie toll wir sind. Wir wollen einen Job, der unseren Fähigkeiten entspricht und in dem wir Karriere machen können. Wir wollen nette Kollegen, und das Gehalt muss bitte auch stimmen. Wir wollen einen Partner, der zu uns passt, der gut aussieht, keine Fehler hat und nach zwanzig Jahren immer noch genauso verführerisch ist wie in der ersten Nacht. Dazu hätten wir gerne ab und zu einen Seitensprung, doch natürlich ohne unseren Lebenspartner dabei zu verlieren. Manche wünschen sich auch noch ganz andere Dinge. Berühmt zu sein, zum Beispiel.

Die Erfüllung des Spießrutensängers

Die meisten haben bestimmt schon einmal »Deutschland sucht den Superstar« (DSDS) gesehen. In dieser Fernsehshow treten junge Menschen auf und singen Lieder ihrer Lieblingsstars vor. Sie tun das deswegen, weil sie glauben, dadurch vielleicht selbst ein Superstar zu werden. Denn auf den Gewinner wartet ein Plattenvertrag. Für Tausende junger Menschen scheint es der größte Traum zu sein, einmal bei DSDS aufzutreten. Sie bewerben sich in deutschlandweiten Castings und zittern um einen Startplatz, als ginge es um ihr Leben.

Dabei scheinen die meisten dieser jungen Menschen allerdings unter Realitätsverlust zu leiden: Obwohl sie natürlich al-

lesamt davon überzeugt sind, dass
sie die legitimen Nachfolger von
Shakira oder Robbie Williams
sind, hat höchstens jeder Tau-
sendste auch nur annähernd
das Zeug und die Stimme, um
tatsächlich ein Star oder wenigstens ein passabler Sänger
zu werden. Der Großteil der
DSDS-Bewerber kann näm-
lich weder singen, geschwei-
ge denn sich bühnenwirksam
präsentieren.

Deshalb geht die Jury nach enttäuschenden Darbietungen
auch nicht gerade zimperlich vor, wenn sie für die Performance
Noten verteilt. Da fallen dann durchaus einmal Sprüche wie:
»Bei deinem Gesang traut sich nicht mal eine Kakerlake aus
ihrem Loch hervor!«

Die Zuschauer amüsieren sich köstlich über die Schames-
röte, die Dieter Bohlen dem vermeintlichen Jungkünstler auf
die Bäckchen zaubert, und die Einschaltquoten sind gesichert.
Denn wovon DSDS letztendlich lebt, ist die Schadenfreude all
jener, die sich im heimischen Wohnzimmer amüsieren, aber
nicht den Mut haben, sich in aller Öffentlichkeit zu blamieren.

Die Kandidaten, denen ein solcher Totalabsturz aus ihrem
selbstgestrickten Wolkenkuckucksheim passiert, haben danach
im schlimmsten Fall einen Schaden fürs Leben. Und all das,
weil sie sich gewünscht haben, ein Superstar zu sein, ihnen aber
niemand gesagt hat, dass sie bei all ihrer Träumerei den Boden
unter den Füßen verloren haben und nicht ehrlich zu sich selber sind.

Gestandene Buddhisten würden sich über DSDS und seine Be-
werber vermutlich halb totlachen. Für sie ist der Traum, ein

Superstar zu sein, nämlich einfach nur ein eitler Wunsch. Genauso wie der Gedanke, dass einem Menschen – weshalb auch immer – eine Dauerkarte für einen Platz auf der Sonnenseite des Lebens zustehen könnte. Buddhisten sind in diesem Punkt wesentlich abgeklärter. Für sie ist es normal, dass man das meiste, was man sich wünscht, sowieso nicht bekommt. Weil das eben so ist – eine Erkenntnis, die uns auch nicht ganz fremd sein dürfte, wenn wir ganz ehrlich sind. Buddhisten gehen von vorneherein davon aus, dass es höchstwahrscheinlich niemals dazu kommt, dass sie berühmt werden, dass sie genau den Job haben, den sie immer wollten, oder dass sie den perfekten Partner finden. Und sie wissen vor allem, dass ein Mensch selbst dann, wenn der unwahrscheinliche Fall einträte und ihm all dies in den Schoß fiele, garantiert über kurz oder lang eine neue Wunschliste aus dem Hut zaubern würde. Und dass dann alles wieder von vorne losginge, bis der Glückspilz genauso unglücklich oder glücklich wie vorher wäre.

Von diesem Phänomen sprach Buddha, als er von »Lebensdurst« sprach: dass es eine unheilvolle Kraft gibt, die den Menschen dazu bringt, niemals mit dem zufrieden zu sein, was er hat, und sich dauernd Sachen zu wünschen, die er nicht bekommen kann. Dieser Lebensdurst ist für Buddha die Wurzel allen Übels, denn er verleitet den Menschen dazu, sich fortwährend ins eigene Fleisch zu schneiden.

Doch weil Buddha ein kluger und praktisch denkender Mensch war, riet er seinen Schülern: Wenn euer Leid dadurch entsteht, dass ihr euch dauernd etwas wünscht, das ihr ohnehin niemals bekommen könnt, müsst ihr aufhören zu wünschen – dann verschwindet dieses Leid endgültig, und es geht euch dauerhaft gut. Das ist natürlich leichter gesagt als getan, denn Wünsche lassen sich nicht so schnell ausradieren, wenn sie sich erst einmal in unserem Kopf festgesetzt haben. Andererseits ist Buddhas Rat ebenso logisch wie nachahmenswert. Wenn wir erst einmal darüber nachdenken, weshalb wir uns etwas ganz

Bestimmtes wünschen – berühmt sein zum Beispiel –, bevor wir gleich blind auf dieses Ziel anstürmen, ersparen wir uns manche Enttäuschung. Und vielleicht sogar die Traumatisierung durch einen Spießrutenlauf bei DSDS.

Buddha verspricht uns aber sogar noch mehr als die bloße Vermeidung von Enttäuschung, wenn wir erst einmal nachdenken, bevor wir handeln: Je mehr man über seine Wünsche nachdenkt, predigte er nämlich, desto deutlicher wird man erkennen, dass es letztlich vollkommen egal ist, ob man ein Superstar ist, einen tollen Job hat oder mit einem traumhaften Partner eine Luxuswohnung teilt. An unserem grundsätzlichen Problem wird das nämlich nicht das Geringste ändern: dass nichts auf der Welt von Dauer ist, weil alle Dinge – selbst das Leben – vergänglich sind. Weil die Welt eben kein statisches Gebilde ist, sondern weil sie sich dauernd wandelt. In Buddhas Augen ist sie wie ein Fluss, an dessen Ufer man sitzt: Äußerlich scheint dieser Fluss immer derselbe zu sein, doch im Grunde ist er jede Sekunde ein anderer, weil andauernd neues Wasser das Flussbett hinabfließt.

Ewiger Wandel

Um die Lehre von der ständigen und ewigen Verwandlung der Welt zu begreifen, müssen wir uns von der Vorstellung verabschieden, dass die Dinge, die wir lieben, immer da sein müssen (und werden), um uns glücklich zu machen, rät Buddha. Was ist das aber für eine Vorstellung, die uns da plagt? Wodurch wird sie motiviert? Von dem eigenen Ego, sagt Buddha – also von der inneren Stimme in uns, die uns zuflüstert: Ich will auch so ein Kleid, ich will auch eine Eins in Mathe oder eine Gehaltserhöhung, ich will, dass der tolle Tim in mich verknallt ist und nicht in meine beste Freundin.

In diesem Punkt war Buddha radikaler als alle anderen Religionsstifter zusammen: Unser Ego, sagt Buddha, ist das, was dem Erreichen des Nirvana am meisten im Wege steht. Unser Ego, unser Selbst, unser Ich, wie man es auch nennen will, ist für Buddha der Kern der Illusion, die wir Menschen uns schaffen, um uns vor der Einsicht zu schützen, dass nichts auf der Welt von Dauer ist, nicht einmal wir selbst.

Das ultimative Ziel des Buddhismus, der entscheidende Schritt auf dem Weg zur Erleuchtung, besteht daher in nichts Geringerem als der Auflösung des Ich-Bewusstseins – oder anders gesagt: in der Kontrolle und Unterwerfung des eigenen Egos.

Wie das funktioniert, hat Buddha in seiner Lehre von den vier edlen Wahrheiten und dem achtfachen Pfad erklärt.

Die vier edlen Wahrheiten und der achtfache Pfad sind der Kern des buddhistischen Glaubens. Während die vier edlen Wahrheiten die Sache in der Theorie erklären, setzt der achtfache Pfad Buddhas die Erkenntnis in die Praxis um. Anders gesagt: Nachdem ein Buddhist die vier edlen Wahrheiten begriffen und für richtig befunden hat, regelt der achtfache Pfad sozusagen sein tägliches Leben. Der achtfache Pfad lässt sich wiederum in drei Bereiche unterteilen: Weisheit (rechtes Verstehen und rechtes Denken), Ethik (rechtes Reden, rechtes Handeln, rechtes Leben) und Meditation (rechtes Streben, rechtes Gedenken, rechtes Sichversenken).

Weisheit bedeutet für Buddhisten nichts weiter, als dass sie Buddhas Lehre annehmen und befolgen. Im Bereich der buddhistischen Ethik, also die Frage betreffend, was rechtes und was falsches Handeln ist, gibt es dann fünf Regeln, die strengstens zu befolgen sind.

In die tägliche Praxis umgesetzt, sagen die fünf Verpflichtungen so viel wie: kein Sex, kein Alkohol, niemals lügen und kein

Die vier edlen Wahrheiten und der achtfache Pfad

1. Alles Leben ist Leiden, glauben die Buddhisten. Oder, wie Buddha es ausdrückte: Geburt ist Leiden, Alter ist Leiden, Krankheit ist Leiden, Tod ist Leiden. Mit Unliebsamem vereint sein, ist Leiden; von Liebem getrennt sein, ist Leiden. Nicht erlangen, was man begehrt, ist Leiden.

2. Das Leiden entsteht durch das, was Buddha »Lebensdurst« oder »Begehren« nennt: durch unseren unstillbaren Durst nach Leben, nach Freude, nach Liebe, nach Macht und Besitz. All diese Dinge sind aber vergänglich, predigt Buddha, weshalb man sich von alldem, was man lieb gewonnen und woran man sich gewöhnt hat, ohnehin irgendwann wieder trennen muss. Und – diese Erkenntnis ist universal –: Trennung verursacht bekanntlich Leid.

3. Dieses Leid kann aufgehoben werden, wenn wir unseren Lebensdurst überwinden, indem wir unser Begehren radikal vernichten. Dazu müssen wir alles, woran wir unser Herz gehängt haben, alles, was uns wichtig ist, alles, was uns mit der Welt verbindet, loslassen.

4. Dies gelingt, wenn wir den achtfachen Pfad gehen, der sich aus folgenden Elementen zusammensetzt: rechter Glaube, rechtes Entschließen, rechtes Wort, rechte Tat, rechtes Leben, rechtes Streben, rechtes Gedenken, rechtes Sichversenken.

Geldbesitz. Ein ziemlich hartes Programm. Würden Muslime oder Christen solche Regeln aufstellen und verkünden, würde man sie höchstwahrscheinlich als Fundamentalisten einstufen und argwöhnisch beäugen. Einen Buddhisten würde man allerdings niemals als Fundamentalisten bezeichnen, was daran liegt, dass es Buddhisten egal ist, ob ein anderer ihre Regeln befolgt oder nicht. Sie eifern nicht mit ihrem Glauben. Sie leben ihn friedlich und jeder für sich.

Nichtsdestoweniger sind die fünf Verpflichtungen auch für Buddhisten ein hartes Programm. Um es durchzuhalten, hilft ihnen der dritte Teil des achtfachen Pfades: die Meditation.

Die fünf Verpflichtungen

Kein lebendes Wesen darf getötet werden.

Man soll nichts nehmen, was einem nicht freiwillig gegeben wird.

Man soll seine Sinneslust beherrschen.

Man soll nie die Unwahrheit sagen.

Man soll keine berauschenden Getränke zu sich nehmen.

Der Sinn des Meditierens besteht für Buddhisten darin, ihre Sinne zu schärfen, die Willenskraft und Konzentrationsfähigkeit zu stärken. Durch die Meditation wollen sie lernen, sich weder von äußeren Einflüssen noch von Gedanken oder Gefühlen ablenken oder beherrschen zu lassen. Die Gedanken, Bilder und Wünsche, die vor ihrem inneren Auge auftauchen, wollen sie durch das Meditieren einfach vorbeiziehen lassen lernen, ohne dass sie sich gedanklich an ihnen festklammern. Die Meditation soll ihnen dabei helfen, die Welt und sich selbst teilnahmslos, aber aufmerksam zu beobachten und dadurch ihre Fähigkeit zu schulen, sich von ihren Wünschen, Begierden und Zweifeln zu lösen, ihr Ego in Schach zu halten und zu lernen, sich ganz dem Hier und Jetzt zu öffnen.

Buddha lehrte, dass man sich beständig im Meditieren üben solle. Daher meditieren buddhistische Mönche täglich mehrere Stunden, meist schon ab fünf Uhr morgens. Obwohl die Meditation ganz einfach aussieht – man setzt sich auf den Boden, schließt die Augen und atmet tief ein und aus –, ist sie eine Wis-

Meditation

Meditation bedeutet sich versenken und spielt nicht nur im Buddhismus, sondern auch im Hinduismus, im Christentum und in anderen Religionen eine wichtige Rolle. Meditationsübungen dienen dazu, den Geist zu klären, zu reinigen und zu beruhigen. Bei der meditativen Versenkung geht es vor allem darum, die eigenen Gedanken zu betrachten, sie loszulassen und sich von den Einflüssen durch äußere Reize unabhängig zu machen.

senschaft für sich, und zum ordnungsgemäßen Meditieren braucht man einen Lehrmeister.

Seine erste Predigt von den vier edlen Wahrheiten und dem achtfachen Pfad hielt Buddha vor einer Handvoll Mönche in einem Garten nahe der heiligen Stadt Benares, die am Ufer des Ganges liegt. Sein Publikum waren übrigens dieselben Mönche, die sich enttäuscht von ihm abgewandt hatten, als er damals seine Askese abbrach. Nachdem sie seine Lehre angehört hatten, waren sie jedoch so überzeugt von der Richtigkeit dessen, was Siddharta da predigte, dass sie sich ihm erneut anschlossen und ihm den Titel Buddha verliehen, was »der Erwachte« oder »der Erleuchtete« bedeutet. Diese fünf Mönche, die sich Siddharta als erste Schüler anschlossen, bilden den ersten sangha.

Um die wichtigsten Punkte seiner Lehre zu illustrieren, erzählte Buddha seinen Schülern sehr gerne Geschichten. Alle Religionsstifter haben das übrigens so gemacht, weil sie herausgefunden hatten, dass die Menschen aufmerksamer sind und sich die Dinge besser merken können, wenn man das, worauf es ankommt, in Bilder und Geschichten verpackt.

In Buddhas Geschichten ging es meistens darum, wie man die fünf größten Hindernisse auf dem Weg zur Überwindung

Sangha – die Gemeinschaft von buddhistischen Mönchen

Ein sangha ist eine Gemeinschaft von buddhistischen Mönchen bzw. Nonnen. Sie führen ein Leben als Wanderer und Bettler, um sich ganz der Meditation und dem Studium der buddhistischen Lehre widmen zu können. Sie dürfen nur acht Dinge besitzen: ein dreiteiliges, orangefarbenes Gewand, einen Gürtel, eine Almosenschale, ein Rasiermesser, eine Nadel und ein Wassersieb. Verboten ist ihnen, Geschlechtsverkehr zu haben oder sich etwas zu nehmen, was ihnen nicht ausdrücklich gegeben wurde.

Mönche und Nonnen essen kaum etwas und stehen sehr früh, lange vor Sonnenaufgang auf, um auf Betteltour zu gehen, bei der sie Speisen einsammeln, die ihnen die Menschen geben. Nach zwölf Uhr mittags essen sie dann bis zum Schlafengehen keinen Bissen mehr. Ihr Erkennungsmerkmal ist damals wie heute ein kahlgeschorener Kopf, das orangefarbene Gewand und das dreimalige Rezitieren der Zufluchtsformel: »Ich suche meine Zuflucht beim Buddha, ich suche meine Zuflucht bei seiner Lehre, ich suche meine Zuflucht bei seiner Gemeinde.«

seines Egos aus dem Weg räumt: Gier, Zorn, Trägheit, Aufregung und Zweifel.

Entspann dich

Obwohl Buddhas Lehre sehr hart ist und große Disziplin verlangt, predigte er seinen Schülern, dass sie jeden Augenblick ihres Lebens, egal, was sie gerade taten oder dachten, entspannt genießen sollten. Entspannung bedeutete für Buddha allerdings nicht, total abzuschalten, sondern – im Gegenteil – dauernd hellwach zu sein. Allerdings ohne Stress, und immer schön langsam. In die Praxis umgesetzt, bedeutet das für uns: Wenn wir eine schwierige Entscheidung zu treffen haben oder vor einer scheinbar unlösbaren Aufgabe stehen, ist es das Wichtigste, dass wir uns erst einmal hinsetzen und gar nichts zu tun. Weil man nicht überstürzt reagieren, sondern erst einmal versuchen soll, sich über die Sachlage klar zu werden. Denn die Lösung fällt uns dann meist von ganz allein ein. »Cool bleiben« lautet Buddhas Gebot auf Neudeutsch.

Wie cool Buddhisten sein sollen, veranschaulicht diese Geschichte, die Buddha seinen Schülern erzählte:

Ein Mann ging einst in einen Dschungel zur Jagd. Ehe er sich's versah, stand ihm plötzlich ein riesiger Tiger gegenüber. Voller Angst ergriff der Mann die Flucht, doch vergeblich: Der Tiger verfolgte ihn unerbittlich und kam ihm dabei immer näher. Seine einzige Rettung, dachte der Verfolgte in seiner Panik, war der Brunnen, der glücklicherweise am Horizont auftauchte. Mit letzter Kraft rannte er darauf zu und sprang hinein. Doch noch während der Mann in den Brunnenschacht fiel, sah er,

dass auf dem Boden des Brunnens ein Schlangennest war. Geistesgegenwärtig streckte er einen Arm aus und fand Halt an einem Ast. Und da hing er nun in der misslichsten Lage, die man sich nur vorstellen kann: Über ihm streckte der Tiger seine Pranke nach ihm aus, und unter ihm zischelten die Giftschlangen.

In seiner Not erblickte der Mann über sich eine Bienenwabe, aus der Honig herabtropfte. Ein Tropfen

fiel ihm direkt auf die Lippen. Das schmeckt nicht schlecht, brachte er in seiner Panik sogar noch fertig zu denken. Und deshalb streckte er die Zunge heraus – was hatte er auch noch zu verlieren? – und genoss den herabtropfenden Honig. In vollen Zügen sozusagen. Der Honig schmeckte aber nicht nur sehr gut, sondern er schenkte dem armen Mann auch die nötige Kraft, sich in der recht unbequemen und kräftezehrenden Position halten zu können.

Ebendiese Fähigkeit, in jeder Lebenssituation den Moment entspannt genießen zu können, rettete dem Mann so das Leben: Denn der Tiger fiel in seiner unbezähmbaren Gier irgendwann in den Brunnen, zerquetschte bei dem Aufprall die Giftschlangen und brach sich selbst das Genick. Der Mann aber konnte, köstlich gestärkt, aus seinem Versteck klettern und vergnügt seiner Wege ziehen.

Diese Art von Lehrgeschichten, die allesamt weise, manchmal ein wenig lustig und immer ein bisschen skurril sind, erzählte Buddha am liebsten, und das mit Erfolg: Die Menschen konnten nicht genug dieser Geschichten hören und sammelten sich mit Freuden zu Siddhartas Freitagspredigten. So wuchs Buddhas Gemeinde ständig.

Dementsprechend zog der weise Lehrer und kluge Geschichtenerzähler während der nächsten 45 Jahre seines Lebens zusammen mit seinem sangha durch das Land. Die Gruppe lebte von Almosen und der Gastfreundschaft ihrer Gönner. Buddha belohnte diese jedoch reichlich für ihre Zuwendungen, denn er hielt Vorträge, leitete Meditationen und war in allem, was er tat, ebenjenes vollkommene Vorbild, dem die neuen und alten Mönche nacheiferten.

Als Buddha im Alter von 80 Jahren starb, wurde sein Leichnam der Tradition gemäß verbrannt – und obwohl so nichts mehr von ihm blieb, nicht einmal ein Grab, fühlte sich die buddhistische Gemeinde trotzdem nicht führungslos. Denn Buddha hatte für die Zeit nach seinem Tod vorgesorgt und seine sanghas gelehrt, dass nicht er oder irgendein anderer Lehrmeister entscheidend für ihr spirituelles Weiterkommen seien, sondern allein die Lehre der vier edlen Wahrheiten und des achtfachen Pfades. Allein diesen Lehren sollten sie deshalb vertrauen.

So klar Buddhas Anweisungen waren, so erfolgreich praktizierten sie seine Mönche – weshalb es der buddhistischen Gemeinde auch nach Buddhas Tod gelang, beständig weiterzuwachsen und zahlreiche Klöster zu gründen, mit denen sie sich eine Heimat erschufen und gleichzeitig eine Heimat für ihren Glauben. Denn in diesen Klöstern unterrichteten sie Interessierte in Buddhas Lehre.

So kompromisslos, wie Buddha dies gefordert hatte, konnten seine Schüler sich allerdings doch nicht von ihrem Glauben an ihn als ihrem Meister trennen: Für sie waren Buddhas Persönlichkeit und das, was er lehrte, so eng miteinander verknüpft, dass einige der Mönche nach Buddhas Tod anfingen, das anzubeten, was von ihm übrig geblieben war: sein Gewand, seinen Wanderstock, ein einzelnes Haar, das sie noch irgendwo hatten finden können.

Bis heute gibt es Strömungen im Buddhismus, die Buddha – gegen seinen ausdrücklichen Wunsch – wie einen Gott verehren: Sie erschaffen überdimensionale, kostbare Buddhastatuen, zu denen die Gläubigen pilgern, um vor ihnen zu beten. Die Darstellungen des Meisters sind dabei durchaus variabel, aber immer überdimensioniert: Mal sitzt er und meditiert, mal liegt er entspannt auf der Seite, manchmal scheint er mit versonnenem Blick und geschlossenen Augen in sein Inneres zu blicken, manchmal lächelt er selig in die Welt.

Buddhistische Klöster

In buddhistischen Ländern gibt es jede Menge Klöster – allein 30 000 in Thailand. Mehr noch als bei uns sind diese Klöster jedoch nicht nur Rückzugsorte, sondern Lehr- und Übungsstätten: Ihre Bewohner sind deshalb nicht ausschließlich »Vollzeitmönche«, sondern auch »Teilzeitmönche«, die nur für die Zeit ihrer Ausbildung in der Klostergemeinschaft leben. Menschen also, die sich entschlossen haben, für ein paar Monate eine Auszeit zu nehmen und über das Leben nachzudenken, was in buddhistischen Klöstern kein Problem ist: Denn wer an eine Klostertür klopft und darum bittet, dort für einige Zeit aufgenommen zu werden, dem wird ohne große Worte der Schädel rasiert, ein safranfarbenes Gewand angetan und ein winziges Zimmer zugewiesen (wenn noch eins frei ist). Der Teilzeitmönch lebt dann, solange er will, das karge Leben eines richtigen Mönchs und darf sich in den klösterlichen Tagesablauf eingliedern.

Die Auszeit im Kloster ist in den buddhistischen Ländern äußerst beliebt – für die meisten Jugendlichen gehört sie sogar zum Pflichtprogramm. Doch auch ältere Menschen gehen immer wieder gerne ins Kloster, um nachzudenken über sich selbst, über Buddhas Lehre und viele andere Dinge. Sie verstehen diese Form der »Auszeit« als Chance, ihre Gedanken zu reinigen und ihr inneres Gleichgewicht zu stärken.

Hinduismus und Buddhismus – schon wieder streitende Geschwister?

Die ersten Klöster, in denen die Gemeinschaft der Mönche lebte und Buddhas Lehre vermittelte, entstanden in Indien, später auch in Tibet, China, Nepal, Kambodscha, Laos, Thai-

Teenager als neuer Buddha in Nepal verehrt

Seit Monaten lebt Ram Bahadur Banjan angeblich ohne Wasser und Nahrung. Der von zahlreichen Gläubigen als neuer Buddha verehrte Jugendliche interessiert nun auch die Polizei.

Der fünfzehn Jahre alte Ram Bahadur Banjan sitzt unter einem Baum im nepalesischen Regenwald, die Beine übereinandergeschlagen und in ständiger Meditation verharrend. Das mache er nun schon seit Monaten so, ohne Nahrung und Wasser zu sich zu nehmen, versichern seine Anhänger.

Wenn es nach ihnen geht, ist in ihm der Buddha wieder aufgetaucht. Ram Bahadur Banjan war vor knapp zehn Monaten in den Wald verschwunden, um in tiefer Meditation zu versinken. Das tat er laut seiner bereits großen Jüngerschar ohne jegliches Wasser oder Nahrung.

Inzwischen pilgern nach Presseberichten jeden Tag etwa zehntausend Gläubige in den Wald bei Bara, 160 Kilometer südlich der Hauptstadt Kathmandu. In der Nähe entstand ein Parkplatz, Lebensmittelstände nutzen den Andrang für Geschäfte. Die Besucher können nun aus fünfundzwanzig Metern Entfernung einen Blick auf Banjan erhaschen. Nachts werde aber ein Schirm aufgespannt, der Banjan vor den Augen der Besucher verberge. Um dem Rätsel des Jugendlichen auf den Grund zu gehen, leitete die Polizei eine Untersuchung ein. »Wir haben ein Team, das prüft, wie jemand so lange ohne Nahrung und Wasser überleben kann«, sagte Polizeiinspektor Chitra Bahadur Gurung laut einem Bericht der Netzzeitung. Unterstützung erhoffen sich die örtlichen Behörden von der Königlich-Nepalesischen Akademie, die um die Entsendung von Wissenschaftlern gebeten wurde.

(Netzzeitung, 23. Nov. 2005, AP)

land, Birma und Japan. Aber auch wenn der Buddhismus so etwas wie der jüngere Bruder des Hinduismus ist, gibt es doch gravierende Unterschiede und immer wieder auch Konflikte zwischen beiden Religionen. Zwar glauben beide Religionen an das Ewige Weltgesetz, den Sanatana dharma, an die Ewige Wiedergeburt und an die Lehre des Karma. Doch dass sich Religionen, die miteinander verwandt sind, oft gerade aus diesem Grunde nicht gewogen sind, kennen wir ja schon von den monotheistischen Religionen. Familienstreitigkeiten gibt es eben überall.

Die Zwistigkeiten zwischen Hindu und Buddhisten rührten hauptsächlich daher, dass die buddhistischen Mönche und Nonnen den mächtigen Brahmanen ein Dorn im Auge waren. Die Brahmanen hielten Buddha und seine Lehre für eine echte Gefahr, weil sie möglicherweise einen Machtverlust für sie bedeuteten. Am meisten störten sie sich jedoch an der buddhistischen Glaubenslehre, dass jeder Mensch, ganz gleich, welcher Kaste er angehörte, Erlösung erlangen konnte, einfach dadurch, dass er Buddhas Lehre befolgte. Diese Aussage empfanden die Brahmanen als ungeheure Provokation – denn gemäß der klassischen hinduistischen Vorstellung konnten nur sie allein als Angehörige der höchsten Kaste aus dem Kreislauf der Wiedergeburten aussteigen. Indem die Buddhisten predigten, dass grundsätzlich jeder erlöst werden könnte, und das auch noch aus eigener Kraft, machten sie das Privileg der Brahmanen mit einem Schlag zunichte.

Doch damit nicht genug: Während im Hinduismus allein die Brahmanen das nötige Wissen besaßen, um Opferzeremonien durchzuführen, lehrten die Buddhisten, dass jeder Mensch, gleich wer und wo er auch war, jederzeit seinen eigenen spirituellen Praktiken durchführen könnte – er bräuchte sich dafür nur in eine stille Ecke zurückzuziehen und zu meditieren. Wenn es aber so einfach war, Gutes für das Seelenheil zu tun, ohne dass ihr Wissen um die Götter und ihre Vermittlung bei ihnen notwendig waren, wäre ihre religiöse Autorität bald nur noch Schall und Rauch, fürchteten die Brahmanen.

Dritter Stein des Anstoßes der Brahmanen an der buddhistischen Lehre war deren »Gottlosigkeit«, der die Haupttätigkeit der Brahmanen damit sinnlos machte: den hinduistischen Götterglauben zu pflegen und die zahllosen Gottesdienste auszurichten. Obwohl die Götter für Buddha höhere und durchaus ehrenwerte Wesen waren, hatte er seinen Schülern nämlich gepredigt, dass es sinnlos sei, sie anzubeten oder von ihnen gar aktive Hilfe beim Ausstieg aus dem Kreislauf der Wiedergeburten zu erhoffen. Aus dem einfachen Grund, weil auch die hinduistischen Götter Wünsche hegten und von Leidenschaften und Zweifeln geplagt würden – Regungen, die dem Seelenheil wenig zuträglich seien und die damit auch sie dem ewigen Kreislauf der Wiedergeburten unterwürfen.

Der einzige Rat, den sich die Brahmanen angesichts des überaus großen Erfolgs wussten, den der Buddhismus in Indien hatte, war die Vertreibung der neuen Religion aus ihrem Einflussbereich. Da der Buddhismus eine äußerst friedliebende Religion ist, konnten sich die hinduistischen Geistlichen relativ problemlos durchsetzen: Die Mönche und Nonnen nahmen die Vertreibung aus ihrer Heimat gelassen hin, verließen Indien und trugen ihre Lehre über Nepal und China bis nach Japan.

Es geht auch ohne Gott

Damals wie heute scheint die Sprengkraft von Buddhas Lehre darin zu bestehen, dass der Mensch nach buddhistischem Glauben keine Götter benötigt, um seinen inneren Frieden zu finden und ein glückliches Leben führen zu können. Wie wir bereits erfahren haben, leugnete Buddha die Existenz von Göttern nicht, er war aber der Ansicht, dass es sinnlos sei, sich über sie den Kopf zu zerbrechen, weil es letztlich keine endgültige oder eine ansonsten zufriedenstellende Antwort auf sie gebe. Ja, er ging sogar so weit, seinen Schülern zu predigen, dass es unter Umständen sogar kontraproduktiv und nur unnötig belastend sei, sich länger über sie den Kopf zu zerbrechen – wie über alle anderen Fragen auch, auf die es keine Antwort gebe. Er fasste diese Aussage in das Bild vom Pfeil im Auge eines Menschen. Der Getroffene, riet Buddha, solle lieber versuchen, den Pfeil so schnell wie möglich herauszuziehen, statt lange darüber nachzudenken, wer ihn wohl abgeschossen haben könnte.

An die Stelle des Gottglaubens setzte Buddha so ein philosophisch-ethisches System, das dem Menschen zeigt, wie er sich aus eigener Kraft und unabhängig von der Güte eines Gottes erlösen und dabei ein sinnvolles Leben führen kann. Und selbst wenn es mit der Erleuchtung nicht klappt, wird der Gläubige durch die Befolgung von Buddhas Lehre Trost und Frieden für sich finden.

Der Gleichmut der Buddhisten

Was an Buddhas Lehre – gerade auch für westeuropäische Ohren – so positiv und optimistisch klingt und einen echten Mehrwert für die persönliche Lebensqualität verspricht, hat aber auch seine Schattenseiten und kann ganz anders interpretiert werden: Kritiker des Buddhismus werfen der Religion nämlich vor, dass sie in ihrem Kern eine pessimistische Grundhaltung vermittle und dass die Gläubigen in ihrer Fixierung auf die eigene Erlösung und die Erleuchtung Gefahr laufen könnten, im besten Wortsinne »a-sozial« zu werden: weil sie wichtige

Sozialkompetenzen wie politisches Engagement oder die Fähigkeit zu Freundschaft und Liebe einfach verlernten. Das Füreinandereinstehen und Sichkümmern um den anderen, lehrt Buddha, sei nämlich Teil des schädlichen und zu überwindenden »Lebensdurstes«, der den Gläubigen an seiner Erleuchtung hindere.

Diese Haltung der Buddhisten der Gesellschaft gegenüber markiert übrigens den zentralen Unterschied zwischen dem Buddhismus und den monotheistischen Religionen: Jesus predigt in diesem Punkt nämlich das genaue Gegenteil von Buddha – Christen müssen sich um die Armen und Kranken kümmern und für die Schwächeren einstehen, wenn sie nach ihrem Tod Erlösung finden wollen. Sie dürfen auf keinen Fall einfach wegschauen, wenn ihnen ein Unrecht auffällt.

Nun kann zwar niemand ernsthaft behaupten, dass Buddhisten etwas dagegen hätten, Unrecht und Leid auf Erden zu beseitigen – weil sie aber überzeugt sind, dass nichts, was sie tun, dauerhaft glücklich machen kann, ist ihr Antrieb, sich aktiv für eine bessere Welt einzusetzen, mitunter vielleicht geringer als zum Beispiel bei Christen.

Hinzu kommt, dass ein Buddhist unter effektiver Hilfe außerdem etwas vollkommen anderes versteht als ein Christ: Für ihn liegt die beste Art aktiver Hilfeleistung darin, dem anderen zu helfen, sich selbst zu helfen. Weil Buddha die Eigenverantwortung großschreibt und nicht die Abhängigkeit. Unmittelbare Hilfe wie die christliche »Caritas«, die auf dem Gebot der Nächstenliebe fußt, ist für Buddhisten deshalb höchstens ehrenwert, doch letztlich wirkungslos und also nicht lohnenswert. Schon gar nicht für denjenigen, dem geholfen wird: weil er Gefahr läuft, sich von seinem Helfer abhängig zu machen. Und weil er sich dadurch die Chance nimmt, Erlösung zu finden – der er sich nur durch sein eigenes Wollen, durch eigene Kraft und durch Eigeninitiative nähern kann.

Den Kritikern des Buddhismus mag man vielleicht in dem einen oder anderen Punkt recht geben – man muss ihnen jedoch entgegenhalten, dass Buddha niemals verlangte, dass man *alle* Aspekte seiner Lehre befolgte. Er riet zwar ausdrücklich dazu, verurteilte aber niemanden, der anderer Meinung war als er: Der Buddhismus kennt nämlich keinen Zwang, keinen Dogmatismus und keine Rechthaberei. Im Namen des Buddhismus wurde niemals Krieg geführt – was man von den monotheistischen Religionen nicht gerade behaupten kann.

Der Siegeszug des Buddhismus in der westlichen Welt

Nicht zuletzt wegen seiner Verheißung des inneren Friedens und der ruhigen Gelassenheit, die der Gläubige durch Meditation und die Befolgung aller Glaubensregeln findet, hat der Buddhismus in den letzten Jahrzehnten in Europa und Amerika einen großen Popularitätsschub erfahren. Vor allem für Menschen, die sich nach mehr Spiritualität und einem höheren Lebenssinn sehnen, dabei aber zu rational denken, um an einen allmächtigen, aber unsichtbaren Gott glauben zu können, der sie noch dazu in ein enges Vorschriftenkorsett schnürt, scheint der Buddhismus eine echte Alternative zum Christentum zu sein: In Deutschland leben mittlerweile über 250 000 Buddhisten, und landauf, landab entstehen immer neue buddhistische Klöster und Lehrzentren – so zum Beispiel in Fürth, Dinkelscherben, Neckarbischofsheim, in der Lüneburger Heide und natürlich in den großen Städten wie Berlin.

Der Siegeszug des Buddhismus ist bereits so weit fortgeschritten, dass mittlerweile laut einer Umfrage jeder dritte Deutsche den Dalai Lama für den weisesten Menschen auf diesem Planeten hält.

Die Gründe für den Erfolg des Buddhismus im christlich, jüdisch oder muslimisch geprägten Westeuropa sind vielschichtig – ausschlaggebend für seine Popularität dürfte jedoch die Freiheit sein, die der Buddhismus jedem Menschen beim Zelebrieren seiner Religiosität lässt.

Vielleicht spielt auch eine Rolle, dass der Kernpunkt der buddhistischen Lehre – die Suche nach Erleuchtung – sehr gut zu der Sinnsuche vieler Menschen in unserer materialistischen westlichen Gesellschaft passt, und noch dazu hat der Buddhismus hierzulande das Image, Energiequelle, spirituelles Aerobic und noch dazu gesundheitsfördernd zu sein.

Nicht zuletzt ist der Buddhismus auch eine Methode der Alltagsbewältigung, weil die (ursprünglich religiösen) Techniken des Yoga in unserem immer hektischer werdenden Leben zwischen Karrieredruck, Lebensabschnittspartnerschaft und Konsumzwang einen Ausgleich bieten und ganz praktische Übungen aufzeigen, wie wir durch fernöstliche Entspannungstechniken glücklicher, gelassener und besonnener werden können. Und dadurch effektiver und belastbarer im Job, in der Partnerschaft, im alltäglichen Leben. Was will man mehr, sagen sich die modernen Anhänger des verwestlichten Buddhismus und bemühen sogar die Wissenschaft, um ihren Theorien mehr Glaubwürdigkeit zu verleihen.

Tatsächlich scheint es wissenschaftlich erwiesen, dass die buddhistische Lebenspraxis den Menschen glücklicher macht: Die Messung der Gehirnströme von acht buddhistischen Mönchen, die täglich meditierten, in einem Kernspintomographen und der Vergleich der Ergebnisse mit dem Durchschnittshirn normaler, nicht-buddhistischer Menschen ergab, dass die Gehirne der Mönche tatsächlich anders funktionierten: Die Hirnregion, die für die Produktion von Empfindungen und Mitgefühl zuständig ist, war bei ihnen wesentlich ausgeprägter und aktiver: 60 000 Stunden Meditation hatten zu einer langfristigen Um-

Dalai Lama

Der Dalai Lama ist für die Tibeter das religiöse und politische Oberhaupt ihres Landes und des tibetischen Buddhismus – also so etwas wie König und Papst in Personalunion. »Dalai Lama« bedeutet übersetzt so viel wie »ozeangleicher Lehrer«.

Die Liste dieser buddhistischen Lehrer und Staatsoberhäupter ist lang, denn in Tibet gibt es seit dem Jahr 1391 einen Dalai Lama. Nach dem Tode eines Dalai Lama sucht eine eigens für die Neubesetzung dieses Amts eingerichtete Kommission nach dem Nachfolger des verstorbenen Dalai Lama – beziehungsweise nach dessen Reinkarnation. Denn die Tibeter sehen in ihrem Dalai einen »Tulku«, also einen Menschen, der den Kreislauf der Wiedergeburt eigentlich verlassen hat, sich aber aus Mitgefühl für die Lebenden dazu entschlossen hat, immer wieder auf die Erde zu kommen, um den Menschen den Buddhismus nahezubringen.

Der jetzige Dalai Lama heißt im bürgerlichen Leben Tenzin Gyatso und wurde 1935 geboren. Als Tenzin gerade einmal viereinhalb Jahre alt war, erkannte die Kommission in ihm die Reinkarnation des Dalai Lama und setzte den Jungen, kaum hatte er sein sechzehntes Lebensjahr vollendet, auf den tibetischen Thron.

Kurz nach Tenzins Inthronisierung drangen chinesische Truppen in das Land ein, das ein Jahr zuvor besetzt worden war, um die Reformen des neuen Oberhauptes zu stoppen, und stellten den jungen Herrscher bereits auf eine harte Probe, die der Dalai Lama beherzt, aber leider nicht erfolgreich auf sich nahm: Er bemühte sich um politische Verhandlungen mit den Chinesen, um ein Blutbad zu vermeiden, konnte allerdings keine Einigung mit seinen Verhandlungspartnern erzielen und musste schließlich 1959 ins Exil nach Indien gehen.

85 000 Menschen folgten ihm.

Von Indien aus versuchte der Dalai Lama gewaltlos, die Lage seines Landes zu verbessern: Er nahm die Verhandlungen mit China wieder auf, richtete eine Exilregierung ein und trieb die Demokratisierung seines Heimatlandes von der Fremde aus beharrlich voran.

Seit über 30 Jahren bereist der Dalai Lama die westliche Welt und hält Vorträge über die buddhistische Lehre, über Gewaltverzicht und die Lage in Tibet. Dass seine Worte Gehör finden, erzählt nicht nur der unglaubliche Erfolg seiner Bücher, sondern auch die höchste Ehrung, die einem Menschen für seine gewaltfreien und auf eine sinnvolle Einigung bedachten politischen Bemühungen zuteilwerden kann: 1989 erhielt der Dalai Lama für seine sanfte Art der Politik den Friedensnobelpreis.

programmierung des Gehirns geführt – kein Wunder, wenn man bedenkt, dass eine solche Stundenzahl etwa einer Ausbildung zum Arzt oder Anwalt entspricht.

Angesichts des großen Erfolgs des Buddhismus in Deutschland frage ich mich allerdings manchmal, ob einige seiner Anhänger nicht einem Missverständnis aufsitzen. Natürlich ist nichts gegen eine Religion einzuwenden, die den inneren Frieden als höchstes Gut predigt und die Menschen dazu anleitet, stärker in sich hineinzuhören – haben alle, die vom Buddhismus so begeistert sind, aber tatsächlich auch verstanden, dass das höchste

Ziel dieser Religion nicht die Selbstverwirklichung ist, sondern ihr genaues Gegenteil: die Überwindung des eigenen Ego? Und ist ihnen bewusst, dass hierzulande vielfach nur eine Light-Version des echten Buddhismus praktiziert wird, die nur eine Teilmenge dessen ist, was Buddha seinen Schülern vorlebte und was er sie lehrte?

Vermutlich gibt es eine erhebliche Distanz zwischen der Art, in der der Buddhismus im Westen praktiziert wird, und der Praxis in seiner Heimat.

6 In Gottes Namen, vertragt euch doch einfach! – oder: Warum sich Menschen wegen Gott streiten

Als ich aus dem Theater des Berliner Ensembles hinaus in den Abend trat, war es Frühling, die Luft angenehm frisch und kühl, und auf dem Wasser der Spree dümpelte ein schlafendes Schwanenpaar friedlich durch die Nacht. Neben mir strömten die Besucher aus dem Foyer des Theaters ins Freie und unterhielten sich angeregt über die eben zu Ende gegangene Darbietung, die mit großem Applaus bedacht worden war.

Gerade hatte ich mir das Stück *Nathan der Weise* von G.E. Lessing angesehen. Es handelt von Konflikten zwischen den drei großen monotheistischen Religionen und davon, wie absurd sie angesichts ihrer tiefen inneren Verwandtschaft sind. Lessing schrieb es im 18. Jahrhundert, zur Hochzeit der Aufklärung, als die Kraft der Vernunft begann, die Vorstellung, das Christentum oder sonst eine Religion sei besser oder wahrer als die andere und könne sich zum Herrscher über andere erheben, radikal infrage zu stellen, und stattdessen die Notwendigkeit gegenseitiger Toleranz beschwor.

In den letzten Jahren gehörte *Nathan der Weise* zu den meistgespielten Stücken auf deutschen Bühnen, mit gutem Grund. Denn gleichwohl die Notwendigkeit gegenseitiger religiöser Toleranz heute wie damals für ein friedliches Zusammenleben der Religionen von größter Bedeutung ist, droht die zerstörerische Kraft, die einem blinden Glauben innewohnen kann, an vielen Orten der Welt die Menschen in eine Zeit zurückzukatapultieren, in der die Vernunft auf verlorenem Posten war.

Nathan der Weise

Das Stück spielt im 12. Jahrhundert in Jerusalem, zur Zeit der Kreuzzüge. Nathan, ein reicher Jude, ist gerade von einer Geschäftsreise in seine Heimatstadt zurückgekehrt und findet sein Haus halb abgebrannt und seine sieben Söhne tot. Er erfährt, dass nur seine Tochter Recha von einem christlichen Tempelritter vor dem Feuertod gerettet worden ist. Dieser Tempelherr verdankt sein Leben seinerseits der Begnadigung durch den muslimischen Sultan Saladin, der beim Anblick des in Gefangenschaft geratenen jungen Mannes dessen Ähnlichkeit mit seinem verstorbenen Bruder Assad bemerkte. Nathan, beeindruckt von der Tatkraft und Hilfsbereitschaft des Tempelritters, bewegt diesen dazu, seiner Tochter Recha einen Besuch abzustatten und ihren Dank entgegenzunehmen.

Sultan Saladin will inzwischen die allseits bekannte Weisheit und Güte des leidgeprüften Nathan auf die Probe stellen. Er fragt Nathan ketzerisch, welche der drei in Jerusalem versammelten Religionen – Christentum, Judentum oder Islam – die wahre, die beste sei. Nathan antwortet ihm ebenso weise wie diplomatisch mit einer Parabel: Ein König hatte einst einen Ring, der die Eigenschaft besaß, seinen Träger »vor Gott und Menschen angenehm zu machen«. Anders gesagt, wer den Ring am Finger trug, der wurde von Gott und allen Menschen geliebt. Um seine drei Söhne gleichermaßen erben lassen zu können, lässt der König zwei Duplikate des Rings anfertigen, die voneinander nicht zu unterscheiden sind, und übergibt vor seinem Tod jedem Sohn einen Ring. Als unter den Söhnen ein Streit darüber ausbricht, wer denn nun den echten Ring besitze, schlichtet ein kluger Richter den Konflikt, indem er jeden der drei auffordert, »die Kraft des Steins in seinem Ring an den Tag zu legen«, also durch aktive Nächstenliebe, Got tesfürchtigkeit und Barmherzigkeit die dem Ring zugeschriebene Kraft im Sinne einer besseren Welt zu verwirklichen. Wer darin am meisten Erfolg habe, sei der Träger des echten Rings. Der Sultan, der in dieser Geschichte ein Gleichnis für die drei Religionen und ihren Wahrheitsgehalt erkennt, ist tief beeindruckt und trägt dem Juden Nathan daraufhin seine Freundschaft an.

Während Nathan mit dem Sultan über Religion diskutiert, verliebt sich der junge Tempelritter bei seinem Besuch in Nathans Haus heftig in Nathans Tochter Recha und möchte sie heiraten. Aber Nathan versagt seine Zustimmung. Der Tempelherr erfährt von Nathans christlicher Haushälterin, dass Recha gar nicht die Tochter Nathans, sondern ein christlich getauftes Waisenkind ist. Daraufhin denunziert er Nathan beim christlichen Patriarchen von Jerusalem, er würde ein christliches Mädchen schändlicherweise als Jüdin großziehen. Als die Intrige zum Erfolg gebracht werden soll, begegnet Nathan wieder dem frommen Klosterbruder, der ihm vor achtzehn Jahren die elternlose Recha anvertraute. Dank der Hinweise des Klosterbruders erkennt Nathan im Tempelherrn Rechas Bruder; und Sultan Saladin stellt am Ende seinerseits fest, dass der Tempelherr der Sohn seines Bruders Assad ist. Nathan, der nicht zur Familie gehört, wird von Recha und dem Tempelherrn als Vater im Sinne einer Seelenverwandtschaft anerkannt.

Wir haben ja bereits festgestellt, dass die monotheistischen Religionen ein wenig wie Geschwister sind, die sich immer wieder darüber streiten, wer von Gott, dem Vater, am meisten geliebt wird. Diesen Gedanken hat Lessing im persönlichen Schicksal der Hauptfiguren sowie in der berühmten Ringparabel auf den Punkt gebracht und klargemacht, dass in diesem Streit niemand als gerechter Sieger hervorgehen und sich anmaßen kann, seine Religion über andere zu stellen. Alles, was die Gläubigen tun können, ist, durch ihr Verhalten und ihre Lebenspraxis zu zeigen, dass Gott ihnen nahe ist.

Einer dieser Orte ist der Irak. Dort fand am Vorabend meines Theaterbesuchs ein Gedenktag statt. Es wurde eines Krieges gedacht, der zwar offiziell längst vorüber ist, der jedoch noch immer täglich neue Opfer fordert. Am 9. April 2007 war es genau vier Jahre her, dass amerikanische Soldaten in den Irak einmarschiert waren, Bagdad erobert und den irakischen Diktator Saddam Hussein gestürzt hatten.

Der Irakkrieg

Der Irakkrieg war eine Invasion des Irak durch die USA und einige Verbündete vom 19. März bis 14. April 2003.

Die Amerikaner nannten diesen Krieg einen Präventivkrieg, da sie der irakischen Führung unterstellten, unerlaubte Massenvernichtungswaffen zu besitzen (die jedoch nie gefunden wurden) und das Terrornetzwerk Al-Qaida zu unterstützen. Jedoch erhielten sie vom Sicherheitsrat der Vereinten Nationen keine Befugnis zu dieser Invasion, so dass der Angriff als Verstoß

gegen das Völkerrecht zu werten ist. Kritiker bezeichnen ihn daher als Angriffskrieg.

Seit den Terroranschlägen vom 11. September 2001 hatte US-Präsident Bush die Außenpolitik seines Landes radikalisiert: Es begann ein »Krieg gegen den Terror«. An jenem sprichwörtlich gewordenen Tag, dem »9/11« (nine-eleven), hatten Mitglieder von Al-Qaida vier Flugzeuge entführt, von denen zwei die Türme des World Trade Centers in New York – dem Symbol für den westlichen Kapitalismus und die westliche Welt schlechthin – zum Einsturz brachten. Ein

weiteres flog in das Pentagon und richtete erheblichen Schaden an; das vierte stürzte im Bundesstaat Pennsylvania ab. Insgesamt kamen über 3000 Menschen ums Leben.

Verständlicherweise hatten die Amerikaner Angst vor weiteren Anschlägen und vor der Bedrohung durch die Terroristen. Zugleich wurde Vergeltung gefordert. Bush leitete daraus in der sogenannten »Bush-Doktrin« das Recht der USA zu Präventivkriegen ab.

Der Irakkrieg selbst dauerte nicht einmal einen Monat. Die Amerikaner flogen zunächst massive Luftangriffe und schickten anschließend 300 000 Soldaten ins Land. Nur die Eroberung der Hauptstadt Bagdad geriet kurzzeitig ins Stocken. Doch am 7. April rückten Truppen ins Stadtzentrum vor.

Nach dem Ende der Kampfhandlungen war aber das Land weder befreit noch befriedet. Saddam Hussein, Oberhaupt und Tyrann, war unauffindbar, und es begann eine lange Phase politischer und militärischer Unsicherheit mit bürgerkriegsähnlichen Zuständen, die täglich Tote forderte und bis heute nicht unter Kontrolle ist. Die Zahl der getöteten Zivilisten ist um ein Vielfaches höher als die der gefallenen Soldaten und geht in die Zehntausende. Die Versorgungslage der Zivilbevölkerung ist kritisch.

Im Juni 2004 übergaben die USA die Macht an eine Übergangsregierung, im Januar 2005 fanden die ersten demokratischen Wahlen statt.

Über 20 Jahre hatte Hussein im Irak als grausamer Diktator geherrscht und große Teile der Bevölkerung unterdrückt. Gegner seines Regimes hatte er systematisch foltern und hinrichten lassen, unter religiösen Minderheiten mehrere Massaker angerichtet.

Nach Saddams Sturz übernahmen erst einmal die Amerikaner die Herrschaft im Land. Nach ersten demokratischen Wahlen übernahm eine neue irakische Regierung offiziell die Macht von den Amerikanern. Der Irak sollte auf diese Weise möglichst sanft von einer Diktatur in ein demokratisch regiertes Land überführt werden.

Das war der Plan gewesen. Und eigentlich hätten sich dieser Tage alle Iraker freuen sollen – so hätten es die Amerikaner und die neue irakische Regierung zumindest gerne gesehen. Auf Wunsch der Amerikaner war der Tag des Einmarsches sogar offiziell zum Feiertag erklärt worden.

Allerdings war im Irak niemandem zum Feiern zu Mute. Im Gegenteil. In den Teilen des Landes, wo sich die Menschen frei bewegen durften, gingen sie auf die Straße, um gegen die Amerikaner zu demonstrieren.

Denn seit dem Sturz Husseins sind im Irak nicht die Freiheit und der Frieden zurückgekehrt, sondern es ist das totale Chaos ausgebrochen. Das Land liegt in Schutt und Asche, keiner baut es wieder auf. Von Freiheit und Fortschritt ist im Irak weiterhin keine Spur. Im Gegenteil. Im ganzen Land herrschen bürgerkriegsähnliche Zustände und Anarchie. Beinahe täglich explodieren auf öffentlichen Plätzen und Brücken, vor Regierungsgebäuden und amerikanischen Stützpunkten in der Hauptstadt Bagdad und an anderen Orten Bomben von Untergrundkämpfern, denen amerikanische Soldaten, irakische Polizisten und Politiker, vor allem aber unzählige unbeteiligte Menschen zum Opfer fallen. Von den Träumen und Visionen eines freien, friedlichen Irak ist vier Jahre nach dem Sturz des Tyrannen nichts übrig geblieben. Damals hatten viele Kritiker der amerikanischen Regierung vor dieser Entwicklung gewarnt.

Die Tatsache, dass sich die Lage im Irak durch den Einmarsch der Amerikaner keinen Deut gebessert hat, nährt ein Gefühl, das in der muslimischen Welt weit verbreitet ist: das Gefühl, dass die Amerikaner sich allzu häufig ungefragt in Angelegenheiten muslimischer Länder einmischen. Amerika gilt vielen Muslimen keineswegs als Befreier, sondern als imperialistische, kriegerische Macht, deren heimliches Ziel es ist, die Muslime zu unterwerfen und ihnen vorzuschreiben, was richtig und was falsch ist.

Einmischung und Doppelmoral

Vieles hat dazu geführt, dass dieser Eindruck entstanden ist.

Da ist zum einen die Tatsache, dass die Amerikaner ihre Vorstellungen von richtig und falsch nicht mit friedlichen Mitteln und ehrlicher Hilfsbereitschaft, sondern allzu oft mit militärischer Gewalt durchzusetzen versuchten.

Nicht nur im Irak, sondern auch in vielen anderen islamischen Staaten sind westliche Armeen präsent, allen voran die Amerikaner – Kriegsschiffe westlicher Länder kreuzen vor den Küsten islamischer Länder wie dem Iran, dem Libanon, Saudi-Arabien oder Libyen.

Für die Militärpräsenz des Westens in islamischen Ländern gibt es natürlich Gründe. Doch diese Gründe sind für Muslime oft nur schwer zu verstehen. Das liegt vor allem daran, dass sie sich dauernd verändern. Ein Beispiel: Der Diktator Saddam Hussein ist im Irak nur deshalb überhaupt an die Macht gekommen, weil er von den Amerikanern finanzielle und militärische Unterstützung erhielt. Ohne die Hilfe der Amerikaner hätte er sich nie an der Macht behaupten können. Damals, Anfang der 1980er Jahre, wollte Amerika im Irak einen starken, pro-amerikanischen Mann an der Spitze, um ein Gegengewicht zum Nachbarstaat Iran herzustellen, mit dem die USA seit langem in einem Konflikt befindlich sind.

Terrorismus

Die Wut in der islamischen Welt über den Vorherrschaftsanspruch der USA hat inzwischen solche Ausmaße angenommen, dass der Irak zum Schlachtfeld geworden ist, auf dem radikale Islamisten aus allen Teilen der islamischen Welt gegen, wie sie es sehen, den Vormarsch des Westens kämpfen. Aufgrund ihrer militärischen Unterlegenheit suchen sie nicht den offenen Kampf, sondern greifen zu anderen Mitteln: zu Bombenanschlägen, Selbstmordattentaten oder Geiselnahmen.

Der Terror der Islamisten findet nicht nur im Irak statt. Beinahe in der gesamten arabischen Welt verüben islamische Terroristen

Islamischer Fundamentalismus

Als Islamismus bezeichnet man die Politisierung des Islam, deren Ziel die Errichtung eines islamischen Staates und die Anwendung der Scharia (dem religiösen islamischen Gesetz) ist. Dahinter steht die Überzeugung, dass der Islam verpflichtende Grundlagen für eine religiöse wie staatliche Ordnung in sich trage: »Der Islam ist Staat und Religion«.

Fundamentalismus bedeutet zunächst nur die Rückkehr zu den Wurzeln, in diesem Falle zum »Ur-Islam« und dessen Texten, dem Koran und der Sunna, die wörtlich zu lesen und als Gesetze zu verstehen sind. Alle wichtigen Regeln zum Leben und Zusammenleben finden sich nach Meinung der Fundamentalisten darin und dürfen nicht, zum Beispiel durch demokratische Entscheidungen, aufgehoben oder verwässert werden.

Der Islamismus entstand als Gegenbewegung zur allmählichen Auflösung des Osmanischen Reiches, das 1918 endete und zur Säkularisierung islamischer Länder führte. Viele Muslime sahen es als Pflicht an, Gottes Gesetz wieder Geltung zu verschaffen, und sie sahen in der Religion eine unerlässliche moralische Stütze. Heute wendet sich der Fundamentalismus vor allem gegen die weitestgehend säkularisierte westliche Welt und deren Einfluss beziehungsweise Einmischung in innerislamische Angelegenheiten. Darin sehen sie eine Gefahr für den Islam.

Vor allem in den 1980er und 1990er Jahren radikalisierten oder bildeten sich viele islamistische Gruppen und Netzwerke wie Al-Qaida, Hamas oder Hisbollah. Sie propagieren eine Mischung aus Moral, Religion und Terror. Diese Kräfte sind in den vergangenen Jahren immer stärker geworden, sie wollen Menschen anderen Glaubens bekämpfen, aber sie treffen auch viele Menschen ihrer eigenen Religion. Natürlich gibt es Stimmen, die betonen, dass es keinen Zwang im Islam gibt und dass die Prinzipien des Islams nur als Richtschnur für ein gottgeweihtes Leben und nicht als Dogma verstanden werden sollen. Sie haben den Terror bislang nicht aufhalten können.

Attentate. Sei es in Afghanistan, in Israel, Ägypten oder Algerien.

Und spätestens seit den Anschlägen vom 11. September 2001 auf das World Trade Center und den darauffolgenden Anschlägen in Madrid und London ist klar, dass der islamische Terrorismus weltweit agiert und den Menschen in der westlichen Welt – nicht nur in den USA – Angst bereitet. Sicherlich gibt es Gründe für den islamischen Terrorismus, aber ganz sicher keine Rechtfertigung. Ganz gleich, ob der Terror einen berechtigten Aufschrei einer unterdrückten Glaubensgesinnung darstellt oder nicht, er ist einfach nur falsch, grausam und menschenverachtend.

Als wäre es nicht schon kompliziert und schlimm genug, wird der Konflikt inzwischen von beiden Seiten, auch den Amerikanern, zu einem Konflikt der Religionen stilisiert.

Präsident Bush beruft sich gerne auf den »göttlichen Auftrag« für seinen Kampf gegen Terrorismus und beschließt seine Reden an das amerikanische Volk, in denen er verkündet, dass noch mehr neue Soldaten in den Irak geschickt werden müssen, mit den Worten: »Gott segne unser Land.« Tom Delay, ein Par-

Selbstmordattentäter
Seit den 1970er Jahren gehören Selbstmordattentate zur militärischen Taktik des islamistischen Terrors. Traurige Berühmtheit erlangten sie durch die Anschläge vom 11. September 2001. Heute finden Selbstmordanschläge in vielen

islamischen Ländern wie dem Irak, Afghanistan oder Malaysia, aber auch in der westlichen Welt statt, wie die Attentate von Madrid und London gezeigt haben.

Einige Gruppierungen des religiösen Fundamentalismus bilden gezielt Selbstmordattentäter aus, um gegen die militärische Übermacht ihrer Feinde operieren zu können.

Die Attentate erreichen aus verschiedenen Gründen eine besonders hohe Wirkung. Da sie immer häufiger auf zivile Ziele ausgerichtet sind, ist die Aufmerksamkeit in der Öffentlichkeit sehr hoch. Zugleich sind der logistische Aufwand und die Gefahr der Terrororganisation, entdeckt zu werden, sehr gering, da keine Flucht organisiert werden muss und keine Gefangenen gemacht werden können.

Selbstmordattentäter verstehen sich selbst als Märtyrer, die für ihre religiösen Überzeugungen sterben und sich dadurch ein »Leben im Paradies« erhoffen. Sie zeichnen sich durch völlige Willkür in der Wahl ihrer Opfer aus. Ihren Anschlägen fallen fast ausschließlich völlig unbeteiligte Menschen zum Opfer.

teifreund von Bush, behauptet sogar: »Gott hat George Bush ins Weiße Haus geschickt, um eine biblische Vision der Welt auf Erden durchzusetzen.«

Eine erstaunliche Entwicklung in einem demokratischen Land, das auch die Trennung von Staat – also Politik – und Religion zu seinen Traditionen zählt.

Al-Qaida

Al-Qaida (arabisch »Basis«) ist ein internationales Netzwerk islamistischer Gruppen, als dessen Anführer Osama bin Laden angesehen und das u. a. für die Anschläge vom 11. September verantwortlich gemacht wird.

Der Name geht auf einen Zeitungsartikel aus dem Jahre 1988 zurück, in dem der Dschihad-Theologe Abdallah Azzam eine »solide Basis« für den Kampf der Mujahedin gegen die Besetzung Afghanistans durch die Sowjetunion gefordert hatte. Damals unterstützten die USA bin Laden mit Waffen und Geheimdienstinformationen gegen ihren Hauptwidersacher UdSSR.

Seit 1991 und dem Golfkrieg der USA gegen den Irak konzentriert sich Al-Qaida auf den Kampf gegen den Westen und den »großen Satan« USA. Ziel ist aber auch die Errichtung eines Kalifats, die Vereinigung aller Muslime unter einem Herrscher.

Laut Azzam ist es die Verpflichtung jedes Einzelnen, einstmals muslimische Länder wieder zum Islam zurückzuführen, u. a. Palästina, Libanon, Somalia, Burma. Gewaltanwendung sei dabei ein legitimes Mittel, da alle Staaten und Gesellschaften, die sich nicht der Scharia, dem islamischen Gesetz, unterordnen, verwerflich seien.

Kreuzfahrervorwurf

Solche Äußerungen von Seiten der Amerikaner sind Wasser auf die Mühlen der Terroristen, die von ihnen zum Beweis der Behauptung genommen werden, die Amerikaner seien Kreuzfahrer, die die islamische Welt erobern wollten. Denn durch die religiös gefärbten Aussagen von Bush werden sie an ein ganz bestimmtes historisches Ereignis erinnert, das sich tief ins Gedächtnis der islamischen Welt eingegraben hat.

Die Kreuzzüge

Im Mittelalter standen sich Christen und Muslime immer wieder auf Schlachtfeldern gegenüber. Sie waren die mächtigsten Gegner ihrer Zeit, und weil die Kämpfe »des Christentums« gegen »den Islam« nicht rein religiös motiviert waren, sondern bei den Auseinandersetzungen immer auch eine (macht-)politische Dimension mitschwang, waren die Schlachten besonders erbittert. Denn es ging der Kirche auch um territoriale Ansprüche des Christentums gegen die islamische Expansion – im 7. Jahrhundert hatten muslimische Truppen ehemals christliche Gebiete im Nahen Osten, in Nordafrika und Spanien erobert, die nun zurückgewonnen werden sollten. Und auch intern stand die Kirche unter Druck: Im Jahr 1054 hatte sich die christliche Kirche in eine Ost- und eine Westkirche gespalten, und beide Parteien waren heillos zerstritten. Die Westkirche war in Rom, die Ostkirche in Byzanz, der heutigen Türkei.

Da die kirchliche Macht mit dem politischen Einfluss viel enger verwoben war als in modernen Demokratien, konnte die Kirche mit dem Argument, dass sich das Christentum verteidigen müsse gegen die muslimische Bedrohung, Krieger für ihre Sache gewinnen und dabei gleichzeitig politische Strategien verfolgen. Indem sie dazu aufrief, dass die Menschen sich auf ihre Wurzeln besinnen und die christliche Botschaft verbreiten und stärken sollten, gelang es der katholischen Kirche, Gläubige dazu zu bewegen, das Heilige Land zur Ehre Gottes zurückzuerobern: Die Jerusalemwallfahrt war eine alte christliche Tradition, jetzt wurde sie wieder aufgegriffen und gestärkt, indem

Das erste große Schisma

In Rom war der Papst das Oberhaupt der römisch-katholischen Kirche. In Konstantinopel, dem heutigen Istanbul, stand der Patriarch des Kaiserreichs Byzanz der griechisch-orthodoxen Kirche vor. Wer der gültige Kirchenherrscher war, löste einen Konflikt aus. Grund für diese Spaltung der christlichen Kirche waren weniger religiöse Differenzen über die Lehre Christi als die Frage, wo das geografische Zentrum der Christenheit zu lokalisieren sei – im Osten oder im Westen. Die Gründe für die Aufspaltung der Kirche und die Zwistigkeiten waren also rein politischer Natur. 1054 erfolgte die endgültige Trennung der Reichskirche, wie sie seit Kaiser Konstantin I. existiert hatte, in die römisch-katholische und die griechisch-orthodoxe Kirche. Diese Aufspaltung ging unter dem Begriff »morgenländisches Schisma« in die Geschichte ein, wobei »Schisma« der griechische Begriff für »Spaltung« bzw. »Trennung« ist.

den erfolgreichen Pilgern ein Ablass versprochen wurde, also der Erlass all ihrer irdischen Sünden.

Doch auch die Ritter, die im Namen ihres Glaubens in den Krieg gegen die muslimischen Feinde zogen, hatten ganz eigene Interessen: Viele Kreuzritter gehörten zu verarmten Ritterständen, die materielle Not litten. Sie waren dankbar für dieses von der Kirche ausgerufene Abenteuer, das zudem reiche Beute versprach.

All diese und weitere Faktoren trugen dazu bei, dass der öffentliche Aufruf zum ersten Kreuzzug im Jahr 1095 großes Aufsehen erregte und hohe Resonanz erfuhr. Papst Urban II. hielt eine Rede und rief darin zu einem militärischen Zug gegen die muslimischen Besatzer der Heiligen Stadt Jerusalem auf. Wer diesem Ruf folge, versprach er, werde dies zum Ruhm Gottes tun und dazu beitragen, dass in Jerusalem wieder das Königtum Christi errichtet würde. Die Menschen waren von diesem Aufruf so begeistert, dass sich schließlich ein gewaltiges Heer freiwilliger Gotteskämpfer Richtung Süden aufmachte. Weil sie im Auftrag des Papstes unterwegs waren, durften sie sich ein rotes Kreuz auf einen weißen Übermantel sticken, den sie über ihre Rüstung warfen. Damit »trugen sie das Kreuz« – wie Jesus auf seinem Leidensweg zur Hinrichtungsstätte auf dem Berg Golgatha. Der Kreuzmantel war eine der ersten militärischen Uniformen, die es je gab.

Das erste Ziel der Kreuzritter war Konstantinopel am Bosporus, die Hauptstadt von Byzanz. Ihr Weg führte die Eroberer im Namen Gottes dann weiter bis nach Jerusalem. Angestachelt von immer neuen Kampfparolen, die die Führer des Kreuzzuges propagierten, hinterließ das Heer eine grausame Spur der Gewalt und Zerstörung quer durch Europa.

Nach drei Jahren ununterbrochenen Marschierens und Kämpfens standen die Kreuzritter im Juli 1099 schließlich vor den Toren Jerusalems. Die Stadt wurde gegen heftigen Widerstand erobert, und die Einwohner – Muslime wie Juden – ermordet.

Auf diesen ersten Kreuzzug folgten weitere bis zum 13. Jahrhundert. Besonders die Grausamkeit gegen Andersgläubige, vor allem gegen Muslime, hinterließ nachhaltige Spuren im Bewusstsein der islamischen Welt, so dass die Kreuzzüge den Muslimen zum Symbol für westlichen Imperialismus und Größenwahn schlechthin geworden sind.

Die berechtigte Empörung über die Geschichte der Kreuzzüge verstellt jedoch den Blick darauf, dass trotz aller Gewalt auch ein Austausch zwischen den Religionen möglich war. Da Kreuzfahrer lange in den von ihnen eroberten Gegenden lebten und schließlich dort sesshaft wurden, führte dies über die Jahre auch zum friedlichen und interessierten Austausch zwischen den Religionen und Kulturen.

Krieg und Nächstenliebe?

Wie ließ sich die Idee gewaltsamer Kreuzzüge mit der Botschaft Jesu von Nächstenliebe und Friedfertigkeit vereinbaren? Jesus hatte doch gesagt, dass man sogar seine Feinde lieben solle, und das sechste der Zehn Gebote lautet: »Du sollst nicht töten«.

Bei diesem ethischen Problem half der Kirchenvater Augustinus weiter, der ein Konzept entwickelt hatte, wie Jesu Botschaft mit dem Dienst an der Waffe zu vereinbaren sei: Der Krieg sei eben manchmal eine Notwendigkeit, predigte er, beispielsweise dann, wenn es darum ginge, Gottes Willen auf Erden zu verteidigen. Dazu müsse alles Unrecht auf das Schärfste, und zur Not auch mit Waffengewalt, bekämpft werden. Ein Krieg in Gottes Namen war für Augustinus sogar der gerechteste aller Kriege. Damit war ein Weg gefunden, der der Rechtfertigung von Kriegen gegen die »Ungläubigen« Tür und Tor öffnete.

Augustinus' Konzept wurde im Falle der Kreuzzugspropaganda von der Kirche benutzt, um den Kampf gegen die Bedrängung des eigenen Glaubens durch die Heiden, also durch die Muslime, zu rechtfertigen. Nach eingehender Gewissensprüfung dürfe also auch ein Christ zu den Waffen greifen, solange er es in Gottes Namen täte, predigten die Führer der Kreuzzüge. Dass diese Logik im krassen Gegensatz zu der ursprünglichen Botschaft von Jesus stand, interessierte bald keinen Menschen mehr.

»Wir, die wir Abendländer waren, sind Orientalen geworden... Wir haben schon unsere Geburtsorte vergessen... Manche von uns besitzen in diesem Land Häuser und Diener... Ein anderer hat eine Frau geheiratet, die durchaus nicht seine Landsmännin ist... (...) Die verschiedensten Mundarten sind jetzt der einen wie der anderen Nation gemeinsam, und das Vertrauen nähert die entferntesten Rassen einander an.« (Fulcher von Chartres/ R. Pernoud, *Die Kreuzzüge in Augenzeugenberichten*, 1972, S. 125)

Und je länger die Kreuzzüge dauerten, umso öfter fragten sich die Kreuzritter, ob sie wirklich im Sinne Gottes handelten. Stellvertretend für die zweifelnden Gotteskrieger trat der Heilige Franziskus von Assisi beim Kreuzzug gegen die Stadt Damiette im Nildelta im Jahr 1219 eine Reise zum Sultan von Ägypten an, um das friedliche Gespräch zu suchen. Er hielt sich mehrere Tage bei dem muslimischen Herrscher auf und predigte am ägyptischen Hof. Er war nicht im eigentlichen Sinne erfolgreich mit seiner Botschaft, denn es kam zu keinem einzigen Übertritt eines Moslems zum Christentum. Aber immerhin war der Sultan trotz der aufgeheizten Situation sehr von Franziskus' Engagement beeindruckt, denn der Heilige hatte ein Zeichen gesetzt und sich als Kreuzfahrer ohne Waffen präsentiert.

Dennoch, die Kreuzzüge sind und bleiben ein gewaltsamer Versuch, das Christentum zu verbreiten, und ein Schandfleck in der Kirchengeschichte. So sieht dies mittlerweile auch die katholische Kirche; im Jahr 2000 hat sich Papst Johannes Paul II. ausdrücklich für diese Verirrungen der Christen bei den Muslimen entschuldigt und ein Zeichen für mehr Verständnis zwischen den Religionen gesetzt.

Das war ein wichtiger Schritt auf einem Weg, der weitergegangen werden muss. Denn was hilft es uns, dass wir uns unsere Verfehlungen noch Jahrhunderte später gegenseitig vorrechnen? Geht es nicht vielmehr darum, dass sich jede Religion ihren Verfehlungen und Verirrungen stellen muss, um daraus zu lernen und auf dieser Grundlage eine gemeinsame Zukunft zu gestalten?

Indem die Amerikaner heute ihre Militäraktionen für Freiheit und Demokratie religiös untermauern, geben sie Muslimen das Gefühl, die Geschichte würde sich wiederholen. Das ist natürlich ein sehr schlechtes und gefährliches Signal. Denn die Amerikaner spielen damit den Terroristen in die Hände, die behaupten, der Westen wolle den Islam auslöschen. Damit erfahren sie manchmal auch Zustimmung bei denjenigen Muslimen, die den Terrorismus eigentlich ablehnen.

Terroristen begründen ihre Terrorakte nämlich häufig damit, einen Heiligen Krieg im Namen Allahs gegen Ungläubige zu führen. Diesen Krieg nennen die islamistischen Terroristen »Dschihad«. Sie vertreten die Ansicht, dass der Dschihad eine Glaubenspflicht sei, die jeden gläubigen Muslim dazu aufrufe, Ungläubige zu töten. Dafür würde der heilige Krieger nach seinem Tod mit dem Einzug ins Paradies belohnt, wo ewige Wonnen auf ihn warten.

Über die Auslegung der arabischen Schrift und damit auch darüber, was unter dem Begriff »Dschihad« zu verstehen ist, gibt es eine tiefgreifende Kontroverse unter Schriftgelehrten; das Verständnis der Islamisten wird dabei infrage gestellt: »Dschihad« wird im Deutschen oft vereinfachend mit »heiliger Krieg« übersetzt. Diese Übersetzung verkennt jedoch den ursprünglichen Wortsinn des Begriffs. Genau genommen bedeutet Dschihad lediglich so viel wie »Anstrengung« oder, salopp ausgedrückt, »Kampf gegen die eigene Bequemlichkeit«. Dschihad meint nämlich den Kampf eines jeden gläubigen Muslims gegen die eigenen Schwächen und Begierden, aber auch große Anstrengungen, wie zum Beispiel ein langes Universitätsstudium. Alles, was der Mensch tut, um sich zu vervollkommnen und Gott zu gefallen, ist nach muslimischer Vorstellung »Dschihad«. Wer einen Dschihad führt und im Alltag keine Mühe scheut, darf sich stolz Mudschahid nennen. Das Gegenstück

Heiliger Krieg

Ein Heiliger Krieg ist ein Krieg, der religiös begründet wird. Wer in einen Heiligen Krieg zieht, handelt im Auftrag Gottes und kämpft darum, eine gottgewollte Ordnung auf Erden herzustellen oder die bestehende Ordnung vor einer Bedrohung zu schützen.

Der erste verbriefte Heilige Krieg war der Krieg der Juden um das Land Kanaan. Sie fühlten sich von Gott berufen, das Land zu besiedeln, in dem »Milch und Honig fließt«, auch wenn sie dazu die Stämme, die bereits dort lebten, unterwerfen oder vertreiben mussten.

Auch die Geschichte des Christentums kennt viele heilige Kriege, u.a. die Kreuzzüge. In der Neuzeit ist man allerdings vom Begriff des Heiligen Krieges abgekommen und unterscheidet nur noch zwischen »gerechten« und »ungerechten« Kriegen.

zum Mudschahid ist der Qaidin, der Drückeberger. Dschihad ist also zunächst etwas sehr Ehrenhaftes: das Streben danach, ein besserer Mensch zu werden.

Zwar kann auch der Kampf mit der Waffe gegen Ungläubige Dschihad sein, aber nur dann, wenn es sich um einen Verteidigungskrieg handelt, wenn also Muslime angegriffen werden und sich und ihren Glauben verteidigen müssen. Außerdem wird dieser Kampf mit der Waffe nur als der »kleine Dschihad« bezeichnet. Der »große Dschihad«, der Kampf mit sich selbst, findet im Inneren des Menschen statt. Erst in jüngster Zeit behaupten islamische Fundamentalisten, Dschihad bedeute, einen Heiligen Krieg gegen Nichtmuslime zu führen. Die große Mehrheit der Muslime widerspricht dieser Interpretation jedoch und bezeugt, dass der Islam eine friedliche Religion sei.

Islamische Terroristen, die behaupten, ihre Attentate seien durch ihre Religion gerechtfertigt, missbrauchen daher den Islam. Und sie verstärken das negative Image des Islams in der westlichen Welt. Denn es ist vor allem die Dschihad-Propaganda der Extremisten, die viele nicht-muslimische Menschen auf Abstand zum Islam gehen lässt und den Eindruck erweckt, der Islam sei eine gewaltbereite Religion, die mit einer modernen Demokratie nicht vereinbar ist.

Absage an die Terroristen: Religionen stehen für Frieden!

Dazu ist Folgendes zu sagen: Keine Religion, sei es der Islam, das Christentum oder eine andere Weltreligion, ruft ihre Anhänger zu Krieg und Gewalt auf. Islam bedeutet wörtlich »Friedliche Unterwerfung unter Gott«. Jede Religion, auch der Islam, achtet das Leben als das Höchste und Schützenswerteste, das es gibt, und tritt für Frieden unter den Menschen ein. Die unbedingte Notwendigkeit des Friedens wurde wenige Tage vor Ausbruch des Irakkrieges auch von christlicher Seite in einer bewegenden Rede von Papst Johannes Paul II. bestätigt.

Die Religionen sind mithin wie ein Schleier, der auf dem Konflikt zwischen der westlichen Welt und dem Islam liegt. Sie verdecken die wirklichen Gründe für die Gewalt im Irak, bei der es vor allem um Macht und politischen Einfluss geht. Es lohnt sich daher, misstrauisch zu sein, wenn Menschen behaupten, sie kämpften im Namen Gottes, und genau nachzuschauen, was der eigentliche Kern des Konfliktes ist.

Und wenn man unbedingt einen Kampf im Namen Gottes gegeneinander führen möchte, macht man das lieber auf andere Art – wie neulich in Berlin-Wilmersdorf geschehen: Dort traten kurz vor der WM 2006 christliche Pfarrer und muslimische Imame auf dem Fußballplatz gegeneinander an. Die

Es ist nie zu spät für den Frieden

»Die kommenden Tage werden für den Ausgang der Irak-
krise von entscheidender Bedeutung sein. Beten wir also
zum Herrn, dass er allen beteiligten Parteien Mut und
Weitsicht schenke.

Im Hinblick auf die *verheerenden Folgen*, die ein inter-
nationaler militärischer Eingriff zum einen für die irakische
Bevölkerung und für das Gleichgewicht der gesamten
schon so leidgeprüften Region des Nahen Ostens und zum
anderen für die möglicherweise daraus entstehenden Ex-
tremismen hätte, rufe ich allen zu: Es ist noch Zeit zum
Verhandeln; es gibt noch Raum für den Frieden; es ist nie
zu spät, um einander zu verstehen und die Verhandlungen
fortzusetzen. Über die eigenen Pflichten nachzudenken
und konstruktive Verhandlungen zu führen, bedeutet nicht,
sich zu erniedrigen, sondern *verantwortungsvoll für den
Frieden zu arbeiten.*

Außerdem sind wir Christen davon überzeugt, dass der
wahre und dauerhafte Friede nicht nur das Ergebnis gewiss
notwendiger politischer Abkommen und Übereinkünfte
zwischen Einzelpersonen und Völkern ist, sondern ein *Geschenk Gottes* an jene Menschen, die sich Ihm unterwerfen
und das *Licht seiner Liebe* demütig und dankbar annehmen.« (Johannes Paul II., 16.3.2003)

Weltpresse war da, von CNN bis al-Dschasira. Erst wurde gebetet – dann ging's los. In einem großenteils ausgeglichenen Spiel
hatten aber die Pfarrer offensichtlich besonders gut gesegnetes
Zielwasser getrunken: Sie gewannen mit 12:1. »Unsere Tore
sind so offen wie unsere Herzen«, resümierte ein Imam am
Ende treffsicher die Begegnung.

Konflikte innerhalb von Religionen

Bei allem Verständnis gegenüber Muslimen, die sich von Amerika ungerecht behandelt, ja angelogen fühlen, stellt sich allerdings die Frage, warum die islamische Welt es zulässt, dass Terroristen das Bild des Islams prägen, das im Westen herrscht. Warum setzen sie dem Terror und seinen schrecklichen Folgen nichts entgegen, möchte man sich fragen; zumal fast täglich auch Muslime, die nichts anderes als in Frieden leben wollen, durch terroristische Anschläge getötet werden.

Dabei muss man jedoch bedenken, dass die Muslime keine Einheit bilden, sondern dass es zahlreiche verschiedene muslimische Glaubensrichtungen gibt. Denn im Islam gibt es nicht nur zwei Stimmen – eine, die den Terror predigt und eine, die für Friedfertigkeit eintritt –, sondern viele verschiedene, sich vielfach widersprechende Positionen, die jeweils einer anderen religiösen Gruppierung zugehören.

Weil die Stimme der Terroristen am lautesten und bedrohlichsten ist, wird sie in der westlichen Welt am stärksten wahrgenommen. Die wesentlich leiseren gehen einfach unter. Und diese Stimmen sind sehr unterschiedlich. Es gibt die dem Terrorismus nahestehende muslimische Glaubensgruppe der Salafiden, die sich in die Zeit, als Mohammed lebte, zurücksehnt und alle Errungenschaften der modernen Welt strikt ablehnt. Aber es gibt demgegenüber auch die Position der Aleviten, die für Fortschritt und Gleichberechtigung im Sinne der Menschenrechte eintreten.

Der Islam ist kein monolithischer Block wie die Kaaba, sondern ein Flickenteppich der Meinungen und Glaubensinhalte. Was der wahre Islam ist und wie eine gemeinsame islamische Welt aussehen müsste, ist ein Streitpunkt, zu dem sich unübersehbar viele Diskussionsteilnehmer zu Wort melden. Im Islam gibt es zudem kein religiöses Oberhaupt wie den Papst, keine zentrale Instanz, die für alle Muslime die Richtlinien vorgibt.

Das heißt: Es gibt keine Stimme, die für alle spricht. Das hat auch Folgen für die Verhältnisse in mehrheitlich muslimischen Staaten, deshalb ist es wichtig, sich mit diesen Unterschieden muslimischen religiösen Denkens zu befassen.

Sunniten und Schiiten – Es kann nur einen geben!

Im Zusammenhang mit der schwierigen Lage im Irak wird in der Berichterstattung immer wieder von zwei religiösen Gruppen gesprochen: den Sunniten und den Schiiten. Als westlicher Zuhörer wird man das Gefühl nicht los, dass der Unterschied zwischen den beiden religiösen Gruppierungen groß und bedeutsam ist und entsprechenden Einfluss auf das alltägliche Leben der Iraker nimmt. Worin dieser Unterschied jedoch besteht, vermag man im Westen allerdings kaum zu sagen. Dass auch diejenigen keine Definition finden, die dies am allermeisten angeht, weil sie im Irak eine neue Staatsordnung aufbauen wollen – die Vereinigten Staaten nämlich –, ist besonders fatal. Dieser Missstand wurde augenscheinlich, als ein Journalist für einen Artikel in der New York Times mit hohen Funktionären der amerikanischen Anti-Terror-Einheiten sprach und feststellen musste, dass im Pentagon niemand zu wissen schien, was ein Schiit und was ein Sunnit ist. Auf die Frage, was Sunniten und Schiiten glauben und ob sie für oder gegen die Amerikaner sind, folgte überwiegend bedrückendes Schweigen und abschließendes Schulterzucken. Worauf sich die Beamten des Pentagon schließlich verständigen konnten, war etwa folgende Definition: Sunniten und Schiiten sind besonders religiöse islamische Sekten, die mit Terroristen sympathisieren.

Dabei lagen die Politiker jedoch vollkommen falsch.

Zum einen sind Sunniten und Schiiten weder radikale Sekten, noch haben sie mehr mit Terroristen zu tun als jeder andere Mensch. Sunniten und Schiiten sind die beiden größten Glaubensströmungen des Islams, in gewissem, weitgefassten Sinne vergleichbar mit Katholiken und Protestanten im Christentum. In der Gesamtheit der Muslime sind 85 Prozent Sunniten und ungefähr 12 Prozent Schiiten. Während Sunniten überall in der islamischen Welt zu finden sind, leben Schiiten vor allem im Iran und Irak.

Dass sich Weltreligionen aus verschiedenen Konfessionen zusammensetzen, ist übrigens völlig normal. In allen Weltreligionen haben sich unterschiedliche Glaubensrichtungen herausgebildet: Im Christentum gibt es unter anderem Katholiken, Orthodoxe und Protestanten, das Judentum teilt sich auf in orthodoxe, konservative und liberale Juden, auch die östlichen Weltreligionen bestehen aus verschiedenen Strömungen – und im Islam gibt es eben Sunniten und Schiiten.

Die Spaltung der Muslime in Sunniten und Schiiten geht zurück auf die Frühzeit des Islams in Medina. Der Grund für die Spaltung war die Uneinigkeit in der Frage, wer nach Mohammed der rechtmäßige Führer der »umma«, der muslimischen Gemeinde, sein sollte. Als der Gesandte Gottes überraschend starb, hatte er es versäumt, einen Nachfolger zu ernennen. Dementsprechend entbrannte in seiner über Nacht führungslos gewordenen Gemeinde ein Streit über seine Nachfolge. Einigkeit bestand nur in zwei Punkten: Der neue Glaubensführer musste aus dem engsten Umfeld des Propheten stammen, denn nur jemand, der lange an der Seite Mohammeds gelebt und von seinem tadellosen Vorbild gelernt hatte, wäre in der Lage, die umma in Mohammeds Geist weiterzuführen. Und: Der neue Führer sollte den Titel »Kalif« tragen, was so viel wie »Stellvertreter des Propheten« bedeutet.

In allen anderen Fragen erzielten die alleingelassenen Gläubigen jedoch keine Einigkeit. Es bildeten sich schließlich zwei Lager: Die eine Gruppe war der Meinung, dass nur ein direkter Nachfahre Mohammeds die umma führen könne, der denselben göttlichen Funken in sich trage, der auch Mohammed geleitet habe. Weil Mohammed jedoch keinen Sohn, sondern nur eine Tochter gezeugt hatte, kamen die Befürworter der Nachfahrenlösung in Erklärungsnot, einigten sich jedoch darauf, dass die Führung der Gemeinde Mohammeds Schwiegersohn Ali gebühre, einem treuen Gefährten, der durch die Eheschließung mit Fatima, Mohammeds Tochter, ein Teil der Familie des Propheten geworden war. Außerdem standen die Chancen gut, dass er und Fatima einen Sohn bekommen würden, argumentierten sie, der in zweiter Generation als direkter Nachfahre des Propheten das Kalifat übernehmen könnte. Die Anhänger Alis nannten sich die »Schia't Ali«, die Partei Alis. Sie waren die ersten Schiiten.

Die andere Gruppierung war der Ansicht, dass der klügste, tadelloseste und erfahrenste der Gefährten Mohammeds das Kalifat übernehmen solle, unabhängig davon, ob er aus der Familie des Propheten stammte oder nicht. Die Aufgabe des Kalifen bestand für sie vor allem in der Sicherung des Überlebens der muslimischen Gemeinde. Denn die Muslime wurden noch immer von vielen arabischen Stämmen bedroht, die Krieg gegen Medina führten. Um gegen sie bestehen zu können, waren politische Weitsicht, eine starke Hand und kriegerisches Geschick gefragt. Der Mann, der diese Aufgaben am besten bewältigen konnte, war für diese Gruppierung nicht Ali, sondern Abu Bakr, einer der frühesten Gefährten und beste Freund des Propheten. Die Anhänger Abu Bakrs glaubten nicht daran, dass es nach Mohammed je wieder einen Menschen geben könne, der so von Allah geleitet war wie Mohammed, selbst wenn er aus der Familie des Propheten stammte. Für die Sunniten zählte nur, was Mohammed gesagt und getan hatte, denn alles, was von ihm komme, sagten sie, sei göttlichen Ursprungs. Nur von Mohammed könne man also lernen, was richtig und was falsch sei. Daher war es für sie wichtig, dass die Erinnerung an den Propheten lebendig blieb. Um seine Worte und Taten nicht zu vergessen, schrieben sie sie auf. Diese Schrift nannten sie »Sunna«, was so viel wie »Brauch« oder »Gewohnheit« heißt, und von dieser Schrift leitet sich auch der Begriff Sunniten ab. Die Sunna ist bis heute für alle Muslime von größter Bedeutung und liegt in Form von Hadithen vor.

Für die Sunniten war die Macht in der umma damit klar aufgeteilt: Der Kalif sollte für die Politik zuständig sein. Um die Religion, die Ausgestaltung, Wahrung und Interpretation der göttlichen Offenbarung sollte sich hingegen die Ulama kümmern.

Der Ansatz der Schiiten war jedoch ein anderer: Da sie glaubten, dass alle direkten Nachfahren Mohammeds densel-

---

Hadithe

Die Sammlung der Hadithe, die Sunna genannt wird, ist neben dem Koran die wichtigste Quelle islamischen Rechts. Hadithe sind überlieferte Geschichten und Aussprüche des Propheten Mohammed und seiner frühesten Gefährten. Während der Koran Gottes unveränderliches und ewiges Wort darstellt, sind die Hadithe mündliche Überlieferungen, die zum Teil erst Generationen nach Mohammeds Tod von Rechtsgelehrten, sogenannten Ulama, als wahre Begebenheit akzeptiert, niedergeschrieben und ausgelegt wurden.

ben göttlichen Funken in sich trügen, der auch ihn beseelt hatte, und deshalb verstehen könnten, was die göttlichen Offenbarungen bedeuteten, lehnten sie die Sunna ab. Eine Sammlung von Aussprüchen und Taten Mohammeds sei zwar eine wertvolle Erinnerungsquelle, den wahren göttlichen Geist Mohammeds könne sie jedoch nicht herstellen, argumentierten sie. Entsprechend waren sie auch nicht für die Trennung der politischen und religiösen Führung, sondern für die Konzentration der Macht auf die Figur des rechtmäßigen Herrschers.

Im Streit um die Nachfolge Mohammeds setzten sich schließlich die Sunniten durch. Abu Bakr wurde zum ersten Kalifen der Muslime gewählt. Ihm folgten die sunnitischen Kalifen Omar und Uthman. Alle drei waren äußerst erfolgreich in ihrem Amt: Das muslimische Reich wuchs unter ihrer Führung mit unglaublicher Geschwindigkeit, und mit der Zahl der Gläubigen vergrößerte sich gleichzeitig der Herrschaftsbereich der Kalifen. Ihre Armeen eroberten nacheinander Kleinasien, Nordafrika und Spanien. Im Jahr 637 nahmen sie auch Jerusalem ein und errichteten auf den Trümmern des zweiten jüdischen Tempels die al-Aqsa-Moschee. Sie zählt bis heute zu den größten Heiligtümern der Muslime.

Trotz der bahnbrechenden Erfolgsgeschichte, die der Islam unter der sunnitischen Führung verzeichnen konnte, gaben die Schiiten die Hoffnung nicht auf, dass irgendwann ein Nachfahre Mohammeds an die Macht kam. Ihr Favorit Ali, der Ehemann der Prophetentochter Fatima, hielt sich im Hintergrund und wartete auf seine Chance. Mit Erfolg: Nach Uthmans Tod wurde Ali tatsächlich zum vierten Kalifen gewählt. Für die Schiiten erfüllte sich damit ein Traum: Endlich führte die Muslime wieder ein Mitglied der Familie des Propheten an – wie in den guten alten Zeiten von Medina. Doch die Freude der Schiiten war nur von kurzer Dauer. Wenige Jahre nach seiner Machter-

Die al-Aqsa-Moschee

Die al-Aqsa-Moschee, die übersetzt ›die ferne Kultstätte‹ bedeutet, befindet sich auf dem Tempelberg in Jerusalem. Sie gilt als eine der wichtigsten Moscheen des Islams und wurde nach der Eroberung Jerusalems im Jahr 637 erbaut. Es wird vermutet, dass al-Walid I. Anfang des 8. Jahrhunderts eine Moscheekuppel auf das Dach der dortigen christlichen Basilika bauen ließ.

Bis zum Jahre 70 n. Chr. stand an dieser Stelle der zweite jüdische Tempel, von dem nur noch eine Mauer erhalten ist, die berühmte Klagemauer. Radikale Juden fordern, diesen Tempel wiederaufzubauen, wenngleich dafür die Moschee und der ebenfalls berühmte Felsendom abgerissen werden müssten.

Die Geschichte der al-Aqsa-Moschee ist eine wechselvolle: Zum Zeitpunkt der Eroberung Jerusalems durch die Kreuzritter im Jahr 1099 wurden hier Tausende von Menschen 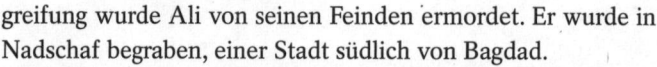 geköpft und die Moschee anschließend in einen christlichen Königspalast umfunktioniert. Erst rund einhundert Jahre später war die Moschee wieder in muslimischer Hand.

greifung wurde Ali von seinen Feinden ermordet. Er wurde in Nadschaf begraben, einer Stadt südlich von Bagdad.

Doch es sollte noch schlimmer kommen für die Schiiten. Nach Alis Tod wurde Muawiya zum neuen Kalifen ausgerufen, ein Mann aus Syrien, der mit der Familie des Propheten nur sehr entfernt verwandt war. Während die ersten drei Kalifen wenigstens noch aus dem direkten Umfeld des Propheten stammten, hatte nun ein Mann die Führung der Muslime übernommen, der Mohammed nie gekannt hatte – ein schlechtes Zeichen, vermuteten die Schiiten. Und tatsächlich bestätigte Muawiya die schiitischen Befürchtungen gleich zu Beginn seiner Herrschaft, als er die Hauptstadt des muslimischen Reiches nach Damaskus verlegte, in eine bislang »unheilige« Stadt. Außerdem setzte der neue Kalif duch, dass die Herrschaft über die Muslime von nun an als erbliche Dynastie an seine Söhne überging: Aus der ursprünglich gleichsam demokratischen Ordnung der muslimischen Gemeinschaft wurde damit eine Monarchie.

Der erste Kalif nach Muawiya war sein Sohn Yazid.

Dass die muslimischen Gläubigen jetzt von einer Art Monarchie regiert werden sollten, ging den Schiiten entschieden zu weit – sie weigerten sich rundweg, den neuen Kalifen Yazid anzuerkennen. Einen Gefährten Mohammeds hätten sie unter Umständen akzeptieren können, einen Jüngling jedoch, der weder Mohammed noch seine Gefährten gekannt hatte, der vom echten Medina-Geist keine Ahnung hatte und ihnen auch ansonsten nicht überzeugend schien, war inakzeptabel als Kalif. Die Schiiten präsentierten daher zwei Gegenkandidaten – die beiden Söhne von Ali und Fatima.

Diese offene Weigerung, Yazid als Kalif anzuerkennen, war eine offene Kriegserklärung. Und so kam es knapp fünfzig Jahre nach Mohammeds Tod, im Jahr 680, zum Bürgerkrieg zwischen den Schiiten und dem Kalifen Yadiz, der von den Sunniten gestützt wurde. Die aufständischen Schiiten hatten sich in der Stadt Kufat versammelt. Dort erwarteten sie Husain, Alis zweiten Sohn, um einen Aufstand gegen Damaskus zu organisieren.

Der neue Kalif Yadiz erkannte die Gefahr, bestellte Husain nach Damaskus und verlangte von ihm den Treueeid auf den Kalifen. Husain jedoch verweigerte diesen Befehl und machte sich stattdessen auf zu seinen Gefährten nach Kufat.

Yadiz war entsprechend ungehalten und schickte als Antwort auf Husains Verhalten einen Teil seiner Armee los, um diesen zu verfolgen und ihm den Weg nach Kufat abzuschneiden. Einen anderen Teil seiner Krieger schickte er direkt in die Stadt, um den Aufständischen mit dem Tode zu drohen, falls sie es wagen sollten, Husain zu unterstützen. Die Drohung wirkte. Die Kufaner trauten sich nicht, für Husain – den Enkel des Propheten – in den Kampf zu ziehen. Und das, obwohl er Unterstützung gerade jetzt am nötigsten gebraucht hätte.

Unterdessen wurde Husains Truppe ein paar Kilometer vor Kufat bei der Stadt Kerbala von Yadiz' Heer eingeholt. Doch anstatt direkt anzugreifen, belagerten Yadiz' Leute Husain unter der sengenden Sonne der Wüste und schnitten ihm und seinen Gefolgsleuten die Wasserzufuhr ab. Einer nach dem anderen musste jämmerlich verdursten. Als die wenigen Überlebenden durch ihren Durst so geschwächt waren, dass sie kaum noch stehen konnten, griffen die Soldaten an und richteten ein Blutbad unter Husains Gefährten an. Nach heldenhaftem Kampf lag schließlich auch Husain blutend im Staub. Doch nicht einmal angesichts dieser tödlichen Bedrohung kam Husain der Aufforderung des Anführers der Kalifenarmee nach, den Treueeid auf Yadiz zu schwören. Stattdessen begann er – den sicheren Tod vor Augen – zu Allah zu beten.

Dieses Gebet war sein letztes. Ihm wurde der Kopf abgeschlagen.

Als die Schiiten in Kufat von dem Massaker bei Kerbala erfuhren, bekamen sie schreckliche Gewissensbisse. Aus Angst hatten sie Husain, den Mann, an den sie glaubten und der die Züge des Propheten im Gesicht trug, im Stich gelassen. In ihren Augen hatten sie damit so furchtbare Schuld auf sich geladen, dass sie schier verzweifelten.

Um ihre Schuld zu büßen, zogen sie in einem Trauermarsch zum Grabe Husains bei Kerbala und baten Allah um Vergebung für ihre Feigheit. Sie schwärzten sich das Gesicht mit Asche und geißelten sich, indem sie sich immer wieder mit Peitschen und

Aschura

Noch heute begehen die Schiiten ihren größten Feiertag
wie ihre Urahnen – indem sie in weißen Trauergewändern
durch die Straßen ziehen, sich geißeln und Husain so lange
beweinen, bis die Straßen mit Blut und Tränen gefärbt
sind. Dazu wird die Schlacht von Kerbala in Theaterstü-
cken allerorts nachgespielt. Aschura findet am 10. Tag des
Monats Muharram statt.

Ketten auf Brust und Rücken schlugen und sich mit Messern
Wunden zufügten. Ihre Buße dauerte zehn volle Tage. Danach
kamen sie weiterhin einmal im Jahr nach Kerbala, um zu büßen,
und bauten am Grab Husains eine prachtvolle Moschee.

Der Tod Husains wurde zum Gründungsmythos der Schiiten.
Die Bußfeiern werden Aschura genannt und sind für Schiiten
bis heute das wichtigste Ereignis des Jahres.

Nach Husains Tod waren die Schiiten so niedergeschlagen, dass
sie ihren Traum vom schiitischen Kalifat für immer fahren ließen und sich von allen weltlichen Machtansprüchen abwandten.
Stattdessen widmeten sie sich ganz und gar der Religion. Das
Schiitentum zeichnete sich in der Folge durch eine besonders
gottergebene Frömmigkeit aus. Die einzig verbliebene Hoffnung der Schiiten bestand darin, dass eines fernen Tages ein
Nachfahre Mohammeds kommen würde, der alle Tyrannen
und illegitimen Herrscher vertreiben und die Gemeinschaft aller Muslime wieder so herstellen würde, wie sie einst in Medina
bestanden hatte.

Dieser Mann, auf den sie bis heute warten, ist der Mahdi. Er
ist der letzte der berühmten zwölf Imame, der direkten Nachfahren Mohammeds.

Die Zwölf Imame

Sowohl Sunniten als auch Schiiten kennen die Figur des Imams. Bei den Sunniten ist er ein Vorbeter, der die Gebete in der Moschee leitet. Für die Schiiten ist er allerdings etwas viel Bedeutenderes, nämlich ein direkter Nachfahre Mohammeds und damit der einzig legitime Führer der umma. Nach schiitischer Vorstellung ist der Imam absolut unfehlbar und ohne jede Sünde. Der schiitische Imam kann zudem in die Vergangenheit und in die Zukunft sehen. Nach Meinung der Schiiten ist der Islam seit Husains Tod von Tyrannen und Usurpatoren beherrscht, die die wahre Botschaft Mohammeds nicht verstehen können. Denn nur ein Imam ist in der Lage, die göttliche Wahrheit des Korans zu entschlüsseln und den Menschen mitzuteilen. Die meisten Schiiten sind der Ansicht, dass es nach Mohammeds Tod zwölf Imame gab, die der Legende nach bis auf den letzten allesamt von Feinden ermordet wurden. Mohammeds Schwiegersohn Ali war der erste Imam. Ihm folgten seine Söhne Hasan und Husain. Die Kette endet mit dem elften Imam, der offiziell keine Kinder hatte. Allerdings soll er einen Sohn mit einer byzantinischen Sklavin gezeugt haben, den er verborgen hielt, um ihn vor seinen Feinden zu schützen. Nur wenige Familienangehörige sollen das Antlitz des zwölften Imams gesehen haben, bevor er bis auf Weiteres verschwand. Die Schiiten glauben, dass er sich durch ein Wunder Allahs in Luft aufgelöst habe und seitdem in einem mystischen, unbekannten Ort weile, an dem er nicht mehr altert. Sie warten darauf, dass der zwölfte Imam – ähnlich wie Jesus – eines Tages als Messias in die Welt zurückkehren wird, um die muslimische Spaltung zu überwinden und alle Tyrannen zu besiegen. Die Gräber der Imame sind große schiitische Heiligtümer und das Ziel von Wallfahrten. Sie liegen im Irak, im Iran und in Saudi-Arabien.

Die teilweise politische Passivität der Schiiten, die sich aus ihrer Abwendung von allen weltlichen Machtfragen ergab, führte dazu, dass sie von zahlreichen sunnitischen Herrschern unterdrückt und gesellschaftlich benachteiligt wurden. Vor allem unter der Herrschaft des sunnitischen Diktators Saddam Hussein hatten die Schiiten zu leiden: So kam es immer wieder vor, dass Schiiten von Husseins Geheimpolizei aus ihren Häusern geholt, abtransportiert und in Gefängnissen zu Tode gefoltert wurden. Der Zugang zu hohen Ämtern war ihnen ebenso versagt wie der Besuch ihrer Heiligtümer, der Gräber der zwölf Imame.

Mit dem Sturz Husseins änderte sich die Situation schlagartig. Die Sunniten wurden der Macht enthoben, und freie Wahlen wurden durchgeführt. Da die Schiiten im Irak die Bevölkerungsmehrheit bilden, wurde ein Schiit zum neuen Präsidenten gewählt. Auch viele seiner Minister sind Schiiten.

Den Einmarsch der Amerikaner sehen die Schiiten daher als eine Chance, die historische Ungerechtigkeit, die ihnen angetan wurde, wiedergutzumachen. Zwar ist der Mahdi selbst noch nicht gekommen, doch die irakischen Schiiten wittern Morgenluft, dass ihr Traum – die Führung der umma durch einen Nachfahren des Propheten – in Erfüllung gehen könnte.

Die irakischen Sunniten wiederum sind wild entschlossen, sich keinem Staat zu fügen, in dem Schiiten das Sagen haben. Noch unter dem Galgen verdammte der Sunnit Hussein die Schiiten. Die gegenwärtige schiitische Regierung ist für Sunniten eine Art widernatürliche Fremdherrschaft, die noch dazu von den Amerikanern gestützt wird.

Die Spannungen zwischen Sunniten und Schiiten werden im Irak noch dadurch verschärft, dass mit dem Sturz Husseins auch seine Gräueltaten ans Licht kamen. So wurden zahlreiche Massengräber gefunden, in denen Leichen von Schiiten lagen, die unter Saddams Herrschaft in den Folterkellern verschwunden waren.

Der Einmarsch der Amerikaner und Husseins Sturz haben dazu geführt, dass im Irak Bürgerkrieg herrscht. Haben die Amerikaner das bedacht, als sie in den Irak einmarschierten und Saddam stürzten?

Es ist zu bezweifeln.

Nun sieht die Lage umso düsterer aus. Mit oder ohne Amerika droht der Irak in Chaos und Gewalt zu versinken. Doch es gibt auch Zeichen der Versöhnung. Sie kommt wie so oft gerade von dort, wo sie niemand erwartet hätte: von der Musik. Die Irakerin Shada Hasson gewann am 30. März 2007 die libanesische Castingshow »Star Academy«, der arabischen Version von »Deutschland sucht den Superstar«. Einziger Unterschied zwischen den beiden Formaten ist, dass die Teilnehmer von »Star Academy« aus der gesamten arabischen Welt kommen – von Kuwait bis Marokko. Shada Hasson gelang mit ihrer Teilnahme nicht nur der Einstieg in das irakische Musikbusiness, sondern – ganz nebenbei – auch, Sunniten und Schiiten zu einen. Denn ihre größten Fans, Menschen aus dem sunnitischen wie dem schiitischen Lager, verehren sie abgöttisch. Nicht nur, weil sie »nett, warm, natürlich, generös und selbstbewusst« sei, wie es auf ihrer Fan-Site heißt. Sondern weil ihr gelingt, was weder mit Politik noch mit Terror zu erreichen ist: Sie eint mit ihrer Musik das gesamte irakische Volk. In irakischen Medien wurde vor der Endausscheidung im Libanon immer wieder dazu aufgerufen, für Shada Hasson zu stimmen: »Schenkt eure Stimme der Tochter des Euphrat, trotz der traurigen Umstände in unserem Land«, forderte ein irakischer Fernsehsender. Bei der Endabstimmung sandten Sunniten wie Schiiten aus dem Irak insgesamt 7 Millionen SMS. Einige gaben nachher sogar zu, dass sie so oft für Shada gestimmt hatten, bis ihr Prepaid-Guthaben aufgebraucht war. Aber ob der Erfolg eines Popstars genügt, um Sunniten und Schiiten zu vereinen?

Für im Westen der Welt lebende Menschen sind die Streitigkeiten zwischen Sunniten und Schiiten schwer nachvollziehbar, weil die Unterschiede zwischen den beiden Glaubensgemeinschaften – ihre religiösen Regeln, wie sie beten, fasten und
feiern – für Außenstehende marginal erscheinen: Ihrer beider
Glaube kreist um Allah, Mohammed, den Koran und die Sunna,
in den wichtigsten Inhalten des Islams besteht also durchaus
Einigkeit zwischen Schiiten und Sunniten. Warum, könnte man
sich als außenstehender Beobachter fragen, konzentrieren sich
die beiden Glaubensgruppen nicht einfach auf ihre Gemeinsamkeiten, anstatt sich über die Frage nach einem Anführer zu
bekriegen? Weshalb wählen sie nicht einfach einen fähigen
Menschen, der sie beide führt? Einen, der dafür sorgt, dass es
Schulen, Krankenhäuser, vernünftige Straßen, genug zu essen,
zu trinken und Wohnraum für alle gibt? Weshalb einigen sie
sich nicht einfach auf einen gemeinsamen Führer, der sich um
die politische Gerechtigkeit im Land kümmert und um ein
faires Gerichtswesen? Einen, der die Ordnung wiederherstellt,
ohne die Konfessionen aufzulösen. Mit solch einem religiösen
und politischen ersten Mann könnten die Schiiten und Sunniten ihren Glauben dann frei leben, und zwar in Frieden und
ohne dass sich die beiden Glaubensrichtungen wegen Machtfragen in die Quere zu kommen brauchten. Sie hätten dann
sogar beides: einen modernen Staat und eine lebendige, weise
und menschenwürdige Religion.

Dieser Lösungsansatz für die Problematik zwischen Sunniten und Schiiten scheint für uns deshalb so einleuchtend, weil
Politik und Religion in der westlichen Demokratie klar voneinander getrennt sind, so dass die beiden sich in der Regel nicht
in die Quere kommen. Die Kirche kann und darf in Deutschland nicht über politische Fragen entscheiden. Und welche
Konfession die Bundeskanzlerin innehat, spielt keine Rolle für

ihre Arbeit. Weil keine Religion eine Antwort parat hält auf die Frage, ob eine Autobahn gebaut werden soll oder wie hoch der Mehrwertsteuersatz zu sein habe. Aufgabe von Religion ist vielmehr, dem Menschen Anleitung zu geben, wie er ein sinnvolles und glückliches Leben führen kann, und ihm Antwort auf seine Frage nach dem Sinn zu geben und so vielleicht auch in schweren Stunden Trost zu spenden.

In einem modernen demokratischen Staat sollten deshalb Religion und politische Macht voneinander getrennt sein. Denn wo Religion und Politik sich vermischen, gibt es eigentlich immer Ärger. So denken zumindest wir. Und haben auch gute Gründe dafür, wie wir noch sehen werden.

Viele Muslime sehen das allerdings anders. In ihrer Vorstellung, vor allem in der schiitischen, hat der weltliche Herrscher auch immer Anspruch auf die religiöse Führung. Die Religion entscheidet nicht nur darüber, wie man beten, feiern und fasten soll, sondern soll möglichst in allen Fragen des Lebens bestimmend sein.

Das Taliban-Regime in Afghanistan

Ein Beispiel für die Vermischung politischer und religiöser Führung sind die Taliban, eine Gruppe sunnitischer Fundamentalisten, die sich 1993 nach dem Ende der sowjetischen Besatzung Afghanistans formierte und 1995 die Macht übernahm. Sie ist einerseits vom radikal-orthodoxen Islam geprägt, andererseits vom afghanischen Nationalismus.

Religiös stehen die Taliban den Wahhabiten nahe, einer fundamentalistischen Reformbewegung innerhalb der sunnitischen Glaubensrichtung, die den Islam zu seinen Wurzeln aus dem 7. Jahrhundert zurückführen will. Die Taliban führten daher

Die Schari'a

Das kanonische Gesetz des Islams, das als Schari'a bezeichnet wird, bedeutet »Weg«, aber auch »religiöses Gesetz«. Der Begriff findet sich im Koran in Sure 45 und bezeichnet dort den Wüstenpfad, der zum Wasser führt. Die Schari'a ist also der Weg, auf dem der Mensch zu seiner Quelle, zu Gott, finden kann. Und dieser Weg ist bis ins kleinste Detail geregelt – die Schari'a enthält nämlich Regelungen sowohl für den privaten Lebensbereich als auch das öffentliche Leben. Dabei ist die Schari'a kein Rechtsgebilde im juristischen Sinne, sondern in der muslimischen Definition eine unfehlbare Pflichtenlehre, die die Beziehung des Menschen zu seinen Mitmenschen regelt. Da ihre Gesetze von Gott kommen, können sie vom menschlichen Verstand nicht durchdrungen werden und müssen kritiklos akzeptiert werden. Viele Regeln der Schari'a sind aus moderner Sicht grausam und rückständig. Sie sieht zum Beispiel vor, dass Dieben die Hand abgeschlagen wird oder Frauen, die ihren Ehemann betrogen haben, gesteinigt werden. Seit der Kairoer Erklärung der Menschenrechte im Islam von 1990 ist die Schari'a die gesetzliche Basis einiger islamischer Länder. Diese Deklaration steht in grundsätzlichem Gegensatz zur Allgemeinen Erklärung der Menschenrechte der UNO von 1948, an der sie sich formal orientiert. Während der Westen die Schari'a als vielfach rückständig und menschenverachtend ansieht, ist aus der Sicht von Teilen des Islams die Menschenrechtserklärung der UNO in bestimmten Bereichen nicht akzeptabel, weil diese göttlichem Befehl widersprechen. In der Praxis findet die Schari'a in den muslimischen Ländern unterschiedlich starke Anwendung: Während sie in der Türkei, Libyen oder Marokko kaum von Bedeutung ist, hat sie in Saudi-Arabien und Mauretanien fast vollständige Geltung.

die Schari'a, das islamische Gesetz, in Afghanistan ein, aus dem sie unter anderem das Verbot von Kameras, Fernsehen, Internet und weltlicher Musik ableiteten.

Die Nichtbeachtung der strengen Regeln der Taliban hatte harte Strafen zur Folge, die von der Prügelstrafe für zu kurze Bärte über Amputationen von Gliedmaßen bei mutmaßlichen Verbrechern bis zur Steinigung reichten. Vor allem die Frauen der Bevölkerung wurden schwer unterdrückt: Sie hatten Berufsverbot, mussten sich mit der Burka, einem Ganzkörperschleier, bedecken und durften nur in Begleitung eines männlichen Verwandten das Haus verlassen.

Die internationale Öffentlichkeit wurde auf die Taliban aufmerksam durch die Anschläge vom 11. September, da die Taliban in den Verdacht gerieten, Osama bin Laden Unterschlupf zu gewähren. Diese Mutmaßung führte im Oktober 2001 zum Angriff auf Afghanistan durch die Vereinigten Staaten.

Was uns als offensichtliches Unrecht erscheint, nehmen Befürworter von Sozialordnungen, die auf der Religion gründen, als notwendiges Übel hin. Gott wolle es eben so, behaupten sie. Aber nicht Gott will es so, sondern diejenigen, die an der Macht sind.

Zu Recht verurteilen wir solche Unrechtsregime. Und wir sind dankbar, dass wir nicht in einer solchen Welt leben müssen – nicht *mehr*, müsste man hinzufügen. Es gab nämlich auch in Europa eine Zeit, in der Politik und Religion nicht voneinander getrennt waren, sondern sich im Gegenteil derart durchdrangen, dass kaum auszumachen war, wer das Sagen hatte.

Christentum: Auch nicht einig

Im 16. Jahrhundert wurde Europa von Königen und Kaisern regiert, die in engem Kontakt zur christlichen Kirche standen, die ein wichtiges Machtzentrum war: Der Papst krönte die Staatsoberhäupter, die sich als von der Kirche eingesetzt betrachteten. Aufgrund dieses besonderen Einsetzungsverhältnisses gab es ein ständiges Spannungsverhältnis zwischen weltlicher und kirchlicher Macht – wer letztlich das Sagen hatte, war ein ständiger Streitpunkt im ausgehenden Mittelalter.

Diese Verwebung von Christentum und weltlicher Herrschaft war vor allem deshalb möglich, weil der Glaube für die Menschen von zentraler Bedeutung war. Sie betrachteten ihr Schicksal als von Gott vorbestimmt und die Kirche als Gottes Sprachrohr. Damit war die Macht der Kirche so groß, dass sie sich von ihr verführen ließ.

Eines der anschaulichsten Beispiele für den kirchlichen Machtmissbrauch ist der Ablasshandel, der auf der Geschäftsidee fußt, dass Gläubige sich mit Geld von ihren Sünden freikaufen können. Vor der Möglichkeit, die Sündenvergebung käuflich zu erwerben, waren die Menschen darauf angewiesen gewesen, sich durch gute Taten und einen redlichen Lebenswandel Gottes Segen und seine Vergebungsbereitschaft zu sichern. Das Handelsgeschäft mit der Sünde bot den Menschen die willkommene Gelegenheit, sich bei ihrem Tun nicht mehr länger darum sorgen zu müssen, ob sie sich gottgefällig verhielten oder ganz bewusst sündigten – weil die Sündenvergebung nur noch eine Sache des Geldes war. Der Ablasshandel florierte in einem solchen Ausmaß, dass die Kirchenoberen ein prunkvolles Leben führen konnten.

Je seltsamere Blüten der Machtmissbrauch der Kirchenoberhäupter über die Jahrhunderte allerdings trieb, desto lauter wurden die Stimmen, die die Kirche kritisierten. Die Kirchen-

Der Ablasshandel

Im ersten Jahrtausend entwickelte und perfektionierte die Kirche das System des Ablasses: Im Austausch gegen Bargeld stellte die Kirche sogenannte Ablassbriefe aus, die dem Käufer zusicherten, dass ihm durch den Kauf des Briefes all seine Sünden vergeben würden und er nach seinem Tod ein besseres Leben erwarten dürfe. Ursprünglich ging es beim Ablasshandelsgeschäft darum, unmittelbar bei Gott um Sündenvergebung zu bitten; mit der Zeit erstreckte sich das Spektrum der käuflich erwerbbaren Sündenvergebung dann jedoch auch auf alle kirchlichen Bußwerke, die normalerweise zur Vergebung einer Sünde geleistet werden mussten, also die Beichte, das Beten und Büßen. Den Höhepunkt des Ablasshandels bildete die Zeit der Großen Kreuzzüge, als einem Ritter für die Teilnahme an einem Kreuzzug sowohl rückwirkend als auch für die zukünftigen Sünden pauschaler Ablass gewährt wurde. Im 13. Jahrhundert wurde es sogar üblich, für bereits verstorbene Verwandte einen Ablass zu erwerben.

Die Logik hinter dem Ablasshandel fassten die Ablasshändler, die im Namen der Kirche überall unterwegs waren, einprägsam zusammen: »Wenn der Taler in der Kasse klingt, die Seele aus dem Fegefeuer springt.«

kritiker des Spätmittelalters wollten nicht mehr länger hinnehmen, dass Menschen das Papstamt erhielten, die weder in ihrer Lebens- noch in ihrer Amtsführung vorbildlich waren. Die Macht solle weniger prachtvoll zelebriert werden, forderten die Kritiker der Kirche, und das Augenmerk solle wieder mehr auf die eigentliche Botschaft des Christentums gelenkt werden. Und auch das »Übermaß an kirchlichen Zeremonien«, das der große humanistische Wissenschaftler Erasmus von Rotterdam kritisierte, solle eingeschränkt werden.

Die Inquisition

Der Begriff »Inquisition« kommt aus dem Lateinischen und bedeutet so viel wie »Befragung« bzw. »Untersuchung«. Er bezeichnet ein mittelalterliches Gerichtsverfahren der Kirche gegen Abtrünnige, das über 600 Jahre, vom 13. bis ins 18. Jahrhundert, praktiziert wurde.

Weil sie vor einer Urteilsverkündung zunächst die Beweislage untersuchte, stellte die Inquisition zunächst sogar einen Fortschritt in der mittelalterlichen Rechtsprechung dar. Eingeführt wurde das neue Gerichtsverfahren vor allem, um innerhalb der Geistlichkeit eine rechtliche Handhabe gegen sogenannte Irrlehren zu haben, die von der römisch-katholischen Glaubenslehre abwichen. Im Rahmen der »inquisitio haereticorum« ging die Kirche mit großer Härte gegen die »Häretiker« bzw. die »Ketzer« vor, die eine andere Glaubenslehre als die offizielle vertraten und eine Gefahr für die unangefochtene Machtposition der Kirche darstellten.

Im Jahre 1235 richtete Papst Gregor IX. die Inquisition als Behörde ein mit dem Argument, dass es nach dem Kirchenlehrer Augustinus ein Akt der Nächstenliebe sei, die Abtrünnigen wieder zum rechten Glauben zurückzuführen. Die Methoden, die die Behörde dazu anwandte, waren hingegen weniger human – die »Befragung« der Ketzer fand nämlich meist unter Folter statt. Dieses Mittel sei gerechtfertigt, argumentierte der Papst, da es darum ginge, die Seele des Betroffenen zu retten – die Folter hingegen schädige lediglich das sündige Fleisch, das ohnehin dem Verfall preisgegeben sei.

Mit der Kirchenkritik verbreitete sich auch eine neue Frömmigkeit unter der Bevölkerung, die andere Wege, den Glauben zu leben, suchte, die jenseits der kirchlichen Vorgaben lagen. Die Mitglieder dieser neuen Form des christlichen Glaubens organisierten sich vor allem in Ordensgemeinschaften, die mit ihren Vorschlägen für eine Reform der Kirche teilweise großen Einfluss auf die Gläubigen hatten. Diese Entwicklungen waren der Kirche nicht geheuer, die ihren bislang unumstrittenen Einfluss bedroht sah und nichts an den bestehenden Verhältnissen ändern wollte. Deshalb wehrte sie sich mit der brutalen, erbarmungslosen Verfolgung ihrer Kritiker.

Der große Reformator: Martin Luther

Die Vormachtstellung der Kirche konnte so lange erhalten werden, bis ein Theologe aus dem Osten Deutschlands das Wort ergriff und für die Andersdenkenden sprach. Mit seinen Predigten und Reformationsvorschlägen löste er endlich die wirkungsvolle und nachhaltige Veränderung aus, die sich viele Kirchenkritiker schon so lange gewünscht hatten: Martin Luther, der im sächsischen Wittenberg lebte, prangerte die Missstände in der Kirche offen an und rief zur Rückkehr zu einem menschenwürdigen, gerechten und reinen Glauben auf. Luther war nur ein einfacher Mönch, aber seine Worte und sein Wir-

ken sind kaum zu unterschätzen. Obwohl Luther eigentlich nur die lange notwendigen Reformen in der katholischen Kirche durchsetzen wollte, bewirkte er etwas viel Radikaleres: die Spaltung der Kirche in Katholiken und Protestanten.

Luthers Leben

Martin Luther wurde 1483 in Eisleben als Sohn eines Bergarbeiters aus dem niederen Stand geboren. Auf Wunsch seines Vaters begann Luther nach der Schule ein Jurastudium, was gute Aussichten auf einen hohen Posten als Beamter versprach. Er brach sein Studium jedoch bereits nach wenigen Wochen ab und trat in einen Mönchsorden ein. Grund für diese Kehrtwende war vermutlich ein Erweckungserlebnis – Martin Luther war in ein Gewitter geraten und gerade noch einmal mit dem Leben davongekommen.

Innerhalb der Ordensgemeinschaft studierte Luther Theologie. Die Priesterweihe empfing er im Jahr 1507 im Erfurter Dom.

Anschließend wurde er nach Wittenberg geschickt, um an der Universität Theologie zu unterrichten. Sein neues Umfeld war zwar ein kleines Städtchen, politisch aber hochbedeutend, da Wittenberg die Hauptstadt von Kursachsen war, einem Fürstentum, dessen Fürst Friedrich der Weise einiges politisches Gewicht hatte. Gemeinsam mit fünf anderen Kurfürsten wählte er nämlich den König, der als »Stellvertreter Gottes auf Erden« wiederum einen direkten Draht zum Papst und damit nach Rom hatte.

1510 reiste Luther in Ordensangelegenheiten nach Rom, wo er erstmals mit der religiösen Verwahrlosung im Zentrum der römisch-katholischen Kirche konfrontiert wurde: Ablasshandel, Prostitution und der Verkauf von Reliquien fanden damals in Rom auf offener Straße statt.

Angewidert und abgeschreckt beschloss Luther, gegen die wahrhaft unchristlichen Entwicklungen der Kirche ins Feld zu ziehen. Am 31. Oktober 1517 verfasste Luther 95 Thesen gegen den Ablasshandel. Diese schickte er sowohl an den Bischof als auch an Freunde aus dem Klerus.

Die Legende besagt, dass er sie auch an das Hauptportal der Schlosskirche in Wittenberg schlug.

Seine Thesen fanden zu Luthers eigener Überraschung großen Widerhall in der Bevölkerung, die seine Position entweder begeistert unterstützte – oder flammend verdammte. Die Thesen sorgten für solchen Wirbel, dass jeder über den bislang unbekannten Mönch aus Wittenberg und seine mutige Kirchenkritik diskutierte. Deshalb konnten die katholischen Kirchenoberhäupter ihn auch nicht einfach ignorieren. Um ihre Vormachtstellung zu halten, musste der Papst reagieren. Und so wurde Luther im Jahr 1518 in Rom wegen Ketzerei, Geringschätzung kirchlicher Gewalt und Unerbietigkeit gegen den Papst angeklagt.

Im Verfahren gegen ihn wurde deutlich, dass Luther nicht nur Missstände beim Ablasshandel abschaffen wollte. Er bestritt auch, dass der absolute Vorrang des Papstes, wie ihn die katholische Kirche definierte, richtig sei; außerdem trat Luther dafür ein, dass die Bischofsversammlungen, die sogenannten Konzilien, nicht länger alleinige Entscheidungsgewalt in Glaubensfragen haben sollten. Für ihn zähle zur Begründung seines Glaubens allein die Heilige Schrift, gab Luther im Rahmen der Gerichtsverhandlung zu Protokoll. Diese offene Absage an die Kirche war die entscheidende Herausforderung für das mittelalterliche Verständnis von Kirche.

1520 wurde Luther die päpstliche Bulle – so hießen die Briefe des Papstes – zugestellt. Dort drohte das Oberhaupt der katholischen Kirche ihm offen mit dem Ausschluss aus der Kirchengemeinschaft, falls er seine Thesen nicht widerrufen würde. Im selben Jahr verbrannte Luther das Dokument öffentlich in Wittenberg. Ein Ausschluss aus der Kirche kam damals einem Todesurteil gleich, denn die weltlichen Fürsten und Könige waren von Rom dazu angehalten, alle Personen, die aus der Kirche ausgeschlossen wurden, festzunehmen und der Kirche zu übergeben.

Ein knappes Jahr später wurde die Reichsacht gegen Luther verhängt, was ihn faktisch vogelfrei machte und ihn damit im höchsten Maß gefährdete.

Luther überlebte nur aufgrund des Mutes und des Einsatzes von Kurfürst Friedrich dem Weisen, der ihm durch einen vorgetäuschten Überfall die Gelegenheit bot, sich so lange in der Wartburg in Eisenach zu verstecken, bis die Zeiten wieder ruhiger würden.

Luther nutzte diese Zeit zur Übersetzung der Bibel ins Deutsche.

Diese Übersetzung war nicht nur ein großes literarisches Verdienst, sondern leistete einen wichtigen Beitrag dazu, dass die Gläubigen nicht mehr auf die Vermittlung von Gottes Wort durch Priester angewiesen waren. Bis zu diesem Zeitpunkt wurde der gesamte Gottesdienst, auch die Bibellesungen, auf Lateinisch gehalten.

1525 heiratete Luther schließlich die ehemalige Nonne Katharina von Bora, die aus einem Kloster geflohen war, und verstieß damit gegen die jahrhundertealte Regel, dass Mönche und Priester nicht heiraten dürfen, was bei den Katholiken noch heute gilt.

Bis 1545 hielt Luther weiter Vorlesungen in Wittenberg, traf sich mit anderen Reformatoren und verfasste theologische Schriften, die vielfach gedruckt und verbreitet wurden. Er erarbeitete einen Plan für eine neue Kirchenordnung und eine neue Form des Gottesdienstes. Und er schrieb Texte für Kirchenlieder, die noch heute gesungen werden.

1546 starb Luther in Eisleben. Seine letzte Vorlesung hatte er mit den Worten beendet: »Ich bin schwach. Ich kann nicht mehr.«

Luthers Botschaft

Was hatte Luther gepredigt? Wie konnte das Wort eines einfachen Mönches dazu führen, dass der Machtapparat der katholischen Kirche, der seit Jahrhunderten funktioniert hatte, derart herausgefordert wurde?

Nun, Luther hatte ganz einfach gesagt: Haltet euch nicht an die Kirche und nicht an den Papst, sondern an die Bibel. Ausgangspunkt war seine Frage, was der Mensch tun kann und muss, damit Gott mit ihm zufrieden ist. Muss er gute Werke tun wie Fasten, Beten oder Almosengeben, ansonsten aber darauf hoffen, dass ihm durch die Kirche Gnade zuteil wird? Das hat ihn umgetrieben, und er kam schließlich darauf, dass Gott nicht der strafende, der richtende Gott sei, zu dem ihn die katholische Kirche immer machte, sondern ein barmherziger Gott. Das war ungemein tröstlich, gerade in der damaligen Zeit, in der sich alle davor fürchteten, dass Gott mit ihnen unzufrieden war. Luther setzte dagegen: Der Mensch wird aufgrund seines Glaubens angenommen von Gott. Anders gesagt: der Mensch ist gerechtfertigt allein aus Gnade, allein aus dem Glauben. Auf Latein heißt das »Sola fide, sola gratia« und ist der Kern des protestantischen Glaubens.

Diese Botschaft war im Mittelalter revolutionär. Denn die Menschen im Mittelalter sahen den vornehmlichen Sinn ihrer Existenz darin, für ihre Sünden zu büßen und Gott um Vergebung dafür zu bitten, dass sie – weil Adam und Eva aus dem Paradies verstoßen worden waren – mit dem Fluch der Erbsünde behaftet waren.

Luther sagte ihnen nun, dass sie einfach als Christenmenschen angenommen waren. Für die Aufnahme ins Himmelreich war nicht die Summe der guten und bösen Taten entscheidend, sondern der feste Glaube. Auch die Botschaft, dass ein Christ frei sei und niemandem untertan, traf in einer Bevölkerung, die zu ihrem größten Teil aus Unfreien bestand, auf große Begeisterung.

Luther ging mit seinen Vorschlägen für die Reformation des katholischen Glaubens sogar noch weiter: Er sah die Kirche nicht mehr als Vermittler. Der Christ allein stehe vor Gott, sagte er, und deshalb brauche er die Priester als Fürsprecher auch nicht mehr. Jeder Einzelne sei sogar eine Art Priester, predigte Luther in seiner Rede vom »allgemeinen Priestertum aller Gläubigen«. Diese Forderung, den Stand der Priester abzuschaffen, bedeutete gleichzeitig einen Angriff auf die mittelalterliche Gesellschaftsordnung: Nach Luthers Verständnis sollten die Priester sich nur noch nach ihrem Amt oder ihrem Werk von anderen Gläubigen unterscheiden, nicht mehr aber in ihrem gesellschaftlich höheren Stand. Dass Luther auch den Papst nicht mehr als oberste Autorität anerkannte, ist vor diesem Hintergrund nur folgerichtig.

Die Abschaffung des Priestertums als Mittlerposition zwischen Gott und den Gläubigen, wie Luther sie forderte, hatte auch Auswirkungen auf die Ritualisierung bestimmter Glaubenspraktiken – die Beichte etwa, die dazu diente, als reuiger Sünder Gnade vor Gott zu erwirken.

Obwohl Luthers Gedanken eine ungeheure Provokation für die katholische Kirche waren, konnte auch die Reichsacht den Erfolg seiner Lehre nicht aufhalten: Kaum zehn Jahre nach deren Verhängung entschied der Reichstag in Speyer bereits, dass jedes Land und jede Reichsstadt selbst entscheiden solle, wie sie ihren Glauben leben wolle – nach dem altbekannten katholischen Ritus oder gemäß der neuen Ordnung, wie Luther sie vorgeschlagen hatte. Die süddeutschen Reichsstädte entschieden sich mit großer Mehrheit für die von Luther empfohlenen Reformen – das erste Land, das später den protestantischen Glauben wählte, war 1525 das Ordensland Preußen.

Luthers Gedankengut hatte jedoch nicht nur Einfluss auf die Kirchenstruktur, sondern auch auf die Politik. Der Stand der

Beichte

Die Beichte ist eine Bitte um die Vergebung einer Sünde, die der Beichtende zumeist einem Geistlichen, dem Beichtvater, mündlich vorträgt. In der christlichen Kirche existiert sie etwa seit dem 9. Jahrhundert, hat eine genau festgelegte Form und wird auch das »Sakrament der Versöhnung« genannt. Sie endet mit den Worten »Deine Sünden sind dir vergeben« oder einer ähnlichen Schlussformel.

Damit die Beichte Wirkung erlangen kann, müssen fünf Voraussetzungen erfüllt sein: Gewissenserforschung, Reue, guter Vorsatz, Bekenntnis und Wiedergutmachung. Ziel der Beichte ist die Aufarbeitung vergangener schuldhafter Taten und deren Vergebung durch Gott.

Der Beichtvater unterliegt dabei dem Beichtgeheimnis: Er verpflichtet sich zur vollkommenen Verschwiegenheit gegenüber anderen, selbst wenn der Beichtende ein schweres Verbrechen begangen hat. Daher macht der Beichtvater die Lossprechung von der Sünde für gewöhnlich davon abhängig, dass der Beichtende sich bei schweren Vergehen auch der Justiz stellt. Protestanten bekennen ihre Sünden im Gebet mit Gott oder im Rahmen des Gottesdienstes, nur Katholiken bringen ihre Sünden einem Geistlichen vor und bitten um Vergebung.

Bauern, der schon lange unzufrieden mit seiner Situation gewesen war, formierte sich und formulierte ein Reformprogramm, das sich biblisch begründete. Die Bauern forderten die Abschaffung der Leibeigenschaft: Sie wollten in Ehrfurcht vor Gott leben, argumentierten sie, aber nicht mehr länger in Angst vor ihrem Herrn. Dass nicht alles, was sie forderten, Luthers ungeteilte Zustimmung fand, störte die Reformer im Namen des Reformators in ihrem Eifer nicht.

In den folgenden Jahrzehnten kam es zu gewaltsamen Auseinandersetzungen zwischen den Anhängern der katholischen Kirche und den Befürwortern von Luthers Kirchenreform. Obwohl der sogenannte Augsburger Religionsfriede im Jahr 1555 jedem Herrscher zugestand, dass er frei festlegen könne, welche Religion in seinem Gebiet gelte (»cuius regio eius religio«), hielt dieses gesetzlich festgelegte Gleichgewicht nicht lange. Im 17. Jahrhundert kam es zu dem verheerenden 30-jährigen Krieg, der den Kampf um die politische Neuaufteilung Europas nach Glaubensgebieten mit den Konflikten zwischen einzelnen europäischen Königshäusern verquickte. Am Ende des brutalen Krieges war nicht nur ein großer Teil der Bevölkerung getötet worden, sondern die Landkarte Europas sah auch komplett anders aus.

Reform der katholischen Kirche

Die Reformation führte im Laufe der Jahrhunderte zu beträchtlichen Reformen auch in der katholischen Kirche. So sorgte sie dafür, dass der Ablasshandel wenn auch zunächst nicht eingestellt, so doch wesentlich maßvoller betrieben wurde. Auch im Hinblick auf die Bedeutung der Gnade schloss sich die katholische Kirche der Sichtweise der Protestanten an, obwohl sie weiterhin an der Bedeutung der Vermittlung durch das Sakrament der Buße festhielt. Der katholische Priester wurde nun wesentlich besser als zuvor in der Bibelwissenschaft ausgebildet. Auch wurden das soziale und karitative Engagement verstärkt und kirchliche Schulen gegründet. Die katholische Kirche setzte sich stärker im Kampf gegen Armut ein und gründete Orden, die sich Nächstenliebe und Hilfsbereitschaft auf die Fahnen schrieben. Der bekannteste unter ihnen war der Jesuitenorden.

Jesuiten

Der Jesuitenorden, auch Gesellschaft Jesu genannt, wurde 1534 von Ignatius von Loyola (1491–1556) gegründet. Motto des Ordens, in den nur Männer aufgenommen werden, ist der Satz »Omnia Ad Maiorem Dei Gloriam« (dt. »Alles zur höheren Ehre Gottes«), kurz OAMDG.

Ignatius war zunächst Offizier, doch musste er seine Karriere nach einer Kriegsverletzung beenden. Durch mystische Erfahrungen erkannte er, dass sein Lebensweg von nun an durch Gott bestimmt würde. Im Mittelpunkt der jesuitischen Lehre stehen Loyolas Exerzitien, eine 30-tägige Meditation über das eigene und über Jesu Leben, die von einem Exerzitienmeister begleitet wird.

Die Gründung des Ordens war Ausdruck einer Reformbewegung innerhalb der Kirche, die die persönliche Beziehung des Gläubigen zu Jesus und die Verpflichtung zur aktiven Nächstenliebe betonte. Der Jesuitenorden engagierte sich vor allem im Bereich der Seelsorge, der Fürsorge für Arme und Kranke und der Bildung. Die Jesuiten gründeten angesehene Universitäten, in denen Logik, Mathematik, Astronomie, Physik und Philosophie unterrichtet wurden.

Seit der Reformation hat sich die katholische Kirche beständig weiterentwickelt, wobei die Neuerungen den Protestanten jedoch nie weit genug gingen, so dass bis heute beide Konfessionen nebeneinander existieren. Auch wenn heutige Päpste sich anders verstehen als diejenigen, gegen die Luther sich auflehnte – sie sind allesamt qualifizierte Theologen und führen ein gottgefälliges Leben –, können Protestanten die Rolle eines Stellvertreters Gottes auf Erden ebenso wenig annehmen wie die Anbetung von Heiligen oder die Reliquienverehrung.

Viel gravierender aber sind Unterschiede in der Liturgie, der

Reliquienverehrung

Eine Reliquie (lat. »Überbleibsel«) ist ein Gegenstand religiöser Verehrung, entweder ein Körperteil oder ein Kleidungsstück bzw. Besitztum eines Heiligen. Eine Sonderstellung haben Reliquien inne, die direkt mit Jesus oder Maria zu tun haben, vor allem die Kreuzreliquien: Tausende kleine Holzsplitter, die angeblich vom Kreuz stammen, an das Jesus genagelt wurde, werden auf der ganzen Welt angebetet. Zu Luthers Zeiten waren Reliquien sehr in Mode. Jeder, der etwas auf sich hielt, besaß einen Nagel oder einen Splitter vom Heiligen Kreuz, und in Rom war der Schädel des Apostels Paulus zur öffentlichen Anbetung ausgestellt. Dementsprechend war im Mittelalter auch der Reliquienhandel weit verbreitet – der Verkauf von kleinen Papier- oder Stoffquadraten, die kurz auf die Reliquie gelegt und dann auf Heiligenbilder geklebt wurden. Noch heute werden den Pilgern an Wallfahrtsorten solche mittelbaren »Berührungsreliquien« verkauft.

Die Bedeutung der Reliquie liegt für die Katholiken darin, dass sie den verstorbenen Heiligen repräsentiert, der für den Besitzer der Reliquie bei Gott ein gutes Wort einlegt. Besondere Formen der Reliquienverehrung sind Prozessionen, Reliquienfeiern und Wallfahrten.

Art, wie ein Gottesdienst gefeiert wird. Die Protestanten stehen für das »Priestertum aller Gläubigen«, wohingegen die katholische Kirche weiterhin ihre Priester mit einem Sakrament weihen lässt und ihnen die Autorität zuweist, dass sie das Wort Gottes predigen dürfen.

In den Jahrhunderten, die auf die Reformation folgten, haben beide Seiten – Katholiken und Protestanten – sich oft feindselig gegenübergestanden. Es wurden Kriege geführt, einzelne Landstriche waren strikt entweder der einen oder der anderen Konfession zugehörig, und bis weit ins 20. Jahrhundert hinein war eine Heirat zwischen zwei Menschen verschiedener Konfession praktisch unmöglich.

Heute sind die Christen glücklicherweise so weit, dass die Frage, ob man Katholik oder Protestant ist, nicht über Leben und Tod entscheidet und auch nicht über den Ehepartner. Vielleicht gibt es noch entlegene Gegenden, in denen Protestanten und Katholiken einander nicht leiden können – aber die Animositäten haben keine wirkliche Bedeutung mehr. Es geht nun eher um Geschmack, Gewohnheit und Tradition, wirklich wichtig ist, dass sie alle sich als Christen fühlen und danach ihr Leben zu führen suchen.

Im Alltag denken sogar viele Christen darüber nach, dass die Spaltung am besten wieder abgeschafft würde. Die Rede ist von der Ökumene, der praktischen Zusammenarbeit zwischen den Kirchen. Sie wird in vielen Gemeinden praktiziert, die vielerorts mit Nachbargemeinden anderer Konfession zusammenarbeiten. Denn sie fühlen sich einander als Christen verwandt, die theologischen Differenzen interessieren sie nicht.

Dieses friedliche Miteinanderleben ist hart erkämpft und ein großer Fortschritt. Dass die beiden Konfessionen wieder vereint werden, steht aber nicht unmittelbar an. Zu viel trennt sie noch immer. Katholiken und Protestanten praktizieren ihren Glauben anders, sie singen andere Lieder, sie gehen in andere Gottesdienste. Bei diesen Unterschieden geht es nicht nur um Geschmacksfragen, sondern auch um Grundfragen, die für den Glauben wichtig sind. Hinter der Haltung zur Rolle des Priesters beispielsweise stehen tiefe Überzeugungen. Über die theologischen Unterschiede hinaus, geht es natürlich auch bei der Art des Gottesdienstfeierns um Tradition und Gewohnheit – weshalb viele Christen die Zusammenarbeit mit anderen Konfessionen zwar schätzen, sich aber nicht gleich machen wollen

Die Ökumene

Natürlich möchten sich die katholische und die evangelische Kirche gerne einander annähern, schließlich waren sie einst eine Gemeinschaft. Den Dialog und die Zusammenarbeit verschiedener Konfessionen nennt man Ökumene (von griech. »oikia«, »Haus«). Die Idee der modernen Ökumene entstand 1910 auf der Weltmissionskonferenz in Edinburgh. Um den christlichen Glauben in der Welt zu verbreiten, war die gleichzeitige Existenz mehrerer Konfessionen hinderlich.

In neuerer Zeit geht es eher darum, Gemeinsamkeiten zwischen Katholiken und Protestanten aufzuspüren und zu einer gemeinsamen Lehre zu finden bzw. ein Handeln zu definieren, das für beide Konfessionen als bindend anerkannt wird. Auf dem Ökumenischen Kirchentag wurde als Ziel »die versöhnte Verschiedenheit unter einem gemeinsamen Dach« formuliert.

mit ihnen. Ich jedenfalls spüre es immer, wenn ich einen evangelischen Gottesdienst besuche, dass ich in meiner katholischen Gemeinde tiefer verwurzelt bin. Klingt sehr altmodisch, aber ein Selbstversuch sei empfohlen.

Frieden zwischen den Religionen?

Zu allen Zeiten wurden unter der Fahne der Religion grausame Verbrechen innerhalb und zwischen Glaubensgemeinschaften verübt. Auch heute gibt es religiöse Gruppen, die im Namen ihres Gottes anderen Menschen Vorschriften machen wollen.

Bei den Konflikten, die daraus entstehen, geht es aber nur auf den ersten Blick um Fragen der Religion. Im Grunde geht es um Macht. Um die Frage, wer über wen herrscht. Das war in Europa so, das ist heute im Irak so. Die Frage nach der Macht steckt auch im Kern des Konflikts zwischen Luther und dem Papst. Und die Spaltung des Islams in Sunniten und Schiiten geht auf die Frage zurück, wer der rechtmäßige Führer der muslimischen Gemeinschaft sei.

Die meisten Christen haben gelernt, wirklich ihrem Glauben zu folgen, der sie zu Friedfertigkeit und Respekt für andere aufruft – das musste mühsam erkämpft werden. Selbstverständlich ist es bis heute nicht. Aber immerhin leben wir in Deutschland in einem Land, das Politik und Religion trennt. Niemand darf sich mehr auf Religion berufen, um seine Herrschaft zu begründen oder seinen Willen durchzusetzen. Und die Kirche beteiligt sich an Diskussionen, wie wir leben wollen, genauso wie jede andere Gruppe – sie kann nur darauf setzen, dass sie andere von ihrer Meinung überzeugt, sie kann niemanden mehr zwingen.

Und doch – bei allem, was bis heute erreicht worden ist – bleibt die Frage, wie Menschen verschiedener Religionen miteinander zusammenleben können und welche Regeln dafür gelten sollen.

7 Glauben in unserer Zeit – geht das denn? – oder: Warum es sich lohnt, für seinen Glauben zu streiten

Jeder stellt sich irgendwann die Frage, warum er eigentlich auf der Welt ist und welchen Sinn sein Leben hat. Der eine früher, der andere später – allerspätestens aber dann, wenn er sich klarmacht, dass seine Existenz zeitlich begrenzt ist und dass nicht alles einfach ewig so weitergeht. Weil ein Angehöriger gestorben ist, der uns viel bedeutet hat, weil wir plötzlich erkennen, dass unser Lebensplan nicht aufgeht, oder weil eine Krankheit schlimmer verläuft als gedacht.

Und jeder reagiert auf diese Erkenntnis anders: Die einen beginnen, sich wie verrückt um ihre Gesundheit zu kümmern, andere interessieren sich plötzlich für japanische Teezeremonien, Musik oder Extremsport, und wieder andere pilgern den Jakobsweg entlang, um zu sich selbst zu finden. Oder sie werden religiös – weil sie in der Religion, die sie anspricht und der sie sich dann zuwenden, ganz private Antworten auf die vielen ungelösten Fragen erhalten, die sie beschäftigen. Und weil die Religionen ein Mehr versprechen als dieses kleine, schwere, großartige und mühsame Leben.

Diese Erfahrung, Halt, Hoffnung und Geborgenheit im Glauben zu finden, ist für alle Menschen gleich, die Gott für sich entdecken. Weil sie eine Rückverbindung zu ihrem Ursprung erfahren, die Rückverbindung zu einer höheren Macht und zu einem höheren Zusammenhang, der ihr Leben sinnvoll macht. Unterschiedlich ist höchstens, wer oder was Gott für diese Menschen ist, welchen Namen er trägt, welche Sprache er spricht oder welche Regeln er vorgibt: Für die Christen ist Gott der Vater, für die Juden ist er JHWH und für die Muslime Allah. Für die Hindu und Buddhisten ist Gott keine Person, sondern ein ewiges, unveränderliches Prinzip, das den Lauf der Welt und das Schicksal wie ein Naturgesetz bestimmt.

Wie man diese kostbare Verbindung herstellen und halten kann, lehren die Religionen. Sie stellen Regeln für das tägliche Leben auf, zelebrieren Rituale und erzählen Geschichten, die den Menschen daran erinnern sollen, worauf es im Leben letztlich ankommt: In Frieden miteinander zu leben und zu sterben, glücklich zu sein und anderen Gutes zu tun. Sie sind also eine Art Gebrauchsanweisung für das Leben. In ihrer Gesamtheit sind die Weltreligionen wie die verschiedenen Strophen ein und desselben Liedes. Oder, wie es Ramakrishna, ein berühmter hinduistischer Lehrer und Mystiker, ausdrückte: »Ein Teich mit vielen Badetreppen. Auf einer schöpfen die Hindu das Wasser in Krügen und nennen es Jal; auf einer anderen schöpfen die Muslime das Wasser in ledernen Schläuchen und nennen es Pani; auf einer dritten schöpfen die Christen das Nass und nennen es Wasser. Der Urgrund ist Einer unter verschiedenen Namen, und ein jeder sucht nach demselben Urgrund; nur Klima, Naturanlage und Benennung schaffen die Unterschiede.«

Und eben weil das so ist, gebührt allen Religionen, ihren Regeln und Traditionen, und natürlich ihren Anhängern unvoreingenommener Respekt.

Dass es – gerade in den westlichen Kulturen – aber immer schwieriger wird, die Religion bruchlos in unsere moderne Welt zu integrieren, hat vielerlei Gründe: Die Regeln, nach denen man als Gläubiger leben soll, die Traditionen, die es zu pflegen und zu achten gilt, und die Geschichten, an die man glauben soll, passen manchmal nämlich nur noch schwer in unseren Alltag und in unsere Vorstellungswelt. Wie können wir es mit unserer rationalen Weltsicht vereinbaren, dass wir an die Erschaffung des Universums in nur sechs Tagen glauben sollen und daran, dass Moses das Meer durch das bloße Erheben seines Wanderstocks dazu brachte, sich zu teilen, damit das jüdische Volk trockenen Fußes hindurchgehen konnte? Müssen diese alten Geschichten nicht unweigerlich an unserem modernen Weltwissen zerschellen?

Dass die Gläubigen, egal, ob sie Juden, Christen, Moslems, Hindu oder Buddhisten sind, sich an diesen scheinbaren Widersprüchen nicht stören, hat den einfachen Grund, dass sie von ihrer Religion nicht verlangen, dass sie sich nahtlos in die heutige Zeit einfügen muss. Für sie geht es nicht darum, dass die alten Geschichten sich an unserem heutigen Wissen messen lassen müssen, sondern, dass sie uns Fragen stellen und uns anhalten, über uns selbst nachzudenken und bei allem, was wir tun, aufrichtig zu bleiben.

Diese Fragen stellt sich jeder Mensch anders, auch innerhalb ein und derselben Glaubensgemeinschaft: Warum ist das Leben schwierig und folgt nicht meinen Wünschen?, überlegt der eine. Wie gelingt ein gutes Leben?, fragt sich ein anderer. Und ein Dritter setzt vielleicht noch viel weiter vorne an, indem er überhaupt erst einmal zu definieren versucht, was »gut« und was »schlecht« ist.

Im besten Fall findet jeder seine ganz persönliche Antwort in den schönen und bewegenden, manchmal auch fantastisch anmutenden Erzählungen aus den heiligen Büchern seiner Religion. Die althergebrachten Geschichten, die jede Religion überliefert, funktionieren heute noch ebenso gut wie damals, weil die Menschen sie verstehen.

Sie sind beeindruckt davon, wie Mohammed für die Gerechttigkeit einsteht, zum Beispiel, indem er für die Armensteuer eintritt. Sie entdecken sich wieder in Siddharta Gautama, der verstehen will, was die Welt zusammenhält. Sie leiden mit Jakob, der in großer Unsicherheit gegen einen unbekannten Feind kämpft und schließlich erfährt, dass er mit Gott gerungen hat.

Diese Geschichten halten uns an zur Aufrichtigkeit gegenüber uns selbst. Nicht, weil wir Angst davor haben, beim Schummeln erwischt zu werden, sondern weil ehrlich und aufrichtig zu uns selbst zu sein der Anfang von einer neuen, spannenden Geschichte ist: Wie kann ich leben, wie soll ich leben? Dafür muss ich auf mich hören, dafür muss ich in eine ernsthafte Auseinandersetzung gehen mit mir – und dabei hilft mir die Religion.

Religionen – nichts für Frauen?

Weil Religion zwar von Gott handelt, letztendlich aber von Menschen ausgelegt und getragen wird, hat jede Religion auch Epochen zu verzeichnen, in denen ihre religiösen Oberhäupter und die Gläubigen unrühmlich und manchmal sogar in krassem Gegensatz zur Lehre ihres Gottes gehandelt haben. Dabei wurde und wird auch oft Gewalt und Unterdrückung gegen Frauen ausgeübt.

Das hinduistische Kastensystem diskriminiert, wie wir gesehen haben, noch immer Menschen qua Geburt, indem es ihnen vorschreibt, welches Leben sie zu leben, wen sie zu heiraten haben und wem sie Gehorsam schuldig sind. Vor allem die Situation der Frauen ist dabei extrem problematisch: Sie werden als das Eigentum ihres Mannes betrachtet. Nachdem sie in eine arrangierte Ehe gegeben wurden, dienen sie ihrem Gatten ein Leben lang. Sollte ihr Ehemann vor ihnen sterben, ist ihre Situation besonders dramatisch. Millionen von Witwen in Indien leben am Rande der Gesellschaft in Hunger, Armut und Isolation – weil sie nach hinduistischer Vorstellung nur noch halbe Menschen sind: Die Hälfte ihrer Seele folgt dem verstorbenen Ehemann nämlich ins Totenreich, glauben die Hindu. Als »halben Menschen« ist es den Witwen in Indien jedoch traditionell verboten, wieder zu heiraten oder Kinder zu bekommen. Früher galt es sogar als besonders ehrenvoll, wenn eine Witwe sich nach dem Tod ihres Mannes mit seiner Leiche zusammen verbrannte – Gott sei Dank ist dieser Brauch aber seit fast 200 Jahren offiziell verboten.

Der Hinduismus steht mit der religiös begründeten Unterdrückung der Frau nicht allein da: Im konservativen Islam beschränkt sich die Rolle der Frau darauf, für den Haushalt und die Kinder zu sorgen. Das Haus darf eine Frau nur in Begleitung und mit Erlaubnis eines männlichen Familienmitglieds verlassen, wenn sie sich aber in der Öffentlichkeit bewegt, darf sie weder ihr Haar noch ihr Gesicht zeigen. Einige islamische Gesellschaften schreiben den Frauen sogar vor, dass sie ihren gesamten Körper verdecken müssen.

Ähnlich heikel wie im Hinduismus ist im Islam auch das Thema Heirat. Gläubige Moslems verheiraten ihre Töchter oftmals, ohne die jungen Frauen vorher zu fragen, und nicht selten sogar gegen deren ausdrücklichen Willen. Die Verhandlungen übernimmt der Familienvater, der in allen familiären Angelegenheiten traditionsgemäß das Sagen hat und der seine Tochter schließlich einem in seinen Augen geeigneten Kandidaten verspricht. Die Verheiratung der jungen Frau ähnelt dabei nicht selten einer Art Handel, weil es immer auch um einen Brautpreis geht, den der potenzielle Ehemann zu entrichten hat. Voraussetzung für den erfolgreichen Handel zwischen Schwiegervater und Schwiegersohn ist vor allem, dass die Frau zum Zeitpunkt der Heirat noch Jungfrau ist. Welch furchtbare Folgen allzu konservative Religionsausübung haben kann, zeigt die Praxis, den Mädchen in einigen islamischen Ländern wie Somalia oder Saudi-Arabien die Vagina zuzunähen, um sicherzustellen, dass sie ihrem zukünftigen Ehemann am Tag der Heirat auch garantiert als Jungfrau übergeben werden können.

Sollte sich herausstellen, dass die Tochter zum Zeitpunkt ihrer Eheschließung nicht mehr Jungfrau ist, falls sie sich gegen eine Zwangsverheiratung auflehnt oder durch ihr sonstiges Verhalten das Ansehen der Familie schädigt, droht ihr die Verbannung aus der Familie, und in einigen Fällen sogar der Tod. Traditionell denkende männliche Familienmitglieder glauben nämlich bis heute, sich das Recht nehmen zu können, die Tochter oder Schwester im Namen der Familienehre ermorden zu dürfen. Schätzungen besagen, dass weltweit jährlich viele Tausend muslimische Mädchen und Frauen ihr Leben durch die Hand ihrer nächsten männlichen Verwandten verlieren.

Grundsätzlich muss man sagen, dass alle Religionen sich schwer mit gleichen Rechten für Frauen tun. Auch in der katholischen Kirche, die von sich sagt, dass ihr Frauen sehr wichtig sind, ist deren Lebensführung konkret immer von Männern bestimmt und oft genug auch beschnitten worden. Inzwischen hat sich viel verändert, aber es war ein langer Prozess.

Nun kann vieles damit erklärt werden, dass sich die Religionen in einer Zeit entwickelten, in der Männer das Sagen in der Welt hatten und sie nach ihren Regeln und Bedürfnissen einrichteten. Die Religionen sind eben nicht im luftleeren Raum, sondern im realen Leben entstanden. Nur, heute können wir das nicht länger hinnehmen. Auch wenn jeder Religion, ihren Regeln und Traditionen unvoreingenommener Respekt gilt, dann muss in einem demokratischen Land ebenso gelten, dass dieser Respekt dort aufhört, wo Menschen, insbesondere Frauen, im Namen der Religion unterdrückt werden.

Denn jeder Mensch besitzt unveräußerliche Rechte, die ihm

niemand, kein Mann, kein Staat und kein Gott streitig machen können.

Die Idee, dass es für jeden Menschen grundlegende Rechte geben müsse, die ihm von niemandem und niemals genommen werden dürfen und ihn gleichzeitig vor staatlicher Willkür schützen, entstand vor 300 Jahren: In dieser Blütezeit der europäischen Aufklärung wurden die Ideen von Gleichheit, Freiheit und von der Unantastbarkeit menschlicher Würde entwickelt – zum Teil in ganz bewusster Abkehr von den damals herrschenden religiösen Konzepten. Im Gegensatz zu vielen Religionen gingen die Aufklärer nämlich davon aus, dass der Mensch durchaus in der Lage sei, kraft seiner Vernunft und sei-

Menschenrechte

Menschenrechte sind universelle Grundrechte, die jedem Menschen zustehen, allein deshalb, weil er ein Mensch ist. Die Grundrechte sind aus der Erfahrung des Unrechts entstanden; formuliert wurden sie das erste Mal in dieser Form im Zeitalter der Aufklärung, im 17. und 18. Jahrhundert. Sie basieren auf der Idee, dass jeder Mensch Würde hat und in seinem Wesen unverletzbar ist – eine Idee im Übrigen, die wir seit den Zehn Geboten auch zum Grundstein der monotheistischen Religionen zählen dürfen. Zu den Menschenrechten zählen unter anderem:
– das Recht auf Leben und körperliche Unversehrtheit
– der Schutz vor Folter, Körperstrafe, erniedrigender Behandlung und Züchtigung

- das Recht auf Freiheit und Eigentum und persönliche Sicherheit
- Handlungsfreiheit im Rahmen der Gesetze
- das Recht zur Selbstbestimmung
- Meinungsfreiheit
- Gedanken-, Gewissens- und Religionsfreiheit
- Freizügigkeit

Der Grundgedanke sagt, dass der Staat dafür Sorge tragen solle, dass diese Rechte auch Wirklichkeit werden, und dass jeder Mensch davor geschützt werden solle, dass der Staat selbst diese Rechte beschneidet. Formal haben viele Staaten die Menschenrechte anerkannt, tatsächlich gibt es aber viele Länder auf der Welt, in denen Menschen viele grundlegende Rechte nicht gewährt beziehungsweise in denen sie durch den Staat verletzt werden. Der Schutz der Menschenrechte bleibt ein ständiger Kampf, unter anderem, wenn es um den Konflikt von Religion und grundlegenden Menschenrechten, aber auch wenn es um den Schutz von Religionsfreiheit geht.

nes Verstandes über sich selbst bestimmen zu können. Und dass er dafür keinen Gott oder religiöse Führer brauche.

So entstand die bis heute zentrale Idee für alle demokratische Staaten: die politische Macht und die religiöse strikt voneinander zu trennen. Daher ist Religion in modernen Gesellschaften Privatsache. Anders ausgedrückt: Niemand hat das Recht, im Namen der Religion andere in ihren Menschenrechten zu verletzen oder ihnen ihre Freiheitsrechte zu nehmen.

Die Entwicklung dieser modernen Prinzipien dauerte lange, und die Trennung der staatlichen von der religiösen Sphäre ist in den verschiedenen Ländern unterschiedlich stark ausgeprägt. Im Grundsatz kann man sagen, dass die demokratischen

Länder heute die Trennung von Staat und Kirche praktizieren, und es gehört zu den Aufgaben eines modernen Staates, eine Freiheitszone zu schaffen, in der Menschen die freie Ausübung ihrer Religion ebenso möglich ist, wie keine Religion auszuüben.

Deutschland ist ein moderner Staat und hat die Trennung von Religion und Politik in seinen Grundfesten verankert. Das heißt allerdings noch lange nicht, dass es nicht auch in Deutschland vorkommt, dass Menschen im Namen der Religion in ihren Grundrechten beschnitten werden. Auch bei uns steht das Thema »Religion und Menschenrechte« auf der Tagesordnung, unter anderem auch, weil bei uns viele Menschen leben, die ursprünglich aus anderen Ländern kommen, in denen die Religion noch viel Einfluss auf das gesellschaftliche Leben hat.

So gelten zum Beispiel in manchen muslimischen Familien noch immer strenge religiöse Sitten, die dazu führen können, dass muslimische Frauen unterdrückt werden.

Obwohl das deutsche Rechtssystem diesen Frauen auf dem Papier Schutz bietet und dafür einsteht, dass ihnen ihre Rechte zugestanden werden, ist es schwer, den Betroffenen zu helfen, da die muslimischen Frauen oft Angst haben, sich an die zuständigen Behörden oder Beratungsstellen zu wenden oder anderweitig Hilfe zu suchen.

Dass diese Angst begründet ist, zeigt die tragische Geschichte Hatun Aynur Sürücüs, die auf offener Straße und am helllichten Tag mitten in Deutschland einem »Ehrenmord« zum Opfer fiel: Die 1982 in Berlin geborene Deutsche kurdischer Herkunft wurde am 7. Februar 2005 an einer Bushaltestelle in Berlin-Tempelhof durch mehrere Kopfschüsse getötet. Ihre Geschichte, die als typische Integrationsgeschichte beginnt und mit einem Blutbad endet, löste eine bundesweit geführte Debatte über Wertvorstellungen von in Deutschland lebenden muslimischen Familien aus: Hatun Sürücüs Eltern sind sunnitische Kurden

aus der ostanatolischen Provinz Erzurum in der Türkei und siedelten bereits Anfang der 1970er Jahre nach Berlin um. Acht
ihrer insgesamt neun Kinder wurden in Deutschland geboren.
Hatun besuchte ein Gymnasium in Kreuzberg und hatte einen
deutschen Freundeskreis. Möglicherweise begannen ihre Eltern
die Entwicklung der Tochter mit Sorge zu beobachten, weil Hatun für ihren Geschmack zu weit vom traditionellen Islam ab-
kam und nicht nur in ihren Ansichten, sondern auch in ihrem
Benehmen der Familie gegenüber »verwestlichte«. Vermutlich
nachdem seine Tochter sich immer stärker gegen ihre Familie
aufgelehnt hatte, meldete der Vater sie kurzerhand vom Gymnasium ab und verheiratete die mittlerweile sechzehnjährige
Hatun mit einem Cousin in der Türkei, von dem sie kurze Zeit
später schwanger wurde.

Die Ehe hielt nicht lange – die in Deutschland aufgewach-
sene junge Frau hielt es in dem Heimatland ihrer Eltern, in
dem sie sich fremd fühlte, bei der strenggläubigen Familie ihres
Ehemannes nicht lange aus. Wohl nachdem es zum Bruch zwischen Hatun Sürücü und ihrem Mann sowie ihren Schwiegereltern gekommen war, kehrte sie allein nach Berlin zurück, wo
sie ihren Sohn Can zur Welt brachte.

Nach der Geburt bezog Hatun Sürücü eine eigene Wohnung
in Berlin-Tempelhof und begann eine Lehre als Elektroinstalla-
teurin, die sie zum Zeitpunkt ihrer Ermordung erfolgreich beendet hatte. Kurz vor ihrer Gesellenprüfung wurde die junge
Frau jedoch direkt vor ihrer Wohnung an einer Bushaltestelle
an der Tempelhofer Oberlandstraße mit drei Kopfschüssen getötet. Als Tatverdächtige nahm die Polizei eine Woche nach der
Tat drei ihrer Brüder fest. Als Motiv wurde ein sogenannter
»Ehrenmord« vermutet – es gab Hinweise darauf, dass Hatuns
Brüder ihr neues, selbst gewähltes Leben nicht zu dulden ge-
willt waren, weil sie sich dadurch in ihrer Familienehre gekränkt
sahen, und dass sie sich für ihre Schwester geschämt hätten, die
»unislamisch« lebte, kein Kopftuch trug und, wie zu erwarten

stand, ihren Sohn bestimmt nicht gemäß der islamischen Tradition erziehen würde.

Im Juli 2005 erhob die Berliner Staatsanwaltschaft Anklage gegen die drei Brüder der Getöteten wegen gemeinschaftlichen Mordes. Am 13. April 2006 verurteilte das Berliner Landgericht den jüngsten Angeklagten Ayhan Sürücü zu einer Jugendstrafe von neun Jahren und drei Monaten und sprach die beiden mitangeklagten älteren Brüder aus Mangel an Beweisen frei. Mittlerweile wurden die Freisprüche der Brüder allerdings vom Bundesgerichtshof aufgehoben und an das Landgericht Berlin zur erneuten Entscheidung zurückgegeben.

In einem modernen demokratischen Staat ist für solche »Ehrenmorde« kein Platz. Ob sie mit dem Koran vereinbar sind, ist völlig unwichtig. Entscheidend ist, dass sie mit den Grundrechten nicht vereinbar sind, auf denen die deutsche Gesellschaft basiert und die jedem Menschen zustehen, der hier lebt.

Aber sosehr uns die Geschichte Hatun Aynur Sürücüs alarmieren sollte – sie ist und bleibt ein Einzelfall und darf nicht zu der Annahme verleiten, dass alle muslimischen Männer eine Gefahr sind oder dass die Töchter in deutschen muslimischen Familien keine Rechte haben.

Gleichwohl beschäftigt viele junge Muslime in Deutschland, dass die Grundsätze und Wertvorstellungen, die sie in ihren Familien vorgelebt bekommen, zu der Welt, die sie vor der Haustüre erwartet, oft in unvereinbarem Gegensatz stehen: In der Schule und in Modemagazinen, in Diskotheken oder zu Hause bei deutschen Klassenkameraden zählen nämlich vollkommen andere Dinge als in den konservativen Familien. Außerhalb des traditionellen Einflussbereiches ihrer Eltern und Geschwister sprechen die jungen Muslime eine andere Sprache, hören andere Musik, sehen andere Filme und erleben die Gleichbehandlung der Geschlechter. Zu Hause bestimmen dagegen vielleicht Eltern über die Lebensplanung ihrer Kinder – von der Berufswahl angefangen bis zur Heiratsfrage.

Das Wissen um die problematischen Seiten der muslimischen Tradition für Frauen sollte nicht dazu führen, dass wir Druck auf sie ausüben, sich von ihren Familien und von ihrer Tradition abzuwenden. Es wäre grundfalsch, alle muslimischen Frauen in eine Opferrolle zu drängen und zu bemitleiden. Es muss vielmehr darum gehen, gemeinsam mit Muslimen nach Möglichkeiten zu suchen, wie Tradition und Religion mit dem Leben in einer demokratischen Gesellschaft vereinbar sein können.

Dabei können wir uns an den muslimischen Frauen selbst ein Beispiel nehmen. Es gibt nämlich viele, vor allem junge Frauen, denen der Brückenschlag zwischen religiöser Tradition und westlichem Lebensstil erstaunlich gelingt.

Ein interessantes Beispiel für die Verbindung von religiöser Tradition und Moderne ist der Umgang junger Muslimas mit dem Kopftuch. Der Islam schreibt Frauen vor, in der Öffentlichkeit ihr Haar zu verdecken, um Männer nicht durch die Darbietung ihrer Reize auf unkeusche Gedanken zu bringen. Daher tragen muslimische Frauen in der Öffentlichkeit ein Kopftuch, das kunstvoll geknotet Haare, Hals und manchmal sogar die Wangen bedeckt.

Die Mehrheit der Deutschen interpretiert das Kopftuch in der Regel als religiöses oder politisches Symbol, das für die patriarchalische Unterdrückung der Frau oder für muslimischen Fundamentalismus steht. Diese Ansicht liegt auch den Kopftuchverboten an deutschen Schulen zugrunde, die in den letzten Jahren von einigen Bundesländern erlassen worden sind.

Es wäre jedoch vorschnell, von vornherein anzunehmen, dass alle muslimischen Frauen das Kopftuch nur deswegen trügen, weil sie dazu gezwungen würden – und dass sie sich das verhasste Tuch am liebsten auf der Stelle vom Kopf rissen, wenn sie nur dürften. Im Gegenteil: Wenn eine Muslima ein Kopftuch trägt, kann sie dies aus vielen verschiedenen Gründen tun: Für eine große Zahl muslimischer Frauen ist das Kopftuch mitnichten Zwang, sondern ganz einfach Tradition – es gehört eben dazu. Es stört sie weder besonders, noch machen sie sich Gedanken, ob sie sich  »ohne« besser fühlen würden. Andere Muslimas tragen das Kopftuch, um den Männern auf der Straße zu zeigen, dass sie kein Objekt der Begierde sein wollen und dass der Mann sie nicht einfach von oben bis unten lustvoll angaffen kann. Schließlich gibt es auch solche muslimische Frauen, die ihre Reize aus Protest gegen den Körperkult und die Sexualisierung des Alltags in westlichen Ländern verdecken. Durch das Kopftuch wollen sie »Persönlichkeit statt Weiblichkeit« zeigen und der Reduzierung auf Äußerlichkeiten entgehen.

Zusammenfassend könnte man also sagen, dass viele junge muslimische Frauen durch das Tragen des Kopftuchs zum Ausdruck bringen, dass sie in den Regeln und Traditionen ihrer Religion und Kultur viel Gutes finden, das sie bewahren und leben wollen. Sie tragen das Kopftuch mit Stolz und entwickeln sogar eigene Kopftuchmoden und Dresscodes, in denen das Tuch in Kombination mit westlichen Modestilen sogar ein klein wenig sexy aussehen kann: Kopftuch, bauchfreies T-Shirt, Stöckelschuhe und zentimeterlange Wimpern – diese Mischung ist auf den Straßen in Hamburg, Berlin, Köln und München durchaus keine Seltenheit mehr.

Religion und demokratischer Prozess

Wie sich religiöse Regeln und Bräuche mit dem Leben in modernen Gesellschaften vereinbaren lassen – dieses Problem stellt sich natürlich nicht nur im Islam. Es ist auch im Christentum ein Thema und betrifft vor allem die katholische Kirche. Ihre bisweilen sehr strengen und für viele veralteten Regeln haben zu vielfacher Kritik und häufig auch zur Abwendung von der Kirche geführt.

Die Haltung der katholischen Kirche steht in vielem im Widerspruch zu dem, was man heute in modernen Gesellschaften für selbstverständlich hält. Das will die Führung der Kirche nicht ändern, denn dann würde sie in ihren Grundfesten erschüttert. Aus Sicht der katholischen Kirche ist die Ehe die Institution, in der Kinder gezeugt und aufgezogen werden sollen, sie soll lebenslang bestehen. Deshalb ist sie gegen Sex vor und jenseits der Ehe, gegen Verhütungsmittel, denn Kinder sind ein Geschenk Gottes. Deshalb lehnt sie Abtreibung strikt ab. Ihr Verständnis der Ehe führt auch dazu, dass sie gegen Homosexualität ist.

Nun hat jeder die Möglichkeit, selbst zu entscheiden, wann er das erste Mal Sex haben möchte. Schwieriger ist es mit der Ablehnung von Verhütungsmitteln, seit wir weltweit mit der dramatischen Ausbreitung von Aids konfrontiert sind. Denn Kondome können ein Mittel sein, die Übertragung der Krankheit zu verhindern. Auch katholische kirchliche Organisationen setzen sich für den Kampf gegen Aids ein, sie unterstützen weltweit Menschen, die infiziert sind, kümmern sich um die Waisen, kämpfen für besseren Zugang zu Medikamenten und Gesundheitsversorgung. Die Differenz zu vielen anderen Organisationen im Kampf gegen Aids besteht ausschließlich bei der Politik gegen die Ausbreitung. Das Engagement der Kirche wird von allen, die gegen Aids kämpfen, anerkannt. Trotzdem sollte die Kirche ihre Haltung zu Kondomen überdenken, denn Kondome sind wichtig für den Kampf gegen die Ausbreitung von Aids.

Die Ablehnung von Homosexualität finde ich persönlich schwer nachvollziehbar. Eine menschliche Lebensform abzulehnen, ist grausam gegenüber den so Lebenden, sowohl weil es ihre Würde verletzt als auch weil es sie in ihrer Entfaltung hindert. Ich wünsche mir sehr, dass die Kirche Homosexualität akzeptiert und diejenigen, die als zwei Männer oder als zwei Frauen eine Lebensgemeinschaft bilden, unterstützt, schließlich ist das auch eine Form, füreinander Verantwortung zu übernehmen.

Die Haltung der katholischen Kirche zur Abtreibung ist besonders umstritten. Die kompromisslose Ablehnung der Abtreibung hat viele Frauen auf Distanz zur Kirche gehen lassen. Nicht, weil diese Frauen für Abtreibung wären, sondern weil sie die Freiheit wollen, im Konfliktfall selber zu entscheiden.

Ich will auch, dass Frauen das selber entscheiden können. Aber ich teile die grundsätzliche Haltung meiner Kirche zur Abtreibung. Ich finde es gut und bewahrenswert, dass sich die Kirche vehement für den Schutz ungeborenen Lebens einsetzt, denn jeder Mensch hat ein Recht auf Leben.

Die Abtreibung war über viele Jahrhunderte verboten. Und auch im Deutschland des vergangenen Jahrhunderts wurde immer wieder darüber gestritten. In der DDR war seit 1972 der Schwangerschaftsabbruch in den ersten drei Monaten straffrei, eine ähnliche Regelung in Westdeutschland wurde 1975 kurz nach dem Beschluss des Bundestages vom Verfassungsgericht abgelehnt. Das hat aber keine Abtreibungen verhindert, vielmehr führte das Verbot der Abtreibung immer wieder dazu, dass verzweifelte Frauen heimlich abtreiben ließen, oft mit schweren gesundheitlichen Folgen.

Das derzeit gültige Abtreibungsrecht ist erst 1995 mit der Reform des § 218 festgeschrieben worden. Es gibt Frauen nicht alle Freiheiten, denn sie müssen sich immer noch beraten lassen, aber wenn die Vorschriften eingehalten werden, dann ist Abtreibung zwar rechtswidrig, aber nach diesen Regeln straffrei. Damit wurde sie auch medizinisch sicherer.

Heute können Frauen damit faktisch nach eigenem Gewissen entscheiden, ob sie ein Kind bekommen wollen oder nicht.

Und doch: Im Jahr 2006 standen rund 650 000 Geburten rund 130 000 Abtreibungen gegenüber. Man kann den Eindruck gewinnen, als sei eine Abtreibung eine fast schon alltägliche Angelegenheit, die als eine übliche Form der späten Verhütung genutzt wird. Als stünde die Möglichkeit, ein Kind nicht zu bekommen, von Beginn einer Schwangerschaft an mit im Raum.

Sosehr ich will, dass Frauen selber entscheiden – ist das nicht eine problematische Entwicklung? Denn dass ein Kind entsteht, ist doch wunderbar. Natürlich müssen wir darüber sprechen, wie den Frauen Mut gemacht werden kann, dass sie diese Situation auch annehmen können. Und wie wir ihnen helfen können. Aber für die Auseinandersetzung über diese Konflikte ist es auch wichtig, dass mit der katholischen Kirche eine Stimme existiert, die den Schwangerschaftsabbruch nicht als normale Möglichkeit akzeptiert.

Vieles, was die katholische Kirche propagiert, finde ich, wie eingangs gesagt, diskussions- und manchmal auch kritikwürdig, und ich habe mir oft die Frage gestellt, ob ich einer solchen Institution angehören kann. Lange Zeit habe ich diese Frage verneint. Irgendwann bin ich dann sogar aus der Kirche ausgetreten, aber später habe ich mich dann entschieden, wieder in die Kirche einzutreten. Ich wollte nicht nur glauben, sondern wollte auch zur Gemeinschaft der Gläubigen gehören. Glauben ist zwar etwas sehr Persönliches, aber gleichzeitig auch etwas, das ich mit vielen anderen teile, das macht mich reicher. Ich empfinde heute einen Gottesdienst als beglückend, als eine besondere Nähe zu Gott und zugleich aber auch als einen Moment

§ 218

Nach § 218 des Strafgesetzbuches ist ein Schwangerschaftsabbruch rechtswidrig. In bestimmten Ausnahmefällen ist er dennoch zulässig. Diese sind:

– die Schwangere verlangt den Abbruch und kann nachweisen, dass sie an einer Schwangerenkonfliktberatung teilgenommen hat. Ein solcher Abbruch ist nur innerhalb der ersten zwölf Wochen nach der Befruchtung möglich und darf nur von einem Arzt ausgeführt werden.

– Es gibt Grund zur Annahme, dass die Schwangerschaft Folge von Vergewaltigung oder sexuellem Missbrauch ist. Auch in diesem Fall muss der Eingriff innerhalb der ersten zwölf Wochen nach Befruchtung durchgeführt werden.

– Es besteht Gefahr für Leben und körperliche und seelische Gesundheit der Schwangeren.

Jeder Schwangerschaftsabbruch darf nur mit Einwilligung der Schwangeren geschehen und muss von einem zugelassenen Arzt ausgeführt werden.

des Nachdenkens über mich und mein Leben. Natürlich hat sich bis heute, viele Jahre, nachdem ich ausgetreten bin, an den Positionen der Kirche wenig geändert. Die Probleme, die ich mit der Kirche habe, sind daher teilweise die gleichen wie früher. Aber ich habe mich geändert und sehe die Haltungen der Kirche mit anderen Augen. Doch noch etwas anderes ist geschehen: Mir ist heute mein Glaube so wichtig, dass ich lieber dafür streite, dass die Kirche sich ändert, als davonzulaufen und zu sagen: »Macht, was ihr wollt, aber ohne mich!«

Auf meine Art mache ich es wie junge Muslimas, die sich nicht unterdrücken lassen, aber gleichzeitig mit Stolz ihr Kopftuch tragen. Ich sage: Klar, es gibt altmodische, bisweilen rückständige Regeln. Aber es wäre falsch, sie alle über einen Kamm zu scheren und pauschal abzulehnen. Es ist besser, sie sich genau anzusehen und sich zu überlegen, was an ihnen gut und was schlecht ist. Und sich dann dafür einzusetzen, dass das Gute erhalten bleibt und das Schlechte verschwindet.

Ich bin daher der Ansicht, dass es wichtig für die Gesellschaft ist, dass es einen Ort wie die Kirche gibt. Dort setzen sich Menschen dafür ein, dass ihre christliche Perspektive mitberücksichtigt wird. Das ist eine Perspektive, die auf den ersten Blick oft altmodisch erscheint, aber die richtigen und notwendigen Fragen stellt. Dafür bin ich ihr dankbar. Denn wer, wenn nicht die Kirche, soll dafür eintreten, dass jedes Leben ein Geschenk Gottes ist, über das der Mensch nicht verfügen darf? Wer, wenn nicht die Kirche, soll darauf hinweisen, dass eine stabile Ehe vielleicht besser ist als wechselnde Lebensabschnittspartnerschaften? Wer soll daran erinnern, dass das erste Mal Sex zu haben eine sehr kostbare Erfahrung ist, die man mit jemandem teilen sollte, der einem wirklich etwas bedeutet? Es muss ja nicht gleich der Zukünftige sein. Obwohl: Warum eigentlich nicht?

Demokratischer Prozess

Die Kirche repräsentiert den Glauben, sie gibt ihm Form. Sie gibt eine Antwort auf die existenziellen Fragen der Menschen. Aber trotz dieses Anspruchs kommt es dabei immer darauf an, dass ihr Anspruch und auch die daraus entstehende Haltung in einen demokratischen Prozess einfließt und nicht verordnet wird. Heute sind wir in einem Prozess des Streitens über Positionen. Die Kirche hat ihre Macht verloren, ihre Haltungen diskussionslos durchzusetzen. Die Kirche befindet sich rechtlich gesehen auf einer Stufe mit allen anderen gesellschaftlichen Interessensgruppen in Deutschland, die zusammen daran arbeiten, dass es ein gerechtes, freies und offenes Land bleibt, in dem die Stimme jedes Menschen gleich viel zählt.

In einer Demokratie geht es eben immer darum, einen ausgewogenen Kompromiss zu finden, der die Interessen aller Beteiligten berücksichtigt. In diesen Kompromiss sollten möglichst viele verschiedene Meinungen einfließen, denn so sind die Chancen am größten, dass der Kompromiss, der schließlich herauskommt, für alle die beste Lösung ist.

Dazu ist es wichtig, dass alle Beteiligten eigene Positionen entwickeln, für sie werben und in die politische Diskussion einbringen. Die Kirche hat dabei eine gewichtige Stimme, aber sie zählt nicht mehr als die anderer. Und mein Eindruck ist, dass ihre Stimme heute wieder lieber gehört wird als vor Jahren noch.

Die christlichen Kirchen in unserem Land haben gelernt, sowohl mit Widerspruch als auch mit Spott zu leben. Nicht, dass sie deswegen den Spott in Ordnung finden, aber sie können inzwischen damit umgehen. Sie respektieren andere Meinungen, und auf dieser Grundlage fordern sie Respekt und Toleranz für ihre Haltung ein. Das könnte ja vielleicht ein Beispiel für die muslimischen Mitbürger sein: nicht beleidigt zu sein, wenn jemand etwas gegen religiöse Traditionen sagt. Denn Beleidigtsein bedeutet, sich einer Debatte zu verweigern. Eine Debatte ist aber notwendig, um herauszubekommen, was für alle, die in Deutschland leben, das Beste ist.

Man darf nun mal keine Angst davor haben oder sich zu fein dafür sein, für die eigene Meinung zu streiten. Wenn die Stimme jedes Menschen gleich viel zählt, ist es klar, dass sich nicht immer alle einig sind. Und wo verschiedene Positionen aufeinanderprallen, da funkt es. Das ist normal, und diese Verschiedenheit muss man aushalten. Man muss nur eine vernünftige Form finden, den Streit mit Worten auszutragen, dann kann Streit zur Klärung beitragen. Und ist besser als vorgetäuschte Kuschelei, damit ja niemandem wehgetan wird. Wichtig ist, dass alle den Willen haben, zu einer gemeinsamen Lösung zu kommen.

Mit dieser Erkenntnis könnte dieses Buch eigentlich enden. Es wäre ein gutes Ende. Das Fazit würde lauten, dass der Glaube eines jeden Menschen respektiert werden muss und dass es sich lohnt, für ihn zu streiten. Dabei darf der Glaube niemals die Rechte anderer infrage stellen, gar das Wohl anderer Menschen gefährden. Es müssen Kompromisse gefunden werden, gegebenenfalls müssen Regeln bestimmt werden. Im Konfliktfall herauszufinden, was richtig ist, dafür muss man miteinander sprechen, sich kennenlernen und miteinander vertraut machen. Zu diesem notwendigen Dialog wollte ich mit diesem Buch einen Beitrag leisten. Ich hoffe, es ist mir einigermaßen gelungen.

Warum glauben?

Aber natürlich kann dieses Buch nicht enden, bevor nicht die zentrale Frage angesprochen wurde, die sich irgendwann jedem stellt, der sich mit Religionen beschäftigt: Warum soll man überhaupt glauben? Und warum soll man den Religionen überhaupt noch Respekt zollen? Offenkundig sind ihre Traditionen und ihre Glaubensregeln manchmal nur schwer zu verstehen, ihre Vergangenheiten oft konfliktbeladen und sie selbst zu unflexibel, um gute Zukunftsperspektiven zu bieten. Offenbar tun die Religionen sich – zwar in unterschiedlicher Weise, doch alle gemeinsam – schwer damit, sich zu modernisieren. Was spricht, anders gefragt, dagegen, von Gott Abschied zu nehmen, weil

Glauben ein Relikt einer Zeit zu sein scheint, die schon lange zu Ende gegangen ist?

Ich glaube, dass es gar nicht notwendig ist, eine Entscheidung zwischen dem aktiven Leben in der modernen Wissensgesellschaft und dem Glauben zu treffen, weil beides gleichzeitig möglich ist. Und ich glaube auch, dass die Religion weiterhin ihren festen Platz in der Gesellschaft haben sollte. Denn Vernunft und Glaube schließen sich nicht aus, sie können einander sogar ergänzen. Und es wäre sogar gut, wenn sie das verstärkt täten. Während die Vernunft viele, wahrscheinlich die meisten Bereiche unseres Lebens steuern und ordnen kann, geben die Religionen Antworten auf all unsere grundlegenden Fragen: ob unser Leben einen Sinn hat beispielsweise oder ob unsere Existenz letztlich absurd ist. 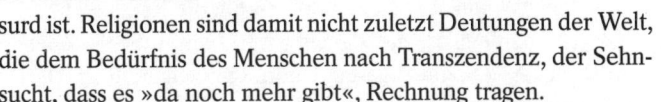 Religionen sind damit nicht zuletzt Deutungen der Welt, die dem Bedürfnis des Menschen nach Transzendenz, der Sehnsucht, dass es »da noch mehr gibt«, Rechnung tragen.

Der Mensch ist eben nicht dafür gemacht, über die Dauer eines ganzen Lebens ausschließlich rational, logisch und nutzenorientiert zu denken und zu handeln, und der Glaube ist ihm ein tiefes Bedürfnis. Deshalb kann man ihn auch nicht einfach wegerklären – und was geschieht, wenn man es trotzdem tut, hat die Epoche der Aufklärung gezeigt: Die Menschen schufen sich Ersatzreligionen.

Diese Tendenz ist auch heute, im Zeitalter von Gentechnik, Globalisierung und Individualismus beobachtbar: Ersatzreligionen haben so viel Konjunktur wie nie zuvor. Vor allem die Esoterik, der Synkretismus und Lifestylereligionen stehen in der westlichen Welt derzeit hoch im Kurs.

So interessant Yogakurse, Schamanismus-Seminare und Engel-
workshops sein mögen – ich bezweifle, dass solche spirituellen Praktiken dauerhaft den Platz der großen Religionen einnehmen könnten. Denn Glaube bedeutet meines Erachtens
nicht, dass man außergewöhnliche Erfahrungen sammeln muss
oder sich selbst verwirklichen – die Kraft und Tiefe des Glaubens zeigen sich nämlich erst dann, wenn man mit Leid konfrontiert ist, mit inneren Konflikten und mit Verantwortung für
sich und andere, die man vielleicht lieber nicht hätte. Zu glau-

Esoterik

Der Begriff »Esoterik« wird heute meist als Sammelbegriff
für ein breites Spektrum verschiedenster Weltanschau-
ungen gebraucht, die die spirituelle Entwicklung des Indi-
viduums betonen, jedoch durch keine organisierte Religion
als Glaube vertreten werden. Zur Esoterik gehören ge-
heime spirituelle Techniken uralter Kulturen, wie zum Beispiel der Schamanismus, der Runenkult, die Reiki-Technik
des Handauflegens, die Zahlenmystik der Kabbala, aber
auch die Astrologie, die Magie oder die Geistheilung. Der
unüberschaubaren Vielzahl esoterischer Lehren ist gemeinsam, dass sie allesamt die Existenz von übersinnlichen
Phänomenen jenseits dessen, was wissenschaftlich mess-
bar ist, postulieren.

Einige Kritiker, aber auch manche Esoteriker beklagen
heute einen »Supermarkt der Spiritualität«: Verschiedene,
teils widersprüchliche spirituelle Traditionen, die über
Jahrhunderte in unterschiedlichen Kulturen der Welt entstanden, würden in der Konsumgesellschaft zur Ware, sagen sie, wobei sich verschiedene Trends und Moden schnell
abwechselten (»gestern Yoga, heute Reiki, morgen Kabbala«) und als Produkt auf dem Markt ihres eigentlichen
Inhalts beraubt würden.

Synkretismus

Synkretismus bedeutet die Vermischung verschiedener Religionen, Konfessionen oder philosophischer Anschauungen. Ein solcher Glaubensmix hat den Vorteil, dass man sich aus jedem Glauben die Rosinen herauspicken kann und die anstrengenden oder rückständigen Regeln und Traditionen nicht zu befolgen braucht. Synkretisten sagen: Ich glaube an Jesus, aber nicht an die Kirche. Ich glaube an Buddha und seine Lehre, aber auch an Gott, allerdings will ich nicht jeden Tag meditieren. Ich möchte koscher essen, aber ich bin gegen das Schächten. Ich mache zweimal die Woche Yoga, aber ich muss deswegen nicht Shiva, den Gott der Yogis, anbeten – das ist mir zu abwegig.

ben bedeutet immer auch eine Auseinandersetzung, die mit Anstrengung, Überwindung und vor allem Zweifeln einhergeht.

Zweifeln und Demut

Glauben ist zugegebenermaßen nicht immer einfach, denn es gibt im Leben eines jeden Menschen Momente, in denen er an seinem Gott zweifelt und sich von ihm verlassen fühlt. Kein Gläubiger ist vor diesem Gefühl gefeit. Im Reinen mit Gott zu sein, bedeutet nicht, dass alle Zweifel automatisch und auf Dauer ausgeschaltet werden. Eine mündige Gottesbeziehung bedeutet zu verstehen, dass Freiheit bedeutet, sich immer wieder neu entscheiden zu dürfen und auch zu müssen. Und begreifen zu können, dass Leid immer auch einen tieferen Sinn hat.

Diese Haltung nennt man Demut. In der christlichen Religion

bedeutet Demut das Anerkennen der Allmacht Gottes, und sie ist, so sagen viele gläubige Menschen, der Schlüssel zum Glauben. Demut lehrt, angesichts der Allmacht Gottes seine eigenen Wünsche und Bedürfnisse zurückzustellen, sich mit dem, was man hat, zu bescheiden, für das Leben dankbar zu sein und sich zu bemühen, daraus das Beste zu machen.

In einer der berühmtesten Erzählungen des Alten Testaments wird von Hiob erzählt, einem sehr frommen und gläubigen Mann, auf den Gott stolz war und dessen Tugendhaftigkeit auch seine Mitmenschen lobten. Hiob hatte Glück im Leben – er war reich, hatte eine schöne Frau und zehn gesunde Kinder. Frömmigkeit ließe sich leicht leben, wenn man ein Glückskind sei, flüsterte der Teufel Gott zu und wandte ein, dass sich wahrer Glaube erst dann offenbare, wenn einem Menschen Unglück widerführe. Deshalb schlug der Teufel Gott eine Wette vor: Er solle Hiob das Leben schwer machen, dann würde er schon sehen, dass Hiob aufhören würde, ihn zu preisen und bedingungslos an ihn zu glauben.

Gott ließ sich auf den Pakt ein und gestattete dem Teufel, Hiobs Glauben zu prüfen. Dieser ließ sich nicht lange bitten und schickte Hiob in kurzer zeitlicher Abfolge schlimme Schicksalsschläge: Nachdem dieser durch Unwetter und räuberische Überfälle all sein Hab und Gut verloren hatte, wurden auch noch seine Kinder getötet.

Wider Erwarten ließ sich Hiob jedoch in seinem Glauben nicht erschüttern, sondern entgegnete seiner verbitterten Frau, die an Gott zweifelte: »Wir haben Gutes empfangen von Gott – sollten wir das Böse nicht auch annehmen?«

Es sollte jedoch noch schlimmer kommen: Der Teufel schlug Hiob mit einer weiteren Plage: Er bekam Aussatz am ganzen Körper und wurde deshalb von seinen Freunden gemieden und verspottet.

Da wurde es selbst dem frommen Hiob zu viel: Er verfluchte

Demut

Die Demut spielt im jüdischen und christlichen Denken eine besondere Rolle. Sie ist das Gegenteil von Hochmut und wird sowohl im Alten wie im Neuen Testament als eine wesentliche Eigenschaft des wahren Gläubigen genannt – desjenigen, der mit Gott im Reinen ist. Die Wurzel des verwendeten hebräischen Wortes enthält die Bedeutungen »sich beugen« oder »sich herabbeugen«.

Demütig vor seinem Gott zu wandeln, sagt der Prophet Michael, vollende Gottes Anspruch an den Menschen, und der Prophet Jesaja schrieb Gott folgende Worte zu: »Ich wohne bei denen, die zerschlagenen und demütigen Geistes sind, auf dass ich erquicke den Geist der Gedemütigten und das Herz der Zerschlagenen.«

Heute wird Demut im Christentum nicht als ein Sichkleinmachen oder als Leugnen des eigenen Wertes gesehen, sondern als realistische Selbsteinschätzung des Menschen: Der demütige Christ ist sich seiner eigenen Geringfügigkeit im Vergleich mit der Größe Gottes bewusst – gleichzeitig aber auch seiner Würde und seines Wertes als Geschöpf und Kind Gottes.

den Tag, an dem er geboren wurde, und Gott, der ihn geschaffen hatte. Hiob hielt Gott vor, ungerecht zu sein und völlig willkürlich Glück und Unglück unter den Menschen zu verteilen. Warum man an ihn glauben solle, wollte Hiob von Gott wissen, weshalb all seine Gebote befolgen und ihm Opfer darbringen, wenn man sich im Gegenzug nicht darauf verlassen könne, dass gottesfürchtiges Handeln auch belohnt würde? Und warum, wollte er von Gott wissen, solle er ihn preisen, wenn es den Gottlosen besser ginge als den Gläubigen? Seine Anklage an Gott schloss Hiob mit den Worten ab: »Mich ekelt mein Leben an! Nimm es von mir!«

Daraufhin wandte sich Gott an Hiob und sprach aus einer Gewitterwolke zu ihm. Er erklärte dem geplagten Mann, dass niemand Gott zur Rechenschaft ziehen könne, weil niemand die Macht besitze, über ihn zu richten. Weil er die Welt und alles Leben in ihr geschaffen habe, wisse auch nur er allein, was gerecht und ungerecht, was richtig und falsch sei.

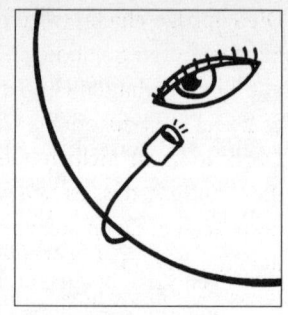

Gottes Worte brachten Hiob zu der Einsicht, dass er keinen Anspruch darauf hatte, etwas von Gott zu fordern, und dass er letztlich nichts besaß als das eigene Leben. Im Gespräch mit Gott begriff Hiob, dass er Gott, seinem Schöpfer, Dankbarkeit für dieses Leben schuldete, und sah ein, dass all sein Reichtum nicht verdient, sondern vielmehr ein Geschenk Gottes gewesen war. Er sah sich um und bemerkte plötzlich, dass es viele Kranke und Benachteiligte auf der Welt gab, die nicht mit Gott haderten, sondern versuchten, ihr Schicksal anzunehmen.

Diese Erkenntnis bewog Hiob schließlich dazu, sich bei Gott für seinen Zorn zu entschuldigen und ihn um Vergebung zu bitten.

Diese Bitte wiederum besänftigte Gott und brachte ihn dazu,

Hiob nicht nur seine Gesundheit zurückzugeben, sondern auch alle seine Kinder, und Hiobs Reichtum verdoppelte Gott sogar. Hiob durfte noch einmal ganz von vorne anfangen, er lebte die zweite Hälfte seines Lebens zufrieden und starb, wie es in der Bibel heißt, glücklich und »lebenssatt«.

Die Hiobsgeschichte wird oft erzählt, um zu erklären, was Demut bedeutet: Seine negativen Erfahrungen und sein Umgang
mit ihnen verhalfen Hiob dazu, Gewissheit über Gott zu erlangen. Das ihm zugefügte Unglück zeigte Hiob aber auch, dass
Gott vielleicht nicht immer so handelt, wie der Mensch sich
dies wünscht, dass es sich jedoch lohnt, sich mit Gott auseinan-
derzusetzen: Denn solange man nicht aufhört, mit Gott zu reden, solange man sich nicht aus gekränktem Stolz oder ent-
täuschter Erwartung von ihm abwendet, solange besteht
Aussicht darauf, von ihm erhört zu werden. Man darf Gott an-
schreien, verfluchen und beschimpfen. Solange man das tut, ist
noch nicht alles verloren. Solange man sich streitet, gibt es Aussicht auf Versöhnung.

Gott will, genau wie die Menschen, dass man mit ihm redet,
dass man sich ihm offenbart. Er ist das ewige Du, an das man
sich immer, auch in den dunkelsten Stunden, wenden kann.
Das Gespräch mit ihm macht die Welt ein wenig heller. So
lange, bis der nächste Morgen kommt.

Register

Aaron (Bruder Mose) 75
Abendmahl, letztes 102
Ablass, Ablasshandel 256,
 281 f., 285 f., 291
Abraham 37 ff., 42, 61 f., 69 ff.,
 132, 148
Abtreibung 311,ff.
Abu Bakr (Freund Moham-
 meds) 267 ff.
Abu Talib (Onkel Mohammeds)
 56
Adam und Eva 198 f., 288
Adventszeit, Advent 141 f.
Afghanistan 252 ff., 278, 280
Ägypten 45, 71 ff., 139, 252,
 259
al-Aqsa-Moschee 269 f.
Aleviten 264
Algerien 252
Ali, Kalif (Schwiegersohn Mo-
 hammeds) 267, 269 ff., 274
Allah 51, 54, 57 f., 61, 115 f.,
 118 f., 124, 132, 161, 272,
 274, 277, 298
Allmacht Gottes, Anerkennen
 der 320
Al-Qaida 246, 251, 254
Altes Testament 34, 46 f., 122,
 196
al-Walid 270

Ansprüche, territoriale 255
Antisemitismus, Antisemiten
 92 f.
Apokalypse, Schriften der 43
Apostel 49, 106, 108 f.
Armensteuer 117
Aschura 273
Askese 212 f.
Asket 168
Auferstehung des Menschen
 200 f.
Auferstehung Jesu 47, 97 f.,
 103 f., 106, 141, 146
Aufklärung, Zeitalter der 303
Augsburger Religionsfriede
 291
Augustinus (Kirchenvater) 258;
 283

Basilius von Caesarea 105
Bar Mizwa 151
Beerdigungsritus, islamischer
 24
Beichtgeheimnis 290
Bekleidungsvorschriften (siehe
 Kleidervorschriften)
Benedikt XVI. (Papst) 17, 31 f.,
 59
Beschneidung 41, 151

Bettelmönch 211
Bhagvad Gita 165 f.
Bonifatius (Missionar) 109
Bosch, Hieronymus 202
Botschaft Gottes 11 f., 53
Brahma 165
Brahmane(n) 173 ff., 180, 234 f.
Buddha 208 f., 211, 215, 218,
    222 ff., 228 ff., 235 ff., 242
Buddhismus, Buddhist(en) 27 f.,
    45, 108, 182, 184 f., 187, 196,
    215, 221 f., 226 f., 229,
    231 ff., 240 f., 299
Bundeslade 84
Burma 254
Bush, George W. 252 ff.
Byzanz 255 ff.

Caesar, Gaius Julius 189
Chanukka 137 f.
Chassidismus 91
Christentum, Christ(en) 27, 34,
    36, 43 f., 50 ff., 55, 57, 59 ff.,
    68 f., 80, 92, 99-113, 115,
    122, 124, 126, 128 f., 133 ff.,
    141, 144, 146 f., 152, 161,
    170, 195 ff., 202, 225, 227,
    237, 243 f., 255, 259, 261 ff.,
    266, 281 f., 288 f., 294, 321

Dalai Lama 240 f.
Daniel (Prophet) 34
Darwin, Charles 92, 197
David (König) 46, 85
Demut 319 ff.
Der achtfache Pfad 224 f., 227,
    231
Dharma 172, 180, 208

Diaspora 86 f.
Die fünf Säulen des Islam 117 f.
Die fünf Verpflichtungen 226
Die vier edlen Wahrheiten
    224 f., 227, 231
Die Zwölf Imame 273 f.
Diokletian (Kaiser) 107 f.
Diskriminierung 10 f., 68, 178
Dreifaltigkeit (Trinität) 105
Dresdner Frauenkirche 155 f.
Dschihad 260 f.

Ehe, arrangierte 177
Ehrenmord 305 f.
Empfängnis, jungfräuliche 100
Erasmus von Rotterdam 282
Erbsünde 201
Erlöser 28, 51
Esau 69
Esoterik 318
Ethik, buddhistische 224
Evangelien 43 f., 57, 100 ff.,
    104
Evolutionslehre 197
Ewige Wiedergeburt (Reinkar-
    nation)
Ezechiel (Prophet) 34

Fasten, Fastenzeit 101, 126,
    133 f., 142, 144
Fatima (Tochter Mohammeds)
    269, 271
Firmung 150
Fleisch, koscheres 131
Franziskus von Assisi 259
Friedrich der Weise 285, 287
Fundamentalismus, islamischer
    251, 261, 308

Galerius (Kaiser) 108
Gandhi, Indira 178
Gandhi, Mahatma 64, 162, 179 ff.
Ganesha (Sohn Vishnus und Parvatis) 168 f.
Garten Eden 203
Gautama, Siddharta 209-216, 227, 230, 300
Gebet, rituelles 117, 127
Gebetsregeln, muslimische
Gebetsteppich 127
Gelobtes Land 76, 83, 85 ff., 107
Genesis 194
Gesellschaft, liberale 7
Gesellschaftsordnung, indische 172
Ghetto 94
Glauben, Hinwendung zum 8
Glaubensbekenntnis 77, 101, 117, 150 f., 202
Glaubensgemeinschaft 149 ff., 153, 295
Glaubenskrieg 25
Glaubensregeln des Islam 113, 119
Glaubensregeln, hinduistische 170, 173
Gleichberechtigung der Frau 7
Goldenes Kalb 83
Golfkrieg 254
Götterglaube, hinduistischer 162
Gottes Sohn (siehe Sohn Gottes)
Gregor IX. (Papst) 283
Grundrechte 303

Hadithe 268
Hagar (Magd Abrahams) 39 f., 42, 118
Hamas 251
Hanuman 167 f.
Hasan, Imam (Sohn Alis und Fatimas) 274
Hasson, Shada (Sängerin) 276
Heiliger Geist 100, 104 ff., 112, 148
Heiliger Krieg 261
Heiliges Land 255
Herzl, Theodor 89
Hinduismus, Hindu 18, 27 f., 45, 108, 161 ff., 167, 169 f., 175, 179 f., 182, 184 f., 195 f., 207, 227, 232 ff., 298 f.
Hiob 320 ff.
Hisbollah 251
Hitler, Adolf 93
Holi-Fest 169
Holocaust (Schoa) 18, 89, 94 f., 124
Homosexualität 311
Husain, Imam (Sohn Alis und Fatimas) 271 ff.

Iftar-Essen 134
Ignatius von Loyola 292
Imperialismus 257
Indien 13, 45, 109, 161 f., 178, 183, 189, 300 f.
Inquisition 283
Irak 246, 248 ff., 252 ff., 262, 265, 274, 276, 296
Irakkrieg 246 f.
Iran 250, 274
Isaak (Sohn Abrahams und Saras) 40 ff., 69, 132

Islam 17, 22, 27, 32, 36, 41,
  55 f., 58, 60, 115 ff., 122, 126,
  128 f., 131, 134 f., 148, 151,
  157, 161, 202, 244, 251 f.,
  255, 260, 269, 278, 296,
  298 f., 310
Islamisten, radikale 250
Ismael (Sohn Abrahams und
  Hagars) 39 ff., 118, 132
Israel (Staat) 34, 44, 46 f., 85 f.,
  89, 91, 95, 252
Israel (Volk) 69, 71, 84, 135,
  200

Jakob, Israel (Sohn Isaaks) 69 f.,
  92
Jakobsweg 188
Janai (Rabbi) 123
Jehuda, Ben 88
Jeremia (Prophet) 34
Jesaja (Prophet) 34, 321
Jesuitenorden, Jesuiten 291 f.
Jesus 28, 33, 36 f., 43 ff., 48 ff.,
  52, 59 f., 62 f., 90, 97 ff.,
  102 ff., 123, 141, 145, 153,
  159
JHWH 74, 161, 298
Johannes (Apostel) 43
Johannes der Täufer 46 f., 101
Johannes Paul II. (Papst) 202,
  259, 262
Johannes XXIII. (Papst) 32
Jom Kippur 84, 133, 136
Joseph (Vater Jesu) 44, 99 f.
Joshua (Nachfolger Mose) 85
Juden, aschkenasische 87
Juden, orientalische 87
Juden, orthodoxe 127, 130 f
Juden, sephardische 87 f.

Judentum, Jude(n) 17, 26 f.,
  34 ff., 41 f., 45 ff., 52, 57,
  59 ff., 67 ff., 74, 80-96, 101,
  107 f., 122, 126, 128 ff., 133,
  135 ff., 150 f., 159, 161, 170,
  195 ff., 244 f., 257, 261, 266,
  270, 298 f.
Judas (Jünger Jesu) 49
Jünger Jesu 44, 49 ff., 103 f.,
  106
Jungfrauengeburt 60, 101, 104

Kaaba 54, 56, 58, 118
Kalender, gregorianischer 139
Kalender, islamischer 149
Kalender, jüdischer 139
Kali (Frau Shivas) 168
Kalif 269 ff.
Kalifat 267
Kanaan 39, 74, 76, 85 f., 261
Karfreitag 99
Karikaturenstreit 114
Karma 179 f., 182, 184 f., 206,
  208
Karma-Lehre 179, 206
Karneval 142, 144 ff.
Kaste der Geistlichen 173
Kaste der höheren Arbeiter 174
Kaste der niederen Arbeiter
  174
Kaste der Regierenden 174
Kastenlose (Unberührbare)
  173, 175
Kastensystem 173, 176 ff., 183,
  206, 300
Kastenzugehörigkeit 13
Katharina von Bora 287
Katholiken 128, 266, 284, 290,
  293 ff.

Kelten 189
Kerkeling, Hape 187 ff., 193, 195
Khadidja (Frau Mohammeds) 52 f., 56
King, Martin Luther 64 ff.
Kirche, griechisch-orthodoxe 256
Kirche, römisch-katholische 12, 256, 285 f., 291 f., 302, 310 ff.
Kirchenjahr 99, 104
Klöster, buddhistische 21 ff., 232
Kolonialherren 180 f.
Kommunion 102, 150
Konfirmation 150
Konflikt, religiöser 25
Konstantin I. (Kaiser) 256
Konstantinopel 256 f.
Konzentrationslager 93
Kopftuch 306, 308 f.
Koran 25, 55, 60, 100, 119, 126, 131, 202, 251, 277, 307
Kreuzigung 103
Kreuzritter 92, 256 f., 270
Kreuzzüge 255 ff., 261, 282
Krishna 165 f.

Lakshmi (Frau Vishnus) 168
Leben, ewiges 104
Leben nach dem Tod 200, 208
Lebensdurst 222, 225, 237
Lessing, Gotthold Ephraim 243
Libanon 250, 254
Libyen 250, 279
Lossprechung von der Sünde 290
Lukas (Apostel) 43
Lukasevangelium 141

Luther, Martin 197, 285 ff., 291, 293

Machtmissbrauch der Kirchenoberhäupter 281
Mahabharata 165
Mahdi 273
Maria (Mutter Jesu) 44, 60, 99 f.
Maria Magdalena 51
Markus (Apostel) 43
Matthäus (Apostel) 43
Medina 55, 57 ff., 118, 267, 269
Meditation 214, 226, 228, 233
Mekka 43, 54 ff., 118, 120 f., 126
Menschenrechte 303
Messias 28, 46 f., 100, 102, 200
Mission, Missionar(e) 108 f.
Mittelalter 197, 201, 281, 288
Mohammed (Prophet) 25, 28, 32 ff., 36 f., 43, 51 ff., 58 ff., 62 f., 114, 117 f., 133, 264, 266 ff., 271, 273 f., 277, 299
Moksha 184 f., 207
Mönche, buddhistische 228, 234, 239
Monotheismus 35 f.
Moralkodex 82
Moschee 24, 28, 56, 115, 119, 127, 149, 157 ff., 270, 274
Moses 36 f., 43, 60, 72 ff., 77 f., 81 ff.
Muawiya, Kalif (Nachfolger Alis) 270 f.
Muezzin 158
Muslim 13 f., 17, 19 ff., 32 f., 39, 51 f., 56 f., 60 ff., 69, 101, 114-121, 124, 126, 133 f., 148 f., 151, 157 ff., 170, 181,

189, 195 ff., 225, 249 ff., 255, 257, 259 ff., 270, 278, 298 f., 301, 307 ff., 314

Protestanten 128, 266, 284, 290 ff.
Purim 138 f.

Naher Osten 255, 263
Nathan der Weise 243 ff.,
Nationalsozialisten 94
Nebukadnezar 84, 87, 89
Neues Testament 34, 43, 45, 49
Nikolaus von Myrna 143
Nirvana 215, 218, 224
Noah 60
Nürnberger Gesetze 93

Ökumene 295
Offenbarung am Berg Sinai 78
Opferfest 148
Osama bin Laden 254, 280
Osmanisches Reich 251
Ostern (Osterfest) 98 f., 101, 134, 146 ff.
Ostkirche 255

Pakistan 162
Palästina 95, 254
Papst 8, 13, 32 f., 240, 256 f., 283, 286, 289, 292, 296
Parks, Rosa 65
Parvati (Frau Shivas) 168
Patrick von Irland 105
Paulus (Apostel) 293
Pessach 49, 136, 139
Petrus (Apostel) 106
Pfingsten 105 f., 148
Prophet(en) 33 ff., 46 f., 51 f., 54, 4´59, 61 ff., 122, 196, 208 f., 267 f., 270, 272

Ramadan (Fastenmonat) 117, 119, 134
Ramayana 165, 167 f.
Reformation 291, 293
Reinkarnation, siehe Wiedergeburt
Religion 8, 13 ff., 18 f., 22 f., 27 ff., 31, 35, 62, 87, 107 ff., 125, 129, 149, 151 f., 169 f., 183, 186, 193, 208 f., 234 ff., 241 ff., 245 f., 257, 262, 277 f., 280, 29 ff., 302 ff., 316 f., 319
Religion(en), monotheistische 35, 61, 100, 121 ff., 125 f., 135, 161, 195 ff., 204, 209, 237, 242, 303
Religionsausübung, freie 23, 170
Religionsgeschichte 123
Religionsgesetze 48, 97
Religionsstifter 36, 122, 135, 170, 211, 224, 227
Religionszugehörigkeit 149 f.
Religiosität 11
Reliquienverehrung 292 f.

Saddam Hussein 247 ff., 275 f.
Salzmarsch 181
Sanatana dharma 170 f., 179, 234
Sangha 228
Sanskrit 164 f.
Sara (Frau Abrahams) 38 ff.

Saudi-Arabien 250, 274, 279, 301
Schächten 23, 130, 132 f.
Schari'a 254, 279 f.
Schawuot 136, 140
Schiiten 265 ff., 271, 274 ff., 296
Schirk 115
Schisma 256
Schlachtungsmethode 23, 132
Schma Israel 77, 127
Schopenhauer, Arthur 166
Schöpfungsgeschichte 194, 197
Schwangerschaftsabbruch (siehe Abtreibung)
Selbstmordattentat 250
Selbstmordattentäter 252 f.
Semiten 92
Shaw, George Bernard 204
Shiva 164 f., 167
Sohn Gottes 33, 46, 59, 101
Somalia 254, 302
Speise, koschere 129
Speisegesetze (jüdische) 81
Staatsreligion 108
Stammvater aller Muslime 39
Stammvater des jüdischen Volkes 40
Stämme Israels (12) 71 ff., 83 ff.
Ständeordnung 177
Sukkot 136
Sündenfall 198
Sunna 131, 251, 277
Sunniten 265 f., 274 ff., 296
Sure 55, 100, 134
Sürücü, Hatun Aynur 305 ff.
Synagoge 26, 28, 67 ff., 84, 96, 136
Synkretismus 319

Taliban 278, 280
Talmud 80, 88, 127
Terach (Vater Abrahams) 37 f.
Terrorismus 250, 252
Theodizee 123 ff.
Theodosius I. (Kaiser) 108
Thomas (Jünger Jesu) 104
Thora 34, 80, 82, 87 f., 127, 140, 196, 200
Tod 191 ff., 195, 200, 202 f., 207, 211, 244, 301
Trinitätslehre 112

Unverfügbarkeit Gottes 121
Upanischaden 165
Urban II. (Papst) 256
Urchristentum 106
Urknall 197

Veden 165
Vereinte Nationen (UNO) 95, 246, 279
Vishnu 164 ff.
Völkerrecht, Verstoß gegen das 247

Wahabiten 278
Weihnachten (Weihnachtsfest) 99, 101, 137, 141 ff.
Wertvorstellungen 9
Westkirche 255
Wiedergeburt 179 f., 184, 189 ff., 195, 199, 205 f., 215, 234, 240
Wikinger 189

Yazid, Kalif (Sohn Muawiyas)
  271
Yoga 18, 166, 212 f., 239, 318 f.

Zamzam (Brunnen) 43
Zehn Gebote 78 f., 303

Zeitalter der Aufklärung 303
Zionismus 89
Zuckerfest 149
Zwangsverheiratung 93,
  302
Zweiter Weltkrieg 89, 94 f.,
  188

Karen Armstrong

Psychologische Nationalitätenkunde

Clotaire Rapaille
Der Kultur-Code
Was uns trennt –
was uns verbindet

GOLDMANN

15467

»Wenn man in einer Kultur etwas Neues einführen
will, muss sich das Neue an die Kultur anpassen.
Umgekehrt funktioniert es nicht.«

Mehr Information unter www.goldmann-verlag.de

Geh deinen Weg!

12987

»Ein letztes Lied auf die Vielfalt der Welt.
Fantasievoll, rebellisch und unendlich neugierig.«
Die ZEIT